YOUTUBE
김복준·김윤희의
사건의뢰

대한민국
살인사건 2

범죄학의 관점에서 바라본
한국의 살인사건들

대한민국 살인사건 2

초판 1쇄 발행 2020년 2월 28일
2쇄 발행 2021년 7월 20일

지은이 김복준 · 김윤희
기획 박동민
책임편집 박일구
디자인 구민재page9

펴낸이 강완구
펴낸곳 써네스트 브랜드 우물이있는집

출판등록 2005년 7월 13일 제2017-000293호
주소 서울시 마포구 망원로 94, 2층 203호 (망원동)
전화 02-332-9384 **팩스** 0303-0006-9384
홈페이지 www.sunest.co.kr

ISBN 979-11-90631-00-6 (04330)
979-11-86430-90-3 세트

이 도서의 국립중앙도서관 출판시도서목록(CIP)은
e-CIP홈페이지(http://www.nl.go.kr/ecip)와
국가자료공동목록시스템(http://www.nl.go.kr/kolisnet)에서
이용하실 수 있습니다.
(CIP 제어번호 : CIP2020005254)

YOUTUBE
김복준·김윤희의
사건의뢰

대한민국 살인사건

2

김복준·김윤희 지음

범죄학의 관점에서 바라본
한국의 살인사건들

우물이 있는 집

제1장

연쇄살인범 유영철이
벤치마킹한 살인범,
정두영

대한민국의 살인사건은 정두영 이전과 이후로 나뉜다.

김윤희 저희가 지금까지 살아오면서 충격적으로 들었던 살인사건이나 엽기적인 사건들이 있잖아요. 『대한민국 살인사건』은 그런 사건들을 다시 한번 조명해보고자 만든 프로그램입니다. 저희가 첫 번째로 다룰 범죄자는 정두영입니다. 정두영 사건은 김복준 교수님께서 제안을 하셨습니다. 교수님, 정두영 사건을 첫 번째 케이스로 제안한 이유가 있으신가요?

김복준 첫 번째 방송을 앞두고 저희들이 여러 가지를 상의했습니다. 대한민국에서 그동안 일어났던 아주 특징적인 살인사건 전부를 분석까지는 아니더라도 일단 소개는 해 보자라는 취지에서 '대한민국 살인사건'이라고 이름 붙였습니다. 살인사건을 소개한다고 하니 어감이 이상합니다만, 어쨌든 취지는 그렇습니다. 제가 첫 번째로 선택한 사람은 정두영이라는 인물입니다. 이름 정두영, 1968년 12월 31일 생입니다. 범행기간은 1999년 3월부터 2000년 4월 12일까지 대략 2년 남짓이고, 범행지역은 주로 부산, 마산, 울산이었고 나중에 대전까지도 포함이 됩니다.

정두영은 강도 살인범이지만, 연쇄살인범은 아닙니다.

김윤희 왜 연쇄살인범이 아니에요?

김복준 범행의 목적이 금품갈취에 있기 때문입니다. 우리가 연쇄살인범에 대한 정의를 내릴 때, 기본적으로는 '살인 그 자체를 즐기는 사람'이라고 할 수 있습니다. 그런데 정두영은 오직 금품을 갈취할 목적으로 남의 집에 침입을 했고, 살인은 그 과정에서 일어난 범죄라고 볼 수 있습니다. 금품 갈취가 주된 범죄이고 무자비한 살인은 그 부수적인 범죄인데, 정두영이 저지른 범죄의 특징입니다. 이런 범죄의 특이성이 정두영 사건을 첫 번째 케이스로 선택한 이유입니다. 그리고 정두영을 선택한 이유가 또 하나 있습니다. 정두영은 우리에게 잘 알려진 연쇄살인범 유영철의 스승이라고도 할 수 있습니다. 유영철은 20명을 살해했는데 그 과정에서 정두영의 범죄수법을 모방했습니다. 범죄수법에서 찾을 수 있는 정두영의 교묘함이 우리가 정두영을 유영철의 스승이라고 하는 이유입니다. 정두영은 범행을 저지를 때 신발을 큰 것과 작은 것, 두 개를 가지고 다닙니다. 그리고 범죄현장에 족적을 남겨놓는 거예요. 수사하는 경찰들의 입장에서 보면 얼마나 혼선이 생기겠습니까?

김윤희 '범인이 두 사람인가?'라고 생각하겠죠.

김복준 그렇습니다. 범인이 두 명인 것처럼 족적을 남기는 겁니다. 유영철 역시 알려진 것처럼 범행과정에서 구두 뒤축을 떼었다 붙였다 하는 수법을 사용합니다. 바로 이 수법이 정두영을 모방한 겁니다. 다음으로 유영철은 첫 번째 살인사건에서만 칼을 사용했고, 그 이외에는 야구방망이나 망치를 사용했습니다. 이른바 '둔기살인'인데 이것도 정두영을 모방한 겁니다.

김윤희 수법이 다양했기 때문에 수사에도 혼란을 주었겠네요.

배상훈 우리나라의 살인사건은 정두영 이전과 이후로 나눌 수도 있는데, 정두영의 수법이 이전과 다른 점은 사전에 흉기를 준비하지 않는다는 겁니다. 수사기록을 살펴보면, 이전에 불심검문을 당한 경험이 있기 때문이라고 나와 있습니다.

김복준 네, 그래서 목장갑만 가지고 다녔다고 하죠.

배상훈 목장갑은 공사장 인부라고 둘러대면 되니까요. 이 수법을 이후의 연쇄살인범이나 살인범들이 모방했다는 겁니다. 조금 전에 말씀하신 신발 뒤축 같은 것도 거의 똑같이 모방했습니다. 그밖에 대표적인 특징은 '오버킬over kill'이 많다는 것입니다. 굳이 그렇게까지 하지 않아도 되는데 아주 잔혹하게 살인을 합니다. 칼로 서너 번 찌르는 것으로 충분한데 굳이 형체가 없어질 정도로 여러 번을 찔렀다는 겁니다. 또 신체의 중요 부위를 찌르는 것이 아니라 난삽하게 온몸을 찔렀습니다. 실제로 범죄심리나 프로파일링에서도 특정한 부위를 찌르거나 순차적으로 자상을 남기는 것에서는 의미를 찾을 수 있는데 정두영의 수법에서는 의미를 찾을 수가 없습니다. 한 마디로 마구잡이기 때문입니다. 그런데 그것이 정두영의 수법입니다.

김복준 네, 정두영만의 수법이라고 할 수 있습니다.

배상훈 정두영의 수법이라는 것이 처음에는 종잡을 수가 없었습니다. 어떤 현장에서는 칼을 사용하고 어떤 현장에서는 둔기를 사용합니다. 그리고 어떤 때는 성범죄를 저지르고 또 어떤 때는 성범죄와는 전혀 상관이 없는 범인인 것처럼 행동했습니다. 한번은 절도범이었다가, 다음에는 강도로 돌변합니다. 너무 변화무쌍했습니다. 저는 당시에도 '정두영의 범행수법이 너무 교과서적이지 않나.'라는 생각을 했습니다. 이후에는 정두영의 범행수법을 모방한 범죄자들이 너무 많거든요.

김복준 분명한 사실은 정두영은 범행수법이 유영철에게 영향을 미쳤다는 겁니다. 정두영이 아홉 명을 살해하고 아홉 명에게 중상을 입혔는데 간략하게 정리해 보겠습니다. 1999년 6월 2일입니다. 부산시 서구 부민동에서 있었던 사건입니다. 정두영이 처음에는 당시 부산 고검장의 관사를 진입했습니다. 고검장 관사에 들어갔는데 공교롭게도 전날 인사이동이 있었기 때문에 집이 비어 있었습니다. 만약 인사이동이 없었다면, 현직 고검장이 살인사건의 희생자가 될 수도 있었습니다. 그런데 막상 담을 넘어서 고검장 관사에 들어가 보니까 텅 비어 있었던 겁니다. 집이 비어 있었기 때문에 담을 타고 옆집으로 갑니다. 앞서 정두영은 범행도구를 준비하지 않는다고 말씀 드렸습니다. 항상 목장갑 한 켤레만 끼고 들어간 다음 침입한 집의 내부에서 망치가 됐든 식도가 됐든 범행도구를 물색했습니다. 그날도 고검장 관사에서 망치를 챙긴 다음 옆집 주방에서 식도를 준비했습니다. 범행도구들을 준비한 다음에는 내실로 들어가서 장롱을 뒤졌고 현금 20만원을 훔쳤습니다. 그리고 돌아서 나오다가 58세의 가사도우미 이 씨와 마주친 겁니다. 정두영은 이 씨를 칼로 위협해서 세면장으로 끌고 갑니다. 거기에서 온몸을 묶은 다음 바닥에 머리를 찧고 망치를 사용합니다. 그렇게 살인을 저지르고는 작은 방에서 다시 13만 원을 더 훔쳐서 유유히 사라집니다. 칼은 우물가에 버리고 피 묻은 옷은 태워 버립니다. 그리고 3개월 정도 흐른 다음에 다시 부산 서구 동대신동의 어느 빌라를 침입합니다. 이때는 지붕을 통해서 침입하는데요, 과거에는 소규모의 건설업자들이 여러 채의 똑같은 집을 분양했기 때문에 어느 한 집의 지붕이나 옥상에 올라가면 옆집 지붕이나 옥상으로 쉽게 뛰어넘을 수 있었어요. 빌라의 지붕을 통해 603호에 들어가서 900만 원 정도를 훔쳤습니다. 그 집에서는 그나마 사람이 없었기 때문에 인명 피해는 없었어요. 금품을 훔친 다음에는 베란다를 통해서 602호로 갑니다. 602호에 들어갔는데 그 집의 애완견이 짖어대는 거죠. 개가 짖어대니까 조 씨라는 55세의 가사도우미 분이 거실로 나와 본 겁니다. 희생자들 중에 가사도우미 분들이 많아요. 아마 부유한 집만 골라서 들어갔기 때문이었을 겁니다. 거실로 나와서 정두영과 마주치는 순간 "강도야!"하고 소리를 질렀고, 정두영은 들고 있던 둔기로 가사도우미 분을 살해한 다음 770만 원을 훔쳐서 달아납니다. 강도를 목적으로 침입한 사람이 저질렀다고 하기에는 살해의 수법이 지나치게 잔인했기 때문에 초기에는 형사들이 강도라고 생각하지 않고 원한이나 치정이 아닌가 생각했다고 합니다. 다음으로 ○○철강 정 회장의 집에 침입했는데 이 사건은 굉장히 이목이 집중되었던 사건입니다. 정 회장은 부산에서 상당한 재력가로 알려져 있었던 사람입니다. 그 집에서 정 회장을 제압한 다음, 정 회장의 아내 분인 73세의 권 씨와 45세의 조선족 가사도우미까지 세 사람을 둔기로 살해했습니다. 특히, 정 회장은 식칼로 몸통 부분을 공격당했는데 형태를 알아볼 수 없을 정도였다고 합니다. 그런데 그 사건의 현장에서 한 분이 살아남았어요. 정 회장의 친척으로 알려진 75세의 여성분이 살아남아서 나중에 정두영을 검거했을 때 '범인이 맞다.'고 진술함으로써 증인의 역할을 하게 됩니다.

'내 가슴 속에 악마가 존재한다.'

김윤희 정두영은 금품을 강탈할 목적으로 남의 집에 침입했기 때문에 강도잖아요. 연쇄살인범들은 살인 자체에 대한 쾌락을 추구하기 때문에 범행수법이 잔인할 수도 있지만, 금품을 목적으로 했던 사람이 '이렇게까지 잔인한 범행을 저지른 이유가 뭘까?'라는 생각이 듭니다. 정두영의 범행동기는 무엇으로 봐야 할까요?

김복준 경찰이 '왜 이렇게까지 잔인하게 사람을 죽였느냐?'고 물었더니 정두영의 답은 아주 간단했어요. '내 가슴 속에 악마가 살아 있다. 가슴에 악마가 존재한다.'라고 말했거든요. 저는 이것도 일종의 '결핍'이라고 생각합니다. 부모의 사랑을 받지 못했던 사람이 갖게 되는 애정결핍이 작용했던 것 같습니다. 정두영은 부산에서 3남 1녀의 막내로 태어났습니다. 출생일이 1968년 12월 31일이라고 했잖아요. 정두영이 태어나기 6개월 전에 아버지가 사망했습니다. 유복자로 태어난 거죠. 아버지는 부산에서 시계 수리공으로 일을 했다고 합니다. 아버지가 사망한 다음에 홀로 남겨진 어머니가 3남 1녀를 돌보기 힘들지 않았겠습니까? 그래서 정두영의 어머니는 아이들을 외삼촌에게 맡기고 재가를 합니다. 재가한 어머니를 대신했던 외삼촌 역시 아이들을 기를 수가 없어서 아이들을 고아원에 맡겼습니다.

김윤희 고아원에 있던 아이들을 엄마가 다시 데려가죠.

김복준 다섯 살 때 고아원에 맡겨졌는데, 그때 고아원에서 그냥 살았더라면 차라리 나았을지도 모르겠어요. 정두영이 7살이 될 무렵, 재가했던 어머니가 고아원에서 정두영을 데려 갑니다. 그렇게 데리고 갔으면 끝까지 길렀어야 하는데 얼마 지나지 않아서 다시 고아원에 맡깁니다. 결과적으로 정두영은 어머니에게 두 번이나 버림받은 거예요. 정두영은 15살에 고아원을 나와서 범죄를 저지르기 시작했고, 18살 때에는 칼로 자율방범대원을 살해합니다. 정두영의 첫 번째 살인입니다. 이 사건으로 정두영은 12년 동안 징역을 살게 됩니다.

김윤희 1999년이 첫 번째 살인이 아니라 그 전에 이미 살인을…….

김복준 네, 살인 경험이 있었어요. 12년 동안의 복역을 마치고 1998년 3월에 출소를 해요. 3월에 출소를 했는데 얼마 지나지 않아서 이번에는 절도로 6개월 동안 수감됩니다. 그리고 1999년 6월에 출소를 합니다. 이때부터 정두영의 본격적인 범행이 시작됩니다.

김윤희 고아원을 나온 이후에는 거의 교도소 생활만 했던 것 같아요?

배상훈 인생의 절반을 교도소에서 보낸 거죠.

김복준 절반 이상일 겁니다. 고아원을 뛰쳐나온 게 15살인데, 이때를 기준으로 보면 마지막으로 범죄를 저질러서 구속될 때까지 교도소 밖에서의 생활은 불과 3년 정도에 불과하거든요.

배상훈 언젠가 파양된 아이들의 폭력성을 다루는 짧은 기사가 있었어요. 파양된 아이들은 그렇지 않은 아이들에 비해 폭력적인 성향을 드러내는 비율이 굉장히 높다고 합니다. 한 번 버려졌을 때에도 폭력적 성향이 높은데, 정두영의 경우에는 파양이 두 번, 그것도 친부모로부터 두 번이나 버려진 것이잖아요.

김복준 공격성향이 증폭되었다는 것인가요?

배상훈 그렇죠. 공격성향이 증폭된 겁니다. 고아원에서 생활했다는 것은 친부모에게서 버려졌다는 것입니다. 그런데 이들 중에서 누군가의 양자로 갔다가 파양된 아이들이 공격적 성향을 드러내는 비율이 높다는 것인데, 이는 미성년자들의 범죄전력, 즉 전과를 조사하는 과정에서 나온 통계적인 결과입니다. 입양하는 것은 굉장히 조심해야 합니다. 왜냐하면 파양됐을 경우에 이 아이들의 미래가 훨씬 위험해질 수 있기 때문입니다.

김복준 그래서 그런지 정두영의 경우에는 가정을 이루고자 하는 욕구가 엄청나게 강했다고 합니다.

김윤희 그래서 애인, 동거녀에 대한 이야기가 나오는 것 같습니다. 당시에 정두영이 동거녀에게 가져다준 생활비 이야기가 이슈가 되기도 했습니다.

김복준 정두영의 형이 정부영인데 직업이 '장물아비'에요. 정두영의 동거녀는 형과 동거하는 여성이 아는 동생이었어요. 형이 동생에게 소개를 해준 셈인데 그 여성의 나이가 불과 스무 살이었어요. 정두영은 이 여성과 미래를 함께 하겠다는 생각을 했던 것 같습니다. 정두영이 그때까지 범죄를 통해서 모아둔 돈이 7,300만 원이었는데 그 당시로서는 꽤 거액입니다. 정두영 본인은 목표를 10억으로 생각했다고 합니다. 아무튼 정두영은 자신이 가진 7,300만 원을 동거녀의 통장에 입금합니다. 동거녀는 그 돈으로 해운대에 있는 아파트를 1,000만 원에 전세 계약합니다. 정식으로 결혼한 것은 아니지만, 정두영은 동거녀의 어머니를 '장모님'이라고 불렀어요. 그리고 동거녀의 어머니 역시 정두영을 '정서방'이라고 불렀는데, 그분은 마지막까지도 정두영을 착하고 좋은 사람이라고 생각했다고 합니다.

김윤희 저는 그게 너무 쇼킹했어요.

배상훈 정두영의 범죄패턴에서 보이는 특징이라던가 심리상태가 어느 정도 드러나는 부분이죠. 그래서 방송 앞부분에 말씀하신 것처럼 결핍이라는 것과 관련이 있는 것처럼 보입니다. 자기가 갖지 못했던 것에 대한 욕망, 이를 테면 정두영이 남성 특히 성인 남성을 잔인하게 살인하는 부분은 분명히 자신의 아버지와 관련이 있다는 생각이 듭니다.

김복준 그러면 다수의 피해자가 가사도우미인 것은 엄마에 대한 미움일 수도 있겠네요?

배상훈 결핍으로 인한 욕망과 미움이 함께 존재하는 것 같아요.

김윤희 이제 네 번째 사건인가요? 그때 피해자 중에 한 분이 아이가 있다고 해서 살아남았잖아요. 거기에 아주 결정적인 부분이 있다고 들었거든요. 그 이야기를 해주세요.

배상훈 정두영은 어떤 사건에선 굉장히 잔인하게 행동하거든요. 일반 적으로 그렇게 잔인하게 행동할 때는 '몰개인화depersonalization' 라고 해서 이성을 잃어버린 것 같은 행동이 나타납니다. 그렇게 행동하는 이유를 물었더니 그 순간에 자신의 아버지가 보였다는 거예요. 정두영의 입장에 보면, 자신의 인생이 엉망이 되는 단초를 제공했기 때문에 아버지가 원망스러웠을 것 아닙니까? 아버지 얼굴이 겹쳐 보였다는 것은 그렇게 이해가 됩니다.

김복준 아, 그렇군요. 프로파일러의 입장에선 그렇게 이해가 되는군요.

김윤희 저는 조금 다른 견해가 있습니다. 정두영은 유복자인데 아버지에 대한 기억이 있나요? 얼굴을 본적도 없잖아요. 아버지보다는 엄마에 대한 미움이 훨씬 클 것 같은데요.

배상훈 그렇기 때문에 결핍으로 인한 욕망과 미움이 함께 나타났다고 말씀드린 겁니다.

"내가 그 여자를 죽이면 아이는 엄마가 없어지는 거잖아요."

김복준 희생당한 여성분들은 거의 50대 이상이었어요. 그런데 너무 잔인하게 살해했잖아요. 방금 말씀하신 그 사건이 2000년 3월 12일에 부산 서구에서 발생한 것입니다. 그 집에 들어가서 56세의 가사도우미 분과 48세의 가사도우미 분을 망치와 야구방망이를 휘둘러서 무참히 살해했거든요. 그런데 39세의 김 씨는 살려줬어요. 그 여성분이 "저 좀 살려주세요. 저는 17개월 된 아이가 있습니다."라고 정두영에게 사정을 했다는 거예요. 그 부분에 의문이 생겨서 수사관들이 직접 물었다고 합니다.

"당신, 남의 집에 들어가서 눈에 띄는 대로 사람들을 다 죽였는데 아이 엄마를 살려준 이유가 뭐냐?"고 물었더니 정두영이 "내가 그 여자를 죽이면 아이는 엄마가 없어지는 거잖아요."라고 말했다는 겁니다. 여기서 프로파일러 두 분이 정두영의 심리에 대해 설명해 주셔야 할 것 같아요.

배상훈 자신은 엄마가 없어지는 경험을 두 번이나 했잖아요. 단순하게 생각해보면, 이 사람이 뭔가를 결정할 때의 기준이 '자신의 위치'인 것 같아요. 계속해서 자기의 인생을 반추하면서 그 기준을 만들었던 것 같아요. 저는 정두영이 보여주는 범죄행동의 가장 핵심적인 측면을 '자기 반추'라고 봅니다. 말하자면 사람을 죽일 때에도 그렇지만, 일상적으로 사람을 대하는 방식도 마치 자신의 가족을 대하는 것처럼 했을 겁니다. 자기에게 너무나 보고 싶었던 아버지지만, 동시에 너무나 증오하는 아버지였기 때문에 성인 남성을 끔찍하고 잔혹하게 살해하는 것입니다. 심리학의 관점에서는 이 부분이 반대로 표현된다고 말하거든요. '사랑하는 만큼 죽인다.'고 말하는 식이죠. 애증이라는 겁니다. 그래서 사랑하는 만큼 수법이 잔인해진다고 말할 수 있습니다. 일반적으로 가족과 관련된 살인에서는 상해의 부위가 얼굴에 집중되는 것을 확인할 수 있는데, 정두영 역시 철강회사 회장이나 부민동에서 살해된 노인 분들의 경우에는 이와 유사한 부분을 발견할 수 있습니다. 또한, 어머니와 관련된 부분도 '자신을 두 번이나 버린 어머니'라는 사실을 반추했을 것이라고 생각합니다. 아마도 그 기억을 반추하지 않았다면 아이 엄마를 살려주지 않았을 텐데 아이를 잘 키우라고 했던 부분에서는 정두영 본인도 느꼈을 것 같아요.

김복준 자신이 버림을 받았던 것에 대한 기억 때문에 아이를 위해서 살려 달라고 애원하는 여성을 살려줬다는 거죠? 아이 잘 키우라는 이야기까지 하면서 말이죠.

배상훈 그렇죠. 사실 우리같은 일반인이 보기엔 이율배반적인 행동이고 '뭐야?'라는 생각이 들 수도 있지만, 사실 이 사람의 마음속에는 바로 그 이율배반이 존재하는 거죠. 그리고 무엇보다 증오의 대상이 명확한 겁니다.

김윤희 그럼, 정두영이라는 사람의 마음속에는 부모와 같이 살았다면 자신의 삶이 달라졌을 것이고, 부모의 사랑이 무엇보다 중요하다고 생각했다는 거네요? 어떻게 보면 정두영이라는 잔인한 살인범의 마음속에는 너무나 평범한 것이 있었네요?

배상훈 그렇죠. 그런 마음을 가지고 있었지만, 그 결과는 잔혹한 살인범이라는 거죠. 정두영도 그렇지만, 저는 인간이 악마와 같은 행동을 하는 것도 인간이기 때문이라고 생각하거든요. 아이 엄마까지도 살려주지 않고 살해했다면 생각해 볼 필요조차 없는 것이죠. 아이 엄마를 살려줬기 때문에 그 부분에서 정두영의 인간적인 심리를 살펴보는 거죠.

김복준 정두영이 직접 진술했던 이야기는 이렇습니다. "왜 이렇게 범행을 하고 다녔냐?"라는 질문에는 "마음껏 돈을 쓰면서 남들처럼 살고 싶었다."고 말합니다. 정두영 본인이 공식적으로 밝힌 범행 동기입니다. 그리고 "왜 이렇게 잔인하게 죽였냐?"는 질문에는 "내 속에 악마가 들어 있다."라고 했습니다. 정두영이라는 범죄자를 가장 잘 정리해주는 말이라고 생각합니다.

김윤희 남들처럼 살고 싶었다는 말을 듣는 순간, '남들처럼 살고 싶었으면 남들처럼 일을 했어야지.'라는 생각이 들었어요.

배상훈 그렇죠. 그런데 남들처럼 일하려고 했는데 하필이면 형이 '장물아비'였던 것이죠. 또 동생에게 제안을 했어요.

김복준 범죄 환경 속에서, 그냥 그 구도 속에 둘러싸여 있었어요.

배상훈 물론, 이런 말들 자체가 자칫 잘못하면 정두영을 두둔하는 것처럼 보일 수 있는데요, 절대 두둔하려는 것은 아닙니다. 왜냐하면 누구나 자신의 삶이나 삶의 방식을 선택을 할 수 있기 때문입니다. 정두영은 범죄의 길로 갔던 것일 뿐이에요. 주변에 범죄자가 득실거리고, 또 좋지 못한 환경 속에서도 정두영과 다른 방식의 삶을 살아가는 사람들은 존재하거든요.

김복준 그럼요. 그 무엇도 변명이 될 수 없죠.

김윤희 저 역시 범죄자들을 변명해주고 싶지는 않지만 조금은 이해되는 측면도 있거든요. 저희가 범죄자들을 면담하잖아요. 두 시간에서 다섯 시간까지 해요. 믿기 힘드시겠지만, 범죄자들이 생각보다 많이 울어요. 그리고 '지금처럼 이렇게 앉아서 누군가에게 내 살아온 이야기를 할 수 있는 기회가 단 한 번이라도 주어졌다면 내가 지금 이 자리에 앉아 있지 않았을 것이다.'라고 말해요. 저도 그 말을 완전히 믿지는 않지만, 그 순간만큼은 진실이었다고 생각해요. 요즘 우리나라에서는 자기 자신을 돌보면서 살아갈 기회가 많지 않아요. 누구에게든 자신을 바라볼 수 있는 시간이 주어졌으면 좋겠다는 생각이 들었어요.

김복준 저는 형사를 32년 했잖아요. 김윤희 프로파일러께서 말씀하신 그런 이야기를 저도 많이 들었거든요. 저는 그 사람들의 이야기를 들으면서 조금 상투적이라는 생각을 했어요. 그런 기회가 이들에게 충분히 제공되지 않았다는 것은 사실인 부분이 있겠죠. 그렇지만 제가 기억하는 거의 모든 범죄자가 비슷한 이야기를 했던 것 같아요. 공감이 되는 이야기는 아니더라구요.

김윤희 저도 그게 변명이라고 생각하고 이해의 여지가 많지는 않았습니다. 그래도 저는 아무리 악마 같은 행위를 했던 사람에게도 일말의 양심은 있지 않을까 하는 생각이 있습니다.

김복준 그런데 제가 보기에 정두영은 양심이 없어요. 대전교도소에 들어간 다음에 2016년에 있었던 일에 대해 들으셨죠. 정두영은 재판에서 사형을 언도받았어요. 우리나라는 사형수가 현재 61명이고, 대법원에서 이영학의 사형이 확정되면 사형수는 총 62명이 돼요. 아마 2016년은 8월이죠? 정두영이 탈옥을 시도합니다. 정두영은 교도소에서 전선을 제조하는 일을 했는데 그중에서 전선 피복을 만드는 플라스틱을 다뤘어요. 그것을 하나씩 하나씩 모아뒀다가 4m 길이의 사다리를 만들었습니다. 4m의 사다리를 접이식으로 만들었는데, 아마 교도관들한테 발각되지 않으려면 접이식으로 만들어야 했겠죠. 정두영은 이 접이식 사다리로 탈옥을 시도했어요. 철조망을 넘을 때에는 철조망에 담요를 걸친 다음에 접혀 있던 사다리를 펴서 뛰어넘었습니다. 대전교도소는 첫 번째 장벽은 철조망이고 그 장벽을 통과

하면 다음에는 센서가 부착되어 있는 담장이 있는데, 이 센서가 부착된 담장 너머에 있는 세 번째 담장을 넘으면 외부로 연결되는 구조입니다. 정두영은 철조망을 넘고 두 번째 센서가 부착된 담도 통과했어요. 센서가 울렸지만, 교도관들은 쥐나 고양이로 생각했어요. 지금은 개선됐지만, 당시에는 센서가 울려도 정확한 위치를 확인할 수가 없었어요. 다시 말씀 드리지만 지금은 개선이 됐습니다. 세 번째 담장을 넘는 와중에 사다리가 부러졌습니다. 만약에 사다리가 부러지지 않았다면 교도소를 탈출한 정두영이 무슨 짓을 저질렀을지 알 수 없습니다. 그렇기 때문에 사람들마다 생각이 다를 수는 있지만, 저는 정두영같은 범죄자들에 대해서는 연민을 느끼지 않습니다.

김윤희 연민은 아니고요. 많은 범죄자들을 만나면서 저도 환경만으로는 설명이 되지 않는 인간 고유의 악한 본성이라고 할 수 있는 어떤 것을 느끼기도 합니다. 그럼에도 불구하고 그 악한 본성을 통제할 수 있는 '기술'을 배울 수 있는 조건이 환경이라고 생각하거든요. 그래서 주어진 환경이 조금만 더 좋았더라면 이렇게 최악의 범죄까지 저지르는 사람이 되지는 않았을 것이라고 생각할 뿐입니다. 저 역시 정두영의 옹호자는 아닙니다.

"수사는 예단하면 끝나는 거예요."

배상훈 저는 정두영 사건에서 경찰 수사의 오류 하나를 지적하고 싶습니다. 당시에 경찰에서는 '침입의 흔적이 없다.'라고 단정한 다음에 수사를 시작했습니다. 외부침입의 흔적이 없으니까 면식범의 소행이라고 생각해서 결국 가족을 의심했던 겁니다.

김복준 맞습니다. 그래서 수사가 원한이나 치정으로 흐르기도 합니다. 사실은 제가 어느 팟 캐스트에서 대한민국의 미제 사건을 소개하고 있습니다. 연구실에서 사건을 하나씩 분석하다 보면 안타깝게도 초동수사가 잘못된 것들이 너무 많아요. 고의는 아니었겠지만 현재 우리가 보유하고 있는 미제 사건의 3분의 1 정도는 초동수사의 미숙이나 초동수사의 잘못에 그 원인이 있었어요.

김윤희 어쩔 수 없는 부분도 있어요. 저희가 수사교육을 받을 때 대체로 이런 현장일 때는 면식범을 의심하라고 배우거든요.

김복준 배우는 것이 문제가 아니라, 그렇게 도식화하는 것이 문제겠죠.

배상훈 그렇습니다. 고정관념이 너무 강해요. 한 번 결정을 내린 다음에는, 이를 테면 정두영 사건에서처럼 외부침입의 흔적이 없다고 결정을 내린 다음에는 이 결정을 바꾸는 것이 너무 힘들어요. 그리고 일단 보고한 다음에는 보고 내용이 잘못되었다는 생각이 들어도 하급자인 팀원들은 문제를 제기하면 팀장이나 상급자들의 질책이 무서워서 눈치를 보게 되거든요. 문제제기를 하면 실제로 엄청나게 질책하잖아요. 그래서 한 번 결정된 것을 쉽게 바꿀 수가 없는 거예요.

김복준 저는 현직에서 수사과장 할 때 비교적 괜찮은 간부였다고 생각해요. 살인사건 수사본부에서 회의를 할 때 항상 신참 형사들의 의견부터 들었어요. 고참들에게는 신참이 터무니없는 말을 하더라도 옆에서 피식거리면서 비웃거나 비난하지 말라고 주의도 주었고요. 신참 형사들에게 우선권을 주면 생각보다 날카로운 의견들이 많이 나와요. 선입견 없는 신참 형사들의 생각이 사건을 해결하는데 도움이 되기도 하더라고요.

배상훈 상급자들의 의견을 거스르기가 쉽지 않아요. 항상 같이 생활하는 사람들이잖아요. 그렇기 때문에 이야기하다보면 당연히 눈치를 보게 되거든요. 상급자들이 조금이라도 부정적인 사인을 주면 자기 생각을 이야기하기 어려워요.

김복준 맞아요. 부하 직원들이 이야기하는데 고개를 흔들고 있으면 더이상 이야기하지 말라는 거예요.

배상훈 그런데 그런 일은 수사회의에서만 문제가 되는 것이 아니에요. 감식 팀 같은 곳에서는 문제가 훨씬 심각하거든요. 감식 팀도 제한된 시간이 있기 때문에 필요한 부분만 감식을 해요. 여기에는 붓 칠을 하고 저기에는 테이프를 붙이는 식인 거죠. 사실은 현장을 전부 해야 하지만 효율성 때문에 어쩔 수 없는 부분이잖아요. 감식을 마친 다음에 미진했던 부분을 다시 감식하려고 하면 직접 얘기하진 않지만 '뭐야, 지금 나를 의심해?' 이렇게 되어버리는 거예요.

김복준 우리가 수사 환경을 너무 비판하면 안 되잖아요.(모두 웃음)

배상훈 지금까지의 이야기는 과거의 수사관행에 대한 것이고요. 어쨌든 정두영 사건 초기에 문제가 있었던 부분은 침입 흔적이 없으니까 내부자, 또는 원한이나 치정이라고 결론을 내렸기 때문에 수사가 사건 해결과 무관하게 진행되었다는 겁니다.

김복준 네, 맞습니다. 그 이유는 선입견 때문이었어요. 수사는 예단하면 끝나는 거예요.

제2장

'지존파'를
라이벌이라고 생각했던
택시강도 살인범,
온보현

'내 나이만큼 사람을 죽이겠다.'

김윤희 이번에 저희가 다룰 사건은 택시강간 살인범이라고 알려진 온보현입니다.

김복준 네, 범행은 모두 6번인데 택시기사로 위장을 해서 택시에 탄 손님들을 범행대상으로 삼았습니다. 피해자들은 모두 연약한 부녀자들, 즉 여성들입니다. 6건의 범죄에서 살해당한 사람은 2명입니다. 그런데 범행수법이 아주 잔인해요. 온보현은 범행 전에 미리 야산에 구덩이를 파두고 여성들을 납치, 강간, 살해한 다음에 그 구덩이에 묻어버리는 방법으로 범죄를 저질렀습니다. 그런데 온보현은 범죄학이나 범죄심리학에 관심이 있는 사람들에게는 잘 알려진 사건 아닌가요?

배상훈 그렇죠. 온보현 사건에 관심이 있는 사람들이라면 방금 말씀하신 분들과 대한민국의 범죄사를 연구하시는 분들일 겁니다. 물론 요즘은 전문가들보다 더 전문가 같은 '덕후'들도 있습니다. 온보현 사건은 '택시강도'에서 '택시강간'으로 바뀌는 시점에 발생했던 대표적인 사건입니다. 과거에는 형사들이 택시강도를 줄여서 그냥 '택강'이라고 불렀습니다. 처음에는 '택강'이 택시기사 분들이 벌어둔 사납금을 빼앗는 형태의 범죄를 말하는 것이었습니다. 그리고 다음 단계가 택시기사로 위장한 범죄자가 손님을 대상으로 강도짓을 하는 것이었거든요. 온보현 사건은 택시기사로 위장한 범죄자가 손님을 대상으로 강도짓을 하는 '택강'이 아직 시작되기 전인 1990년대에 일어났습니다. 그래서 온보현 사건은 택시 강간, 강도사건의 특징들이 같이 나타나는 대표적인 사건으로 기록되어 있죠. 이후에는 온보현 사건과 같은 택시강도 사건들이 있었습니다.

김복준 대표적인 것이 용인 사건이죠?

배상훈 예, 용인 사건도 온보현 사건이 일어난 다음에 일어났죠.

김윤희 온보현 사건에서는 택시가 범행장소였다기보다는 일종의 범행수단으로 이용되었던 것 같아요.

배상훈 그렇죠. 온보현 사건 이전에는 택시를 범행수단으로 사용했던 범죄가 없었고, 있었다고 해도 알려지지 않았던 상황이었습니다. 당시에는 여성들이 강간을 당했다고 하더라도 대체로 신고를 하지 않았기 때문에 일종의 '암수범죄'의 형태였을 것입니다. 온보현 사건은 택시강간 이후에 살인으로까지 이어졌는데, 대한민국의 범죄사에서는 기념비적인 사건입니다.

김윤희 온보현 사건이 1994년에 일어났던 사건입니다.

배상훈 네, 1994년은 김일성 주석이 사망한 해입니다. 그밖에도 여러 가지로 의미 있는 해입니다.

김윤희 저는 온보현이 했던 말이 생생합니다. 제가 기억하고 있는 워

딩은 '내 나이만큼 사람을 죽이겠다.'라는 것입니다. 스스로 목
표를 정해 두고 살인을 했다고 하더라고요.

김복준 온보현의 범행 당시 나이가 38세였어요. 그래서 검거되고, 사
실 검거도 아니에요. 온보현은 자수를 했죠. 스스로 서초경찰서
에 찾아 와서 자수를 했는데, 자수한 다음에 왜 이렇게 사람을
죽였냐고 물었더니 '나는 희망이 없었기 때문에 그냥 죽기는
조금 억울하고, 내 나이만큼 38명에서 50명 정도를 무작정 살
해하겠다는 계획을 꾸몄다.'라고 답했어요. 이 말이 언론을 통
해 알려지면서 당시 우리 사회에 엄청난 충격을 줬습니다.

배상훈 이 사건은 범죄사적으로도 의미가 있지만, 시대적 상황도 잘
드러나 있습니다. 과거에는 택시를 쉽게 이용할 수 없었습니다.
1980년대 후반부터 1990년대에 걸쳐서 경제성장이 이루어지
고 민주화가 진행되면서 지금처럼 택시의 이용이 보편화된 것
입니다. 잠깐 본류에서 벗어나 말씀드리면, 1980년대 후반에
택시기사 분들의 자격요건이 완화되었습니다. 그래서 택시기
사 분들의 신원확인이 어려운 부분이 있었습니다.

김복준 그렇죠. 그때 자격요건이 일시적으로 완화되었어요.

배상훈 1987년 노동자 대투쟁, 그리고 1988년에 전국노동자대회를 거
치면서 민주택시노조 같은 조직들이 힘을 키워서 노동자의 권
리가 향상되었고, 그 결과로 택시기사의 자격요건 완화도 이
루어진 것이거든요. 그 무렵에 유사한 사건들이 많이 발생했던
것을 보면 사회적 배경도 영향을 미쳤던 것 같습니다.

김복준 그런데 온보현은 직업이 택시기사였어요. 온보현은 여러 직업

을 전전했는데 건설현장의 노동에서부터 공장노동, 버스운전도 했어요. 본인이 택시기사였다는 것은 결국 스스로가 가장 손쉬운 범행환경을 선택한 것이라고 봐야겠죠.

배상훈 가장 핵심적인 것은 이 사건이 '기획범죄'라는 사실이죠. 기획범죄는 자신이 가장 다루기 쉬운 수단을 가지고 범죄를 실행하는 것이 핵심인데, 그 분야에서도 온보현은 우리나라 범죄사에서 기념비적인 의미를 갖는 부분이 있습니다.

연쇄살인, 연속살인, 대량살인

김윤희 앞에서 다뤘던 정두영도 그렇지만, 당시에는 프로파일링이나 데이터베이스DB에 대한 개념이 없었기 때문에 이 사람의 살아온 환경에 대한 자료나 기록이 많이 남아 있지는 않아요. 다만 '아버지에게 학대를 받았다. 그리고 어머니가 음독자살을 했다. 그런데 어머니가 음독자살을 하고 13년이 지난 어머니의 생일에 살인을 결심했다.'라는 기록이 남아 있었어요.

김복준 그럼, 살아온 환경을 살펴볼까요? 이 사람은 전북 김제의 금구면 출신입니다. 전북 김제 금구면은 온보현이 사람을 납치해서 강간하고 살해한 다음에 묻으려고 구덩이를 파놨었던 곳인데 자신의 고향이자 조상의 산소가 있는 장소였습니다. 온보현은 5남 1녀 중에 둘째로 태어났습니다. 5남 1녀로 다복한 편이었는데 아버지의 외도가 잦았던 것 같습니다. 아버지의 외도로 가정불화가 있었을 것이고, 또 과거에는 아내를 구타하고 폭행을 저지르는 요즘으로 말하자면 '가정폭력범'들이 많았어요. 아무튼 온보현은 이런 환경 속에서 성장했던 겁니다. 그러다가 아버지가 가족들을 데리고 상경을 하면서 고향인 김제를 떠나게 됩니다. 상경한 후에는 성북구 삼선동에서 생활을 했는데, 아버지가 여전히 외도를 하고 가정폭력을 일삼았는데 그 과정에서 어머니가 음독자살을 해요. 아마도 온보현이 성장 과정에서 처음으로 겪은, 그리고 가장 큰 충격을 받은 사건이라고 생각됩니다. 어머니의 음독자살은 온보현에게 어머니에 대한 그리움과 어머니의 자살로 인한 상처, 아버지에 대한 원망 같은 것들을 남겼습니다. 그런 이유들 때문이었겠죠. 어느 정도 성장한 다음인 1981년에 온보현은 아버지에게 폭력을 행사합니다. 그리고 '나는 두 번 다시 이 집에 돌아오지 않겠다.'라는 혈서를 쓰고 가출을 했다고 합니다. 그 이후로는 가족과 인연을 끊어버립니다. 그러면서 공장이나 식당에서 종업원으로 일도 하고 버스운전도 하고 택시기사도 합니다. 이렇게 여러 개의 직업을 전전했다는 것은 한곳에 안착하지 못했다는 의미이고, 또 삶이 불안정했다는 의미이기도 하거든요. 그러다가 어느 순간 자신도 어머니처럼 자살을 결심했는데, 자살을 하려고 마음을 먹은 순간에 자신의 인생이 억울하다는 생각이 들었다는 거예요. 그래서 무작위로 부녀자들을 자신의 나이만큼 죽여야겠다는 생각을 했다고 합니다. 왜 범행대상을 부녀자로 선정했는지에 대해서는 프로파일러 두 분께서 설명을 해주셔야 될 것 같아요.

김윤희 저는 사건일지를 보다가 살인사건들이 너무 빠르게 진행되어서 놀랐어요. 8월 13일이었나요? 8월 13일에 선산에 들렀다 숙부님께 인사를 드린 다음에 구덩이를 팠다고 해요. 8월 13일부터 준비를 시작해서 첫 번째 범죄를 저지른 것이 9월 1일입니다. 실제로 첫 번째 범행은 8월 28일이었는데 실패했거든요. 그때부터 거의 매일 범죄를 저지르다시피 합니다. 저희가 온보현 사건을 연쇄범죄라고 했을 때 문제가 되는 것이 '심리적 냉각기'입니다. 심리적 냉각기도 없이 바로바로 범죄를 저지르거든요. 저는 이것을 연쇄살인범의 특성이라기보다는 일종의 목적 범적 특성, 즉 온보현은 반드시 38명을 죽이고야 말겠다는 분명한 목적을 가진 살인범이라는 느낌이 들었어요.

김복준 배 교수님. 이 경우를 연쇄살인범의 범주에 넣기는 좀…….

배상훈 그래서 이런 형태는 '스프리spree'라고 하는 용어를 사용해서 연속살인이라고 규정할 수 있을 것 같습니다. 왜냐하면, 김윤희 프로파일러께서 말씀하신 것처럼 리콜, 즉 냉각기가 없는 상태라면, 스프리 머더spree murder라고 하는 것이 옳다고 판단됩니다. 연속살인, 혹은 집단살인 중에 연속살인이라고 해야 되는 것 같습니다. 이 사람이 기본적으로 가지고 있는 약간의 기동성, 즉 빨리 움직여서 순간적으로 범행대상을 발견한 다음에 범죄를 저지르고 다시 이것을 반복할 수 있었기 때문에 이런 방식의 범죄가 가능했다는 생각이 들었습니다.

김복준 그러니까 살인사건을 일반적으로 분류할 때, 유영철이나 정남규 같은 사람들은 우리가 연쇄살인범이라고 하지 않습니까?

배상훈 그렇죠. 연쇄살인, 즉 시리얼 머더serial murder라고 하죠.

김복준 사실은 연쇄살인, 연속살인, 대량살인이라는 것이 있잖아요. 미국 버지니아 공대 사건의 조승희 같이 한꺼번에 살해하는 것은 대량살인이죠?

배상훈 그렇죠. 대량살인, 즉 매스 머더mass murder라고 하죠.

김복준 우범곤 순경 같은 경우도 대량살인으로 봐야겠죠. 그러면 온보현의 경우는 연속살인으로 본다고 하면 연속살인과 연쇄살인의 차이를 간략하게 설명해 주시면 어떨까요?

김윤희 연쇄살인범들은 자기가 환상을 만들어내거든요. 자기 스스로 살인을 즐기는 환상을 만들어내는 거예요. 충분히 상상을 한 다음에 범행대상이 되는 사람을 납치하거나 타깃으로 정해서 살인을 저지르는 겁니다. 살인을 저지른 다음에는 사체를 유기하기도 하고 사체를 방치한 상태로 현장을 떠나기도 하는데, 이 모든 것을 다시 자기의 상상 속에서 마음껏 즐기는 거예요. 그리고 그 상상을 반복을 하면서 다음 범행을 저지를 때까지 기다립니다. 이전의 살인에 대한 환상을 충분히 누리면서 다음 사건 때까지 기다리는 거죠. 이렇게 사건과 사건 사이에 환상을 즐기는 시기를 심리적 냉각기라고 합니다. 사실 저희가 '연쇄'라는 이름을 붙이기 위해서는 단계period들을 모두 거쳐야 합니다. 반드시 그렇게 규정하는 것은 아니지만, 최소 3회 이상을 반복했을 때 일반적으로 연쇄살인이라고 말합니다.

김복준 일반적으로 3명 이상을 살해한 경우, 그리고 이제 연속살인과 연쇄살인의 차이점은 심리적 냉각기를 거친다는 것, 즉 살인을 저지르고 어느 정도의 시간이 흐른 다음에 다시 살인을 한다는 거죠. 또 7단계 이론이라는 것이 있죠.

배상훈 네, 연쇄살인의 심리에는 일곱 단계가 있다는 주장입니다. 버제스Ann Burgess라는 사람의 경우에는 5단계를 주장하기도 합니다. 또, FBI의 공식적인 부분에서는 피해자의 수를 3명이라고 하는데 표창원 교수님은 2명도 가능하다고 주장합니다.

김복준 2명 이상이라고 하면 범위가 너무 확장되는 것 아닙니까?

배상훈 그것은 여러 사례를 살펴봤을 때 2명도 가능한 부분이 존재할 수 있다는 주장인데 일종의 예외적인 조건에서 가능한 이야기입니다. FBI에서는 공식적으로 3명이라고 공표하고 있습니다. 그리고 7단계를 정확히 적용하는 부분보다는 대략적으로 심리적 냉각기와 리콜, 그리고 흔히 탐색이라고 하는 3가지의 기본 단계에 한두 개씩을 붙여서 5단계, 7단계라고 주장하는 것인데 학자들에 따라 조금씩 다릅니다.

김복준 이론적으로는 그렇지만, 간단하게 말해서 연속살인과 연쇄살인의 차이는 심리적 냉각기의 유무로 구분된다는 것이죠?

배상훈 네, 그런데 그 냉각기에는 반드시 환상과 망상이 있어야 합니다. 충분조건이라고 할 수도 있는데 침잠된 상태나 정지된 상태가 있어야 한다고 주장하는 사람들도 있어요. 육체적으로 정지해 있어야 된다는 겁니다. 온보현의 경우에는 멈추지 않고 계속해서 움직였기 때문에 연쇄살인이 될 수 없는 겁니다. 조승희도 지속적으로 움직이면서 총을 난사했고, 우범곤 역시 계속 움직이면서 살인을 했기 때문에 자신이 만든 환상과 망상을 느낄 수 있는 상황이 아니었다는 겁니다.

김윤희 이 사건을 연속살인으로 볼 수밖에 없는 이유 중에 하나는 신속하게 자신의 목적을 달성해야 된다는 생각을 가지고 있었기 때문이에요. 실제로 온보현의 경우에는 사건 중간 중간에 실패한 사건들이 있었기 때문에 자기 신분이 노출될 수 있는 상황이라는 것을 직감을 했고, 그래서 마음이 급해졌던 것 같아요.

배상훈 그렇죠. 어쨌든 조금 지루한 느낌도 있었지만, 이런 구분이 중요한 이유는 범죄의 종류가 달라지면 대응하는 시스템도 달라지기 때문입니다. 연쇄살인의 경우에는 범인이 어느 지점에서 공간을 점유하고 있기 때문에 그 부분을 따라가야 사건이 되는 데 반해, 연속살인의 경우에는 공간을 따라가거나 찾기 보다는 빠르게 동선을 파악해야 사건을 해결할 수 있습니다. 그래서 범죄의 분류가 중요합니다.

택시를 이용한 납치, 강간, 살인 그리고 오버킬

김윤희 저는 '스텔라' 택시가 굉장히 인상적이었어요. 차를 훔쳤기 때문이겠지만, 택시가 계속 바뀌더라고요. 첫 번째 범죄에 사용된 택시가 스텔라였다고 나와 있었어요.

김복준 '스텔라'라는 차를 기억하세요?

김윤희 아니요, 저는 처음 들었습니다.

김복준 스텔라의 엔진은 포니1, 포니2의 것이에요. 현대자동차에서 우리나라에서 최초로 만든 국산 엔진을 사용한 자동차가 포니1, 포니2 였거든요. 포니pony, 즉 조랑말이죠. 그런데 이 포니가 좁아서 불편하다는 불만이 있어서 조금 크게 만든 차가 스텔라입니다. 외관만 크게 만들고 엔진은 그대로였던 거죠.

배상훈 스텔라를 중형이라고 했지만, 크기만 중형이었고 힘은 포니와 똑같았던 거죠. 지금의 콜택시나 모범택시와 같은 개념의 택시라고 생각하시면 됩니다. 우리가 『택시 운전사』 같은 영화를 보면 과거에는 택시가 아주 좁고 작았는데 스텔라 택시는 중형택시라는 개념으로 만들어진 것이었어요. 계속해서 스텔라 택시를 이야기하는 이유는 온보현이 스텔라 택시를 선택했을 것이라고 생각하기 때문입니다. 아마 스텔라 택시의 내부가 넓어서 유인한 여성들을 상대로 범행이 용이했을 겁니다.

김복준 여성들뿐만 아니라 누구나 포니 같은 좁고 불편한 차보다는 스텔라처럼 널찍하고 쾌적한 차를 선호하잖아요. 그것을 노렸다는 겁니다. 온보현은 1994년 8월 16일에 택시를 훔쳐요. 범행 계획을 미리 세웠다는 것은 말씀 드렸잖아요. 38명에서 50명을 죽이겠다는 의도를 가지고 본인이 근무했던 도봉구 수유동에 있는 국제운수를 찾아 갔습니다. 그곳에서 차고지에 있던 영업용 스텔라 택시를 훔칩니다. 택시를 훔친 다음에는 칼, 노끈, 포장용 테이프, 그리고 낫과 삽 등의 범행도구들을 챙겨 놓고 뾰족한 망치로 번호판을 두드려서 위조했습니다. 그때 훔친 차량의 번호판이 서울 1바-1187이었데요. 이것을 서울 1바-7237로 바꿨어요. 1자를 두드려서 7과 2로 만든 거죠.

배상훈 능숙한 솜씨라는 것이죠. 과거에 택시운전을 했던 분들의 말씀을 들어보면 '딱지'나 단속을 피하기 위해서 작은 정과 망치로 번호판에 작은 점을 만들어서 차량의 번호판을 정확하게 식별할 수 없게 했는데, 온보현 역시 이를 잘 알고 있었던 겁니다.

김복준 예를 들어, 숫자 7은 망치로 잘 펴면 숫자 1로 바꿀 수 있잖아요. 추적을 피하기 위해서 뾰족 망치와 페인트로 번호판을 위조한 택시에 사람들을 태워서 범행을 저질렀다는 겁니다.

배상훈 지금은 정확한 규격에 반사 방지기능 같은 장치도 있지만, 과거에는 차량 번호판이 아주 조악했어요. 그래서 차량 번호판의 위조가 가능했다고 생각하시면 됩니다.

김윤희 철저하게 준비를 했던 것 같아요. 번호판도 위조하고, 범행도구도 준비하고, 살해한 피해자를 묻을 구덩이까지도 파놨었어요.

김복준 네, 준비를 마치고 첫 범행에 나섭니다. 9월 1일 잠실의 백제고분 근처에서 노래방 업주 권 씨라는 43세의 여성분을 훔친 스텔라 택시에 태웠어요. 차 안에서 강간하고, 100만 원 정도의 현금과 수표까지 합쳐서 대략 1,200만 원 정도를 빼앗습니다. 그리고 손과 발을 노끈으로 묶은 다음에 김제 금구의 소나무골 야산으로 갑니다. 미리 파둔 깊이 1m 정도의 구덩이에다 묻어버리려고 했겠죠. 그런데 온보현이 구덩이에 여성을 던져놓고 잠을 자러 간 사이에 이 여성은 도주를 합니다. 어떻게 보면 온보현의 첫 번째 범행은 실패라고 할 수 있어요.

김윤희 저는 일반적인 범죄자라고 하면 피해자를 노끈으로 묶어서 구덩이에 묻어서 살해한 다음에 편안하게 잠을 자러 가지는 못했을 것 같거든요.

김복준 그 심리는 어떻게 봐야 하는 것인가요?

배상훈 온보현이 처음으로 범죄를 계획했는데, 문제는 피해자가 반응하는 부분까지는 계산하지 못했던 것 같아요.

김복준 묶어 놓은 상태에서 구덩이에 던졌기 때문에 도주할 것이라는 생각을 못한 것일까요?

배상훈 그랬을 것 같아요. 그런데 사람을 노끈으로 묶을 때, 꽉 묶는다고 해도 느슨해지는 경우가 있거든요. 권 씨가 도주를 하잖아요. 아마 처음부터 꼼짝할 수 없도록 묶은 것이 아니라, 손과 발 정도만 묶으면 될 것이라고 판단했기 때문일 겁니다.

김복준 구덩이에 묻어버리면 된다고 생각했다는 것인가요?

배상훈 그렇죠. 그렇게 범행을 계획했기 때문에 범죄의 실행 부분에서 부족한 부분이 발생한 거예요.

김복준 생매장을 하려고 했을까요? 흙을 덮었어요. 흙을 덮었는데 완벽하게 묻혔던 것은 아니었어요. 그래서 도주할 수 있었겠죠.

김윤희 저는 이런 생각이 들었어요. 서울에서 김제까지 그것도 밤에 운전을 해서 왔잖아요. 그동안 피해자 분도 어쨌든 반응을 보였겠지만, 그렇게 심하게 반항할 수는 없었을 것 같아요.

김복준 이미 차 안에서 강간을 당했고, 또 강간에 이르는 과정에서 엄청난 폭행이 가해졌겠죠.

김윤희 그래서 피해자 분이 완벽하게 제압되었다고 생각했기 때문에 온보현 스스로가 안도했던 부분도 있지 않았을까요.

김복준 범인이 안심했다는 거죠. 피해자 분이 생존한 상태로 도주할 수 있었던 이유로는 그것도 가능성이 있는 것 같아요. 그런데 1차 사건의 경우에는 아쉬운 부분이 있어요. 우리가 경찰 출신이기 때문에 불편하지만, 그 당시의 수사진행 상황을 보면 한 마디로 '개판'이었습니다. 이 여성이 무사히 탈출한 다음에는 수표를 포함해서 1,200만 원 정도를 탈취당했기 때문에 경찰에 신고를 하지 않았겠어요? 실제로도 신고를 했고, 범인 온보현은 서울 동대문의 ○○은행에서 100만 원권 자기앞수표에 본인의 주민등록번호를 이서하고 현금으로 교환했어요. 이 장면이 CCTV에 모두 나와요. 그럼에도 불구하고 김제경찰서에서는 공조수사를 요청할 생각조차도 하지 않았어요.

김윤희 제가 기록을 보면서 놀란 부분이 지금은 수표를 잘 사용하지도 않지만, 수표에 이서를 할 때에는 이름과 전화번호 정도만 적잖아요. 그런데 당시에는 주민번호를 적어야 했더라고요. 온보현 역시 이름과 주민번호까지 모두 정확하게 적었다고 합니다.

김복준 네, 모두 적었어요. 온보현이 그렇게 행동했던 이유는 피해자 분이 사망했을 것이라고 생각했기 때문일 겁니다. 그 여성을 구덩이에 묻었고, 당연히 죽었을 것이라고 생각했기 때문에 은행에 가서 자기앞수표에 이름과 주민번호까지 정확하게 이서한 다음에 현금으로 교환해 갔던 겁니다. 그 상황에서 생존한 여성이 신고를 했으면 김제경찰서에서 전국에 지명수배를 한다든지 하는 조치가 있어야 했는데, 공조수사가 전혀 이루어지지 않았어요. 그리고 한참 뒤인 9월 15일에 지명수배를 하는 것으로 사건처리를 종료해 버립니다.

김윤희 저도 이 부분이 안타까웠어요. 초동수사가 조금만 빨랐으면 하는 아쉬움이 남아요.

김복준 그랬다면 다음 희생자는 없었겠죠.

김윤희 두 번째 희생당한 피해자 분 역시 강간, 살해당했어요. 그런데 이번에는 김제로 오지 않고 다른 곳으로 가버립니다.

김복준 차를 바꿉니다. 9월 9일에 하남으로 가서는 그곳에 있는 광희 운수에서 에스페로 택시로 차를 바꾸고, 이번에도 번호판을 변 조합니다. 그리고 9월 11일 구로구 독산동 노상에서 호텔종업 원이었던 21세의 여성 엄 씨를 납치했어요. 현금 31만원을 빼 앗은 다음, 이번에는 금구 쪽이 아니라 강원도 횡성의 야산으 로 갑니다. 손과 발을 결박한 상태로 야산의 소나무에 묶어 놓 고 본인은 볼일을 보러 가 버려요. 그 사이에 엄 씨는 탈출을 해서 횡성경찰서에 신고를 합니다. 살아야겠다는 사람의 의지 는 대단한 것 같아요. 소나무에 나름 꽁꽁 묶었을 것 아닙니까? 그런데 그걸 풀고 탈출한 거예요. 두 번째 실패죠.

배상훈 온보현은 이전 사건에서도 그렇지만, 실제로 사람을 묶고 통제 하는 부분에서는 정교하지 않았던 거예요.

김복준 네, 범행 자체가 정교하지는 않았던 것 같아요.

배상훈 범행이 정교하지 못했고, 또 자기는 나름대로 생각한 것이겠지 만 실제로 살아있는 사람을 묶고 통제한다는 것이 간단한 일이 아니거든요. 그런데 자기는 강간을 했고, 돈을 빼앗았고, 어쨌 든 묶어 놨기 때문에 다시 와서 범죄를 저지르면 될 것이라고 생각했겠지만, 자기 생각대로는 되지 않았던 거죠.

김윤희 그렇게 묶어 놓고는 다른 사람을 납치하려고 했죠?

김복준 네, 또 다른 범행대상을 물색하러 갔습니다.

김윤희 다시 횡성으로 돌아왔는데, 피해자 분이 탈출했다는 것을 인지 하잖아요.

김복준 맞습니다. 횡성의 야산에다 엄 씨를 묶어 놨잖아요? 그리고 온보현은 곧바로 서초동으로 갑니다. 엄 씨를 납치한 다음날인 9월 12일에 포스코 빌딩 앞 노상에서 음악연주와 관련된 강의를 듣고 귀가하던 피해자 허 씨를 택시에 태워서 납치해요. 허 씨는 26세이고 직업은 개인회사의 사장 비서였다고 해요. 허 씨를 납치해서 다시 횡성으로 갑니다. 횡성의 야산에서 허 씨를 강간한 다음, 전날 엄 씨를 묶어 놨던 소나무가 있는 장소로 허 씨를 데리고 갔어요. 두 사람을 한꺼번에 죽이려고 했던 것 같아요. 그랬는데 엄 씨는 이미 도주한 상태였던 거예요. 분노했겠죠. 화가 난 온보현은 납치한 허 씨를 경기도 용인으로 끌고 갑니다. 그곳에서 노끈으로 결박을 하고 얼굴에는 비닐봉지를 씌운 다음 삽으로 내리쳐서 살해합니다. 정말 잔인합니다. 엄 씨가 도주한 것에 대한 분풀이를 한 거예요. 그런데 저는 개인적으로 이해가 안 되는 부분이 있어요. 횡성에서 바로 살해할 수 있었음에도 불구하고, 허 씨를 데리고 용인까지 간 이유는 무엇이고, 또 그토록 잔인한 방법으로 살해한 이유는 무엇일까요?

김윤희 저는 탈출한 엄 씨가 경찰에 신고했다고 생각했을 것 같아요.

김복준 아, 경찰에 신고했을 것에 대비해서 도주한 것일 수 있겠네요.

배상훈 어쨌든 횡성에서 두 사람을 살해하려고 했는데, 엄 씨가 사라진 걸 확인하고 빨리 도주를 해야 했던 것이죠.

김복준 그래서 용인으로 갔던 거군요?

배상훈 용인은 횡성에서 영동고속도로로 연결된 지역이기 때문에 선택되었을 가능성이 높아요. 아마도 영동고속도로와 경부고속도로가 나누어지는 분기점 부근의 야산이었을 거예요. 온보현이 이 사건을 계기로 바뀐 부분이 있습니다. 이 사건 이전에는 어떻게 죽여야 될 것인가에 대해 생각은 했겠지만, 실행하지는 못했어요. 하지만, 이 사건 이후부터는 달라집니다.

김복준 노끈으로 결박하고 비닐봉지 씌운 다음에 이렇게까지 잔인하게 살해할 정도라면 연구를 한 것이겠죠.

배상훈 비닐봉지 씌우고 삽을 이용해서 살인을 하는 형태인데, 첫 번째 살인사건이라는 사실을 생각해 보면 오버킬over kill된 부분인 거죠. 감정이 과잉되고 격해진 상태에서의 행동입니다.

김복준 엄 씨가 탈출한 것에 대한 보복인데, 어떻게 보면 두 번이나 피해자들을 놓친 셈이잖아요.

배상훈 그렇죠. 두 번이나 놓쳤기 때문에 감정의 과잉이 일어났고, 그래서 살해방법이 바뀐 것이라는 생각도 들어요. 문제는 앞에서도 말씀을 하셨지만, 횡성경찰서에서는 '왜 그렇게 대응했을까?'라는 부분입니다.

김복준 뒤늦게 서울과 공조수사를 합니다. 그런데 도주했던 엄 씨와 살해당한 허 씨 모두 돈을 빼앗겼잖아요. 허 씨의 신용카드로 61만 원을 인출하는 장면이 CCTV에 나와 있었음에도 불구하고 횡성경찰서에서는 계속해서 비공개로 수사를 했어요.

김윤희 허 씨의 부모님께서 가출신고를 했기 때문에 수사가 이루어졌어야 하는 사안이잖아요.

김복준 ○○은행 풍납지점에서 허 씨 명의의 신용카드로 61만 원을 인출하는 장면이 나왔거든요. 그것을 확인했으면 서울의 담당 경찰서와 공조해서 수사를 진행해야 되잖아요. 그 상황에서도 비공개로 수사를 진행했다는 것은 이해할 수가 없어요. 1994년 이면 저도 현직에 있었어요. 지금과 비교하면 당시의 수사는 부실한 부분도 있고 미진한 부분도 있었어요. 하지만, 이런 사건을 다루면서 공조수사를 안 했다는 것은 제가 봤을 때 상식 이하예요. 자신들의 관할지역인 횡성에서 살인을 시도했고 서울의 풍납동에서 신용카드를 사용하는 것을 발견했잖아요. 그러면 바로 공조를 했어야 옳은 거예요. 이 부분은 두고두고 아쉽고, 비난받을 수밖에 없는 부분 같습니다.

배상훈 당시에는 자기가 맡은 사건은 혼자서 책임진다는 생각을 가지고 있었어요. 문제는 그렇다 하더라도 공조를 했어야 된다는 겁니다. 어떤 말도 변명에 불과하고 비난받을 수밖에 없습니다. 그리고 이 사건이 광역수사대가 만들어지는 결정적인 계기가 됐다는 것도 같은 맥락입니다. 광역수사대가 없어도 공조를 했어야 해요. 하지만, 결과적으로는 이 사건에서 드러난 수사방식에 대한 반성이 경계를 넘나드는 지방경찰청 단위의 수사단을 만드는 실질적인 조치로 이어지게 되었던 것입니다.

'마음씨가 착해서 살려줬다.'라는 말의 의미

김윤희 그리고 다음날에 바로 또 납치를 해요.

김복준 맞습니다. 9월 12일에 허 씨를 살해했어요. 다음날인 9월 13일 에는 천호동으로 나갑니다. 천호동 노상에서 19세의 여성 노

씨를 납치했어요. 그리고 김천으로 가서는 여관에 들어가서 강간을 했어요. 이 사건은 특이한 점이 있어요. 온보현의 입장에서 보면 강간을 한 후에 살해하는 것이 수순이잖아요. 그런데 19세의 노 씨는 범행 후에, 즉 강간한 후에 집에 데려다 줍니다. 이 부분은 아주 미스터리해요. 경찰이 검거한 다음에 '왜 노씨를 살려줬냐?'고 물었더니 '진지하게 대화를 나눠봤더니 마음씨가 착해서 살려줬다.'고 했어요. 이것은 무슨 심리일까요?

김윤희 저는 이 부분에서 굉장히 화가 나요.

김복준 네? 왜 그렇죠?

김윤희 온보현이 말하는 착하다는 것은 단지 자신의 기준이잖아요. 자기 말을 들어주고 호응해 줬기 때문에 착하다고 판단한 거잖아요.

김복준 다른 여성들은 격렬하게 반항하고 거칠게 저항했기 때문에 나쁘다고 하는 것이고, 노 씨는 고분고분했기 때문에 착하다고 했다는 말씀이신가요?

김윤희 네, 저는 이것이 온보현 개인의 잣대, 자기만의 기준일 뿐이라는 겁니다. '이 사람은 착하니까 살려줄 수 있어. 그리고 이 사람은 나에게 반항했으니까 나쁜 사람이야. 살려둘 가치가 없어.'라고 생각하는 것은 자신이 피해자와 동등한 '인간'의 입장이 아니라 '신'의 입장에서 서 있는 것이거든요. 누군가의 목숨을 쥐락펴락 할 수 있는 위치, 또는 통제할 수 있는 위치에서 판단한 것이라고 생각해요. '마음씨가 착해서 살려줬다.'는 말의 의미를 생각해 보면 어이가 없어요.

배상훈 온보현의 행동을 강간범의 유형이라는 측면에서 살펴봐도 마찬가지 결과일 것 같아요. 첫 번째 납치에서 40세의 노래방 업주를 강간했을 때부터 살펴보면, 여러 형태의 피해자 유형이 있습니다. 즉 강간의 유형이 다르게 나타난다는 겁니다. 아마 김윤희 프로파일러께서 이 이야기를 꺼내기 어려웠던 이유는 피해를 당하신 분들이 생존해 있고, 또 이분들이 강간의 피해자가 아니라고 주장하고 있기 때문일 겁니다. 그래서 자세하게 말씀드릴 수는 없지만, 강간범의 유형에 따라 피해자의 반응도 다르게 나타납니다. 피해자를 죽이는 경우도 있고, 살려두는 경우도 있어요. 마치 주머니 속에 인형을 넣어 두듯이 '내가 다시 찾아올 테니 당신은 살아있어야 한다.'는 의미인 거죠. 저는 온보현이 노 씨를 그렇게 여겼을 것이라고 생각합니다.

김복준 노 씨는 절대로 자신을 신고하지 않을 것이라는 확신이 있었다는 것 아니겠어요?

배상훈 그렇죠. 이미 소유했다고 생각하는 거죠. 그래서 실제로는 노씨를 살려준 것이 아니라, 노 씨를 '인형'처럼 대했을 뿐이라는 겁니다. 다른 의미에서는 자기를 벗어나려고 했던 것에 대해서는 화가 났기 때문에 죽였던 것이죠. 결과는 다르지만, 맥락은 동일한 거예요. 결국은 집에 데려다 준 노 씨와 참혹하게 살해했던 엄 씨는 같은 맥락이라고 볼 수 있습니다. 통제력에서 벗어나려고 했느냐 그렇게 하지 않았느냐의 차이일 뿐이니까요.

김윤희 그러니까 비슷한 맥락에서 9월 14일에 납치됐던……

김복준 9월 14일. 노 씨를 풀어준 다음날이에요. 이번에는 가락동으로 갑니다. 범행지역이 가락동인데, 아무래도 범행대상을 서울에서 선정하는 것은 온보현이 서울에서 사람들을 많이 접했기 때문인 것 같아요. 가락성당 앞 노상에서 사람을 태우는데, 박 씨라는 24세의 여성입니다. 이분은 홀트 아동복지학교 교사예요. 이분을 차에 태운 다음, 차 안에서 강간합니다. 그런데 박 씨는 노 씨와 달리 거칠게 반항했던 것 같습니다. 차 안에서 허벅지와 복부, 그리고 목까지 대여섯 군데를 칼로 찔러서 살해했어요. 차 안에서 살해를 하고 현금 15만 원을 갈취한 다음 경북 금능의 경부고속도로 하행선에 있는 비상활주로 지하 통로에다 시신을 유기를 합니다. 이때 온보현의 신상에 중요한 변화가 생깁니다. 박 씨를 살해하는 과정에서 본인의 손가락을 다치거든요. 손가락을 다쳤기 때문에 범행을 저지르는 것이 용이하지 않았겠죠. 그래서 이때부터 휴식기에 들어갑니다.

배상훈 이렇게 피해자를 공격하는 과정에서 자기가 다치는 형태에 대해 몰개인화depersonalization라는 개념을 사용하는데, 우리가 일반적인 상황에서 사용하는 '눈이 뒤집힌다.'라는 표현과 정확히 일치합니다. 눈이 뒤집혀서 자기 통제력을 잃고, 제어능력을 상실한다는 의미입니다. 마구잡이로 찌르기 때문에 흉기에 찔리거나 밀려서 자신을 상하게 되는 겁니다. 박 씨의 경우는 앞에서 설명했던 '몰개인화'의 내용으로 이해될 수 있는 부분입니다. 결국은 자신을 공격하거나 비난하는 사람에게 자기가 되갚아 주는 형태인 것입니다.

김복준 반대로 고분고분한 사람은 살려주는 것이고요.

배상훈 그렇죠. 이것은 순전히 자신의 머릿속에 있는 망상에 불과해요. '이 여자는 고분고분하기 때문에 내가 잘 해주면 이제 내 소유가 될 거야. 그런데 이 여자는 나를 무시하기 때문에 내가 죽여야 해.'라는 형태가 되는 거죠. 결국 동일한 맥락입니다.

김복준 이 사건과 관계없이 설명을 드리고 싶은 내용이 있어요. 칼을 손에 쥐고 상대방을 공격했는데 왜 칼을 쥔 사람이 손을 다치느냐는 질문을 많이 하시더라고요. 99% 다칩니다. 조금 전에 말씀하신 것처럼 오버킬인 경우는 특히 그렇습니다. 설명하신 것처럼 밀리는 경우도 있고요, 무분별하게 휘두르다 보면 본인의 칼에 본인이 베이는 경우도 많아요. 그래서 과학수사 요원들이 살인사건 현장에서 바닥이나 벽, 또는 싱크대에 묻어있거나 뿌려진 좁쌀만한 혈흔까지 채취하는 이유는 공격하는 과정에서 다쳤을 확률이 상당히 높기 때문입니다. 범인의 DNA를 도출하기 위해서 정밀하게 혈흔을 채취하는 겁니다.

배상훈 현장에서 프로파일러들은 형사 분들과 함께 시신과 현장을 살펴보고, 검안의나 부검의와도 여러 가지 의견을 나눕니다. 그리고 범인이 다쳤을 것이라는 판단이 내려지면 바로 '확대'하죠. 말하자면 현장에 분명히 범인의 혈흔이 있다고 생각해서 작은 혈흔부터 아주 정교하게 살펴보는 겁니다.

김복준 어떤 사건에서는 혈흔이 수백 개에요.

배상훈 그렇죠. 수백 개 이상일 때도 있습니다. 벽이나 천장 쪽으로 피가 뿌려진 경우가 가장 어려워요. 사다리를 타고 올라가서 일일이 하나씩 찾아야 하거든요.

김복준 천장에 있는 혈흔을 채취 하다보면 나중에는 목이 안 돌아가는 경우도 있어요. 목을 꺾어서 거의 누운 상태로 매달려서 혈흔을 채취해야 하는 경우도 있거든요.

김윤희 이것을 혈흔패턴분석이라고 하는데, 『덱스터』라는 미드를 보면 피가 뿌려진 방향을 가는 줄로 하나하나 체크해서 이 사람이 어느 정도의 높이에서 공격을 했고, 혈흔이 어떻게 뿌려졌는지, 가해자의 혈흔인지 피해자의 혈흔인지, 또는 사건과 무관한 독립된 혈흔인지를 판단하는 방법에 대한 설명이 잘 나와 있어요. 관심 있는 분들께는 그 드라마를 추천합니다.

김복준 혈흔분석기법은 우리나라에서도 사용하고 있습니다. 쉽게 떠올리실 수 있는 국내사건으로는 이태원 살인사건이 있어요. 패터슨을 검거할 때 혈흔패턴분석을 했거든요. 처음에는 에드워드 리가 범인이었다가 나중에 패터슨으로 바뀌잖아요? 에드워드 리를 범인으로 판단했던 이유는 상처의 각도 때문이었어요. 에드워드 리 정도로 키가 커야 위에서 아래로 내리꽂을 수 있다고 생각했기 때문에 검찰에서는 그 사람이 범인이라고 주장했던 겁니다. 실제로는 피해자가 백팩을 매고 있었기 때문에 뒤에서 잡아당기면 몸이 기울어지고, 그 상태에서 찌른다면 키가 작아도 위에서 아래로 내리꽂는 각도가 나올 수 있다는 반대 측의 주장이 제기되었어요. 그 과정에서 혈흔분석을 했어요. 아마 우리나라에서 혈흔분석기법을 가장 효율적으로 활용했던 사건이 이태원 살인사건일 겁니다.

배상훈 실제로 범행을 입증하기 위해서 혈흔분석기법을 활용해야 하는 부분이 있습니다. 흉기를 사용했을 때, 흉기의 금속표면에는 생각보다 피가 잘 묻지 않아요. 흉기로 신체를 찔렀을 때, 신체에 들어가고 나갈 때 생기는 미세한 반발력 때문에 피가 뭉쳐 있다가 뿌려지는 겁니다. 연속으로 찔렀을 때 뿌려지는 패턴은 절반, 3분의 1 이렇게 나타나거든요. 그것을 통해 범인이 오버킬을 했는지, 또는 어떤 자세로 찔렀는지를 정확하게 시뮬레이션 할 수 있는 거죠.

김복준 혈흔의 방향과 양을 보면 피해자의 위치, 공격의 부위, 그리도 공격의 각도 등을 파악할 수 있어요. 혈흔분석기법은 효율적인 과학수사기법이에요. 잠깐 샛길로 빠졌네요.

김윤희 저희 프로그램의 매력인 것 같아요. 이론과 경험을 겸비하신 분들이기 때문에 이야기가 풍성하게 나오는 것 같습니다. 이 사건이 온보현의 마지막 살인이에요. 어쩔 수 없이 휴지기에 들어갔지만, 이후에는 범죄를 저지르지 않고 자수를 합니다.

20페이지 분량의 살인수첩

김복준 아무튼 하루가 멀다 하고 납치, 강간, 살인 등 범죄를 저질렀잖아요. 손가락을 다쳤기 때문에 범행에 제동이 걸렸고 휴지기를 갖게 됩니다. 이 기간에 온보현은 자신의 범죄기록을 정리한 범죄수첩을 만들었어요. 분량은 20페이지 정도 됩니다.

김윤희 살인수첩이라고 하죠.

김복준 쉽게 말하면 살인수첩이죠. 범행을 중단하고 쉬는 기간에 수첩 20페이지 분량의 범행일지를 썼어요. 상처가 어느 정도 나으면 다시 범행을 하려고 했던 것 같아요. 범행을 쉬고 있는 기간에도 택시를 운행했거든요. 1994년 9월 27일 밤 7시 30분에 택시 안에서 라디오로 자신의 정체가 밝혀졌다는 보도를 듣습니다. 마지막 범행이 9월 14일이었잖아요? 14일부터 27일까지 2주 정도 쉬었네요. 이 소식을 들은 온보현은 '아, 내가 드디어 공개수배 되었구나. 인적사항이 만천하에 드러났구나.'라고 생각해서 서초경찰서로 갑니다. 범행일지를 적어 놓은 수첩과 피해자들을 살해할 때 사용했던 식도 2개, 과도 2개, 망치 2개, 시너 2통, 택시번호판 2개, 스프레이, 스카치테이프, 운동화, 여성용 로션, 양말 같은 것들을 들고 경찰서로 갔던 겁니다. 그 시간이 오후 9시 20분이었습니다. 아주 황당했다고 합니다. 경찰서에 와서는 '내가 온보현이다.'라고 말했을 때, 입구에서 보초를 서던 의경이 자지러졌다는 겁니다.

김윤희 저는 온보현이 서초경찰서로 간 이유를 듣고 깜짝 놀랐어요.

배상훈 지존파 때문이죠.

김복준 서초경찰서에서 지존파를 검거했기 때문이었는데 온보현의 머릿속에는 지존파와 라이벌 구도가 형성되어 있었던 것 같아요.

김윤희 정말 어이가 없었어요. 그런 상황 속에서도 영웅 심리, 또는 자신이 뭔가 대단한 일을 했다는 것을 드러내려는 저 사람의 머릿속엔 도대체 뭐가 있을까? 그리고 자신에 대해서 '나는 절대로 지존파보다 못하지 않아.'라는 생각은 일종의 프라이드인가요? 우리가 상상조차 할 수 없는 '프라이드'를 갖고 경찰서로 갔더라고요. 자수를 하는 것까지도 저는 비뚤어진 프라이드를 드러내기 위한 행동이라는 생각이 들었어요.

배상훈 말씀하신 것처럼 지존파에 대한 일종의 열등감이죠. 그래서 지존파보다 자신이 낫다는 우월감을 드러내기 위해서는 지존파를 검거했던 사람에게 자수해야 된다고 생각했던 거죠.

김복준 기가 막히는 일입니다. 정남규가 유영철 보다 자신이 낫다고 판단한 근거는 유영철이 자백했던 피해자 중에 자신이 살해한 사람이 있었다는 것이었잖아요. 그것 때문에 유영철의 공소장이 21명에서 20명으로 바뀌는 계기가 되지 않았습니까? 자기가 살해한 사람을 유영철이 살해했다는 말을 듣고 비웃었다는 것이잖아요. 바로 그 심리와 유사한 것 아니겠습니까?

김윤희 제가 현장에 있었잖아요. 유영철은 법정에서 이 사건은 자신이 한 것이 아니라고 마지막까지 주장했음에도 불구하고 그렇게 판결을 받았어요. 그런데 정남규가 잡히고 나서 공소장이 변경됐거든요. 저는 그때 정남규의 표정이 잊혀지지 않아요. 살인행위에 대해서 마치 자신의 창조물을 대하는 것 같은 느낌, 살인행위가 마치 자신의 '작품'이라고 생각하는 것 같았어요.

김복준 그래서 연쇄살인범인 거예요.

배상훈 작품이라고 생각하고 항상 그것을 머릿속으로 작품화를 하는 거죠. '어떻게 죽였지?' '어떤 선택을 통해 어떤 방식으로 죽였지?'라는 것을 계속해서 시뮬레이션 하는 거예요. 그것이 심리적 냉각기에요. 상상 속에서 '이렇게 했으면 더 나았을 것'이라고 생각을 하는 거죠. 그래서 '미소'를 짓는 거예요.

김복준 네, 맞아요. 5단계든 7단계든 침체기를 거친 다음에는 반드시 토템^{totem}의 시기가 있어요. 전리품을 챙기고 그것을 보면서 살인할 때의 쾌감을 머릿속에서 극대화시키는 거죠. 그리고 다시 침체기로 들어가고, 다시 환상의 시기를 거쳐서 살인으로 이어지는 순환과정이 있는데, 그것과 유사한 맥락이겠죠.

김윤희 사실 연쇄살인범들이 심리적 냉각기가 생기는 이유는 다음 범죄를 저지르기 위해 조심하는 것도 있어요. 사냥과 동일한 거예요. 바로바로 사냥을 할 수가 없어요. 왜냐하면 이미 배가 부르기 때문이에요. 하지만, 살인에 대한 환상은 마음껏 즐길 수 있어요. 그리고 수사가 진행되고 있는 상황에서 범죄를 저지르면 타격이 올 수 있잖아요. 그렇게 수사가 진행되고 있는 상황에서 잠시 벗어나 있기 위해서 심리적 냉각기가 오기도 해요.

김복준 형사들이 헛발을 딛고 다니는 것을 흔히 '허당치고 다닌다.'고 하잖아요. 제가 살인사건의 범인을 검거한 다음에 이야기를 들어봤더니, 범인들은 형사들이 헛발 딛고 다니는 것을 옆에서 지켜보는데 그렇게 즐거웠다는 거예요. 양주에서 일어났던 살인사건이었는데 범인을 검거를 해놓고 나중에 이런저런 이야기를 했어요. '그때 형사님 허둥대고 다니는 것을 제가 다 봤습니다.'라고 웃으면서 말하는데 정말 열 받더라고요.

김윤희 '마포 발발이' 때도 그 이야기가 나왔어요. 마포 발발이는 몽타주가 워낙 달랐잖아요.

김복준 몽타주는 조심할 필요가 있어요.

김윤희 두 장의 몽타주가 상당히 달랐지만, 어쨌든 몽타주를 배포했어요. 그런데 검거한 다음에 면담과정에서 '나랑 너무 안 닮아서 그냥 다녀도 되겠다고 생각했다.'고 말했잖아요.

김복준 몽타주에 대해서는 제가 일선에 있을 때도 많이 이야기했어요. 어떤 사건이 발생하면 '아니, 목격자도 있는데 몽타주 작성해서 배포하고, 공개수사해서 검거하면 될 것 같은데 경찰이 왜 몽타주 만드는데 저렇게 시간 끌고 있냐.'는 비난을 많이 받아요. 이것은 아주 잘못된 생각입니다. 몽타주는 신중하게 접근해야 합니다. 완벽하게 그리지 못하면 차라리 안 그린 것만도 못해요. 오히려 혼란만 가중시킬 수도 있어요.

배상훈 현장에서는 몽타주를 51%만 신뢰한다고 하죠. 지금은 조금 개선되었지만, 몽타주 프로그램을 카이스트에서 개발했는데 눈, 코, 입의 유형을 선택하고 조합해서 만드는 것이기 때문에 맞지 않는 부분이 있어요.

김복준 네, 구도가 잘 안 맞는 경우가 많았어요.

배상훈 분명하지 않지만 분명하다고 생각하면서 몽타주를 배포하기 때문에 실제 범인임에도 일치시키지 못하는 일이 발생하거든요. 한 마디로 조합이 제대로 안 되는 겁니다. 특히, 연쇄강간사건에서는 흔히 말하는 심리적으로 얼어 붙어버리는 '부동화' 현상이 생기기 때문에 실제로 여성이 강간범을 목격했지만, 제대로 그려내기가 어렵습니다. 공포심 때문에 몇 가지가 부분적으로 바뀌어 버리거든요. 몽타주는 신중하게 접근해야 되는 거죠.

김복준 사람들은 누구나 알게 모르게 나쁜 사람의 얼굴이라고 생각하는 이미지를 가지고 있어요. 몽타주를 그릴 때에도 자칫하면 머릿속에 각인된 이미지를 진술하기 때문에 몽타주가 정교하지 못한 경우가 많아요.

끝내 밝히지 못한 트리거

김윤희 온보현 사건으로 돌아가겠습니다. 자수를 하고 재판에서 사형 선고가 내려졌는데, 노인 연쇄살인범인 지춘길과 함께 사형이 집행되었더라고요.

김복준 대법원에서 사형이 확정되었고 1995년 11월 2일에 사형이 집행되었어요. 1994년에 범행을 저질렀는데, 1995년에 사형이 집행되었으니까 3심까지 재판이 신속하게 진행되었던 것으로 보입니다. 요즘에 비추어보면 너무 빠르다는 생각이 들어요.

배상훈 1년 만에 3심까지 진행된 겁니다. 1995년은 김영삼 대통령 시절이었는데 이 사건의 파장이 엄청났었어요. 택시강도, 그리고 강간, 살인으로 이어진 잔혹한 범죄였다는 것과 함께 경찰의 무능에 대한 국민적인 비난이 있었어요. 범인을 알고 있었는데 공조수사를 하지 않았다는 것 때문에 경찰 수뇌부는 물론 일선에서도 엄청난 부담을 느껴야 했어요. 사법부에서도 이런 사회적인 분위기에 대해 부담을 느꼈던 것으로 알고 있습니다.

김복준 그래서 최대한 신속하게 재판이 진행되었던 것으로 보입니다. 범죄수첩에는 여러 가지 기록이 있었는데 특징적인 내용으로는 "나는 사람인가, 짐승인가. 괴물인가, 왜 살인을 하지? 철저히 살인마로 변신하겠다."라는 것이 있었다고 합니다. 그리고 본인이 자수한 이유에 대해서도 분명하게 밝혔어요. '공개수배 사실을 알고 자살을 하려고 했는데 내가 저지른 사건을 공개해야겠다는 생각에서 자수를 했다.'라고 이야기했다고 합니다.

배상훈 존재감이 낮은 범인들의 경우에는 자신을 반추하는 행동이 여러 가지 형태로 드러납니다. 온보현 같은 경우에는 독특하게 범죄행위를 공표함으로써 자신을 드러낸 경우입니다. 그러면 '왜 죽였을까?'에 대한 설명을 할 수 있어야 되는데 이 부분이 뭔가 분명하지 않은 상태로 남아있습니다. '왜 죽였을까?'에 대해서 '아버지 때문인가? 아니면 가족 때문인가? 그것도 아니면 사회에 대한 불만 때문인가?'라고 생각하는 것은 모두 맞기도 하고 모두 틀리기도 하다는 거죠. 뒤틀린 심리, 불우한 성장 과정, 사회에 대한 불만, 개인적인 좌절 등이 뒤섞여 있기 때문입니다. 그런데 정작 온보현은 '부패한 사회가 나를 이렇게 만들었다.'라는 식인 겁니다.

김윤희 맞아요. 저는 온보현이라는 사람의 가정환경이나 사회적인 불만과 불신 등 살아오면서 쌓였던 것들도 있었을 것 같아요. 하지만, 이 사람의 분노와 증오를 폭발시킨 트리거가 되는 사건이 있었을 것이라고 생각해요.

김복준 트리거가 된 사건이 무엇일까요?

김윤희 저는 그 부분이 밝혀지지 않은 것이 조금 아쉬워요.

배상훈 실제로 24살 때 아버지를 폭행을 하고 집을 나온 상태에서 여러 일을 했다고 하는데, 트리거와 관련된 이야기는 하지 않았기 때문에 밝히는데 어려움이 있습니다.

김복준 전과 13범 이었거든요.

배상훈 그렇죠. 분명히 있었을 거예요. 사실은 그것을 들었어야 되는데…….

김복준 1994년에는 두 분과 같은 프로파일러가 없었습니다. 그래서 그 당시에 내린 해석은 '피구타증후군'이에요. 피구타증후군은 성장과정에서 부모로부터 심하게 구타를 당하면 구타를 당한 사람도 그와 비슷하게 폭력적인 성향을 갖게 된다는 건데, 결국 성장과정에서의 문제 때문에 폭력성이 생겼다는 겁니다. 가장 손쉬운 결론이죠. 결국 피구타증후군 때문에 온보현이라는 '괴물'이 탄생했다는 것입니다. 프로파일러의 입장에서 본다면 트리거도 밝혀지지 않았는데 이런 해석을 내리는 것이 타당합니까? 피구타증후군은 너무 포괄적이지 않나요?

배상훈 포괄적이라는 것은 아무것도 밝힌 것이 없다는 말이죠.

김윤희 저는 당시에 이 부분에 대해서는 물어보지도 않았고, 물었다고 해도 온보현이 함구했을 것이라고 생각하거든요. 저의 추론입니다만, 온보현의 트리거는 피해자와 관련이 있을 것이라고 생각됩니다. 앞 부분에서 말씀하셨던 부녀자 이야기 같은 것입니다. 그리고 저는 동거녀였을 수도 있다고 생각합니다.

배상훈 트리거가 여자 친구였을 수도 있고요. 뭐 가능성은 있죠.

김복준 여성에 대한 반감인가요?

김윤희 네. 저는 그런 것들이 온보현의 인생에서 뭔가 크게 작용을 했을 것 같아요. 부녀자들이 약자라고는 하지만, 단지 그것 때문에 범행대상으로 선택하지는 않았을 거예요. 증오와 분노, 그리고 여성에 대해서 갖고 있는 자기만의 판단기준이 있잖아요. 물론 저는 그 판단기준이 비뚤어졌다고 생각하지만, 그런 잘못된 판단기준이 어머니를 비롯한 가정환경 때문에 생긴 것이라고는 생각하지 않거든요.

김복준 어머니는 아버지의 폭력과 압박으로 자살한 사람이기 때문에 어머니가 공격 대상으로 전이되는 것은 어색한 것 같은데요?

배상훈 일반적으로 그런 방식의 인과가 잘 맞아야 됩니다. 그런데 인간의 심리라는 것이 불쌍한 사람을 옹호하고 약자의 편에 설 것 같은데, 오히려 반대에 있는 악마의 편에 서기도 하거든요. 아버지를 증오하면서 구타당하고 학대당하는 어머니를 지켜야 한다고 생각하지만, 실제로 그 상황 속에서는 살기 위해서 악마의 편에 서기도 합니다. 결과적으로는 '아버지'처럼 변하는 거죠. 어느 순간 자기도 여성을 때리고 있고, 또 그 여성에게 무엇인가를 바라는 것이죠.

김복준 가해자가 된다는 거죠?

배상훈 그렇게 되는 거죠.

김윤희 저는 어머니의 기일을 범행의 시작점으로 잡았다는 것도 의미가 있을 것 같아요. 온보현에게는 어머니가 시작이었을 수도 있지만, 저는 여성과 관련된 어떤 것이 작용했다고 생각해요. 이를 테면, 어머니를 연상시키는 여성이 트리거로 작용했을 것 같은데, 그것을 솔직하게 말할 수는 없는 거죠. 자기 입으로 말하기에는 음…….

배상훈 한 마디로 쪽팔린 거죠.

김윤희 그렇게 표현하고 싶었어요.

배상훈 솔직하게 말하면 지금까지 했던 자신의 말이나 행동이 하찮아지기 때문이죠.

김복준 그렇죠, 본인이 자신의 입으로 거들먹거리면서 말했잖아요.

배상훈 말하자면, 자신의 찌질한 행동 때문에 사랑했던 여성이 떠났어요. 이것을 합리화하기 위해서는 '나는 잘 대해줬는데 그 여자가 나를 버렸다.'는 식으로 생각하고, 또 그렇게 말을 해요. 그런데 '당신이 그 여자를 때리는 장면을 목격했는데, 어떻게 된 일이냐?'라는 질문에는 답을 할 수가 없어요. 자신이 찌질하고 나쁜 놈이라는 것을 인정해야 하기 때문이죠.

김복준 그 말씀을 들으니 떠오르는 사건이 있어요. 자기 어머니가 세상에서 가장 깨끗하고, 가장 현명하고, 가장 좋은 사람이라고 말하고 다녔는데, 주변에서 자기 어머니를 비난했다는 이유로 칼을 휘두른 사건이 있었어요. 피해자가 칼에 찔렸지만, 다행히 목숨에는 지장이 없었어요. 어쨌든 친구가 친구의 어머니를 비난한 것은 잘못된 행동이잖아요. 그런데 나중에 조사를 했더니 어머니가 그렇게 순결하고, 현명하기만 했던 것은 아니었어요. 윤락여성 출신이었더라고요.

배상훈 말씀을 들으면서 아주 정확하게 느낌이 왔어요. 저희도 비슷한 사건들을 다루어봤잖아요. 자기가 생각하는 어머니에 대한 이미지가 있어요. 그 이미지는 실제 어머니가 그렇지 않기 때문에 상상 속에서 만들어진 것이거든요. 망상 같은 거죠.

김복준 실제가 아닌 자기가 원하는 어머니의 이미지인 거죠.

배상훈 그렇죠, 원하는 어머니의 이미지가 있어요. 그것을 어머니의 이미지로 생각하는 거죠.

김복준 그런데 누가 그 어머니의 이미지를 공격한다면?

배상훈 그것을 지키기 위해 상대를 공격을 하게 되는 거죠. 문제는 지키려는 쪽이 그 부분에서는 가해자가 되어 버리는 거예요.

김복준 그 사건은 아주 황당했었어요. 저는 프로파일러가 아니기 때문에 왜 그런 생각을 가졌느냐고 물어보진 않았어요. 프로파일러의 중요성이 다시 한번 부각되는 것 같습니다.

김윤희 사실 저희가 연쇄살인범들의 환상, 냉각기 같은 것들에 대해서 말했잖아요. 이런 것들을 어떻게 알게 되었겠어요. FBI에서 연쇄살인범들에 대한 인터뷰를 진행했어요. 연쇄살인범들의 대부분은 무기수이거나 장기수였기 때문에 인터뷰에 응하면 일정 정도의 대가가 주어졌어요. 그래서 연쇄살인범들이 자신의 과거는 물론 범행의 동기와 수법까지 온갖 이야기를 했던 거예요. 그렇게 자료들을 축적하고 연구해서 연쇄살인범들은 공통적으로 환상과 냉각기를 갖고, 또 어떤 특징이 있는지를 알아낸 것이죠. 그렇게 해서 범죄를 어떻게 분류하고, 어떻게 수사를 진행해야 한다는 것에 대한 매뉴얼인 CCM^Crime Classification Manual이 만들어졌습니다.

김복준 우리나라에서는 아직 그런 연구결과가 없기 때문에 FBI에서 만든 것을 차용해서 사용하지만, 완벽하게 적용되는 것 같지는 않아요. 그들의 생각이나 환경, 문화 같은 것이 우리와는 맞지 않는 부분이 있거든요. 그런데 연구결과가 없기 때문에 차용해서 간접비교를 하는 거죠. 앞으로 두 분이 대한민국의 범죄분류매뉴얼CCM을 만들어 주셔야 할 것 같아요.

배상훈 형사정책연구원에서 대한민국 범죄분류에 대한 연구를 진행하고 있고 논문도 나오고 있어요. 법무부에서도 CCM이 필요하고, CCM에 나와 있는 대로 수사를 진행해야 범죄 예방에 도움이 된다는 것도 잘 알고 있습니다. 그런데 대한민국의 CCM을 만드는데 있어서 결정적인 문제가 있습니다. 그 문제를 살펴보기 위해서는 미국에서 CCM이 어떻게 나올 수 있었는가에 대해서 알아야 되는데 여기에는 배경이 있습니다. 미국은 MTC^Moral Turpitude Crime(비도덕적 범죄)라고 해서 흔히 말하는 성범죄자들이라든가 특이한 연쇄살인범들을 한 곳의 교도소에 몰아놔요. 그렇게 한 곳에 몰아놓으면 온보현이나 정남규 같은 경우가 생기는 거예요. 자기들끼리 경쟁을 하는 거예요. 우리나라처럼 범죄자들을 분산해서 수용할 경우에는 인터뷰가 굉장히 어렵습니다. 교도소에 찾아 가서 인터뷰를 요청해도 응하지 않을 뿐만 아니라, 인터뷰를 해도 솔직하게 이야기하지 않기 때문입니다. 그런데 미국의 경우처럼 한 곳에 몰아 놓으면 '작전'이 가능합니다. 서로 경쟁을 시키는 겁니다. 예를 들어, '누구는 이런 이야기를 하던데……'라고 하면 경쟁심 때문에 이야기를 하게 됩니다. 미국은 범죄학 연구에서 선진적인 부분이 있었고, 선진적이었기 때문에 그에 합당한 결과를 만들었고, 그 결과로 범죄예방활동을 펼쳐서 어느 정도 성과를 거두고 있습니다. 하지만, 우리의 현실은 미국과는 다릅니다. 범죄자들을 한곳에 몰아 놓기 보다는 분산해서 수용하기 때문에 연구 자체에 어려움이 있습니다. 저는 이것이 아주 결정적인 문제라고 생각합니다. 법무부에서도 연구의 필요성에는 공감을 하고 있고, 연구를 진행하기 위해서는 기본적인 시스템이 갖춰져야 하지만, 아직 실행이 되지 않고 있습니다. CCM의 탄생에는 이와 같은 배경이 있다는 말씀을 드리고 싶었습니다.

김복준 그 문제를 인식하고 있는 두 분의 책무가 많아요.

김윤희 저희가 이렇게 '대한민국의 살인사건'을 다루는 것도 넓게 보면 범죄분류매뉴얼을 만드는데 도움이 되는 작업 같아요. 다시 온보현으로 돌아갈게요. 온보현이 서초경찰서로 자수하러 왔는데, 저는 당시 서초경찰서의 분위기가 궁금합니다.

김복준 말씀드린 것처럼 공개수배 소식을 듣고는 범행에 사용했던 택시를 끌고 경찰서에 들어갔어요. 경찰서 입구에서부터 '나 온보현인데, 자수를 하러 왔다.'는 말을 듣고 경찰서 정문에서 보초를 서고 있던 의경이 굉장히 놀랐던 것 같아요. 반신반의하면서 일단 형사과로 인계를 했다고 해요. 형사과에 들어가서는 본인이 작성했던 20쪽 분량의 범행일지가 적힌 수첩을 책상에 던졌다고 합니다. 그 수첩의 내용을 본 형사가 온보현을 체포했겠죠. 증거물이 차에 모두 있다고 해서 가서 보니 실제로 증거물들이 있었던 겁니다. 서초경찰서가 지존파 사건을 해결했기 때문에 거물급 범인이 스스로 들어왔던 거예요. 불로소득이죠.

김윤희 저는 온보현이 전과 13범이었기 때문에 당당할 수 있었다고 생각해요. 경찰서의 분위기도 알고, 또 자신이 어떤 처우를 받을 것인지도 알고 있었을 거예요. 그래서 오히려 자기를 과시하며 '그래, 내가 이 정도 되는 사람이야.'라고 했을 것이라고 생각해요.

김복준 저는 그것보다는 조금 전에 배 교수님께서 말씀하신 맥락과 비슷하게 보이는데요.

김윤희 어떤?

김복준 온보현이 서초경찰서를 선택한 이유가 지존파 때문이잖아요? 그리고 조금 전에 미국에서는 범인들을 한곳에 몰아놓고 경쟁시키면서 인터뷰를 한다고 했잖아요. 그와 유사한 심리가 작용한 것 아닐까요? '나는 지존파를 넘어서는 온보현이야. 내가 바로 그 사람이야.'라고 하는 과시욕과 경쟁심리가 작용해서 서초경찰서로 간 것이라는 생각이 들어요.

김윤희 그 부분을 보통 사람들은 이해하기 힘들어요. 보통 사람들에게는 살인이나 범죄는 숨기고 싶은 것이잖아요. 그런데 온보현 같은 사람들은 '내가 이 범죄를 저질렀어. 내가 이 정도야.'라는 식으로 자신을 드러내는 거죠. 숨기고 싶어서 자살을 하려던 것이 아니라, 오히려 자수를 해서 자신의 범죄를 알리고 싶었다는 것이잖아요. 저도 많은 생각을 하게 되는데요. 혹시 생각해 보셨어요. 이 사람들은 왜 그렇게 행동할까요?

배상훈 기본적으로 이들이 가지고 있는 사람에 대한 생각 자체가 다른 것 같아요. 이들은 사람들과 어울리는 것은 중요하지 않고 누군가에게 인정받는 것만을 중요하게 여긴다는 거예요. 한 마디로 사랑받는 방법을 모르는 거죠. 말하자면 그들에게 중요한 것은 어떤 사람으로부터 신뢰를 받는 것이 아니라, 수단과 방법을 가리지 않고 대단하다는 인정을 받아내는 것입니다. 아주 단순하고 퇴행적인 심리상태인 것이죠. 그렇기 때문에 이 상황을 그들은 '내가 사람을 죽였어. 잘했지!'라고 인식하는 거죠. 그래서 퇴행적이라는 표현을 쓰는 겁니다.

김윤희 저도 그 부분은 전적으로 동의합니다. 퇴행성과 함께 이 사람들은 일반적인 사회에서는 인정을 받지 못했던 거잖아요. 그래서 소위 말하는 '아웃사이더의 세계'에서 자신을 드러내고 싶어 하는 것 같아요. '내가 이런 면에선 니네들보다 나아.'라는 거죠. 보통의 사람들이 생각하는 방법과는 전혀 다른 방식으로 말이죠. '그들만의 리그'라고 할 수도 있겠네요. 거기에는 안타까운 부분도 있었어요. 그래서 매번 '자신을 증명하고, 자신의 존재감을 드러낼 수 있는 방법이 그것밖에 없었을까?', 그리고 '그들은 왜 이렇게 퇴행적인 행동을 할까?'라는 의문이 드는 것 같아요. 이것은 프로파일러들이 항상 가지고 있는 의문 같아요. 똑같은 환경에서 살아도 어떤 사람들은 바르게 살아가고, 어떤 사람은 범죄에 노출이 되어 범죄자가 되잖아요. 평생 동안 안고 가면서 풀어야 할 의문인 것 같아요.

배상훈 쌍둥이 연구를 보면, 실제로 똑같은 유전자를 가지고 있잖아요. 그런데 한 사람은 잔혹한 범죄자가 되어 있고 쌍둥이 형인가 동생은 경찰이 되어 있어요. 김윤희 프로파일러께서 말씀하셨지만, 그런 것들을 보면서 '인간의 운명을 결정하는 것은 뭘까?'라는 고민을 하는 거죠. '범죄자도 분명히 더 나은 선택을 할 수 있었을 것 같은데, 그것을 선택하지 못한 이유는 무엇이었을까?'라는 생각도 들고요. 그리고 주도면밀한 범죄자들

이 잡히는 이유가 바로 조금 전에 말씀 드린 퇴행성 때문이거
든요. 퇴행성은 자신이 관심을 가진 부분만 중요하게 생각하는
것이에요. 그러면 다른 것은 보지 않고 자신의 관심사에만 깊
이 몰두하게 되는데 거기서 실수가 나오는 거죠. 저희 같은 사
람들이 그 실수를 놓치지 않으니까요.

김복준 그런데 이제 경찰이 되는 것과 범죄자가 되는 것은 사실 맥락
은 비슷해요.

배상훈 오늘은 거기 까지만 하시죠.

제3장

스스로를
악마라고 말한 사람들,
지존파

"여자는 어머니도 믿지 않는다."는 지존파의 강령

김윤희 대한민국 살인사건 오늘은 지존파입니다.

김복준 대한민국에서 범죄관련 분야에 아무런 관심이 없는 사람이라
도 아마 지존파는 모두 아실 것 같아요. 이들의 범행이 그 정도
로 잔악했고 우리 사회에 어마어마한 충격을 줬기 때문입니다.
범인은 여성 한 명을 포함해서 모두 7명입니다. 범행이 아주 조
직적이었어요. 사람을 납치하고 감금하고 살해한 다음에 이른
바 '소각장'에서 사체를 태웠어요. 살인과 함께 이들의 잔인한
범행수법들이 알려졌기 때문에 충격이 더욱 컸던 것 같습니다.

배상훈 기본적으로는 조직폭력배가 아니면서 특정한 목적을 가진 범
죄단체로써는 유일무이한 존재들입니다. 굉장히 특별했던 사
실은 그들이 강력한 반사회성과 함께 스스로 만든 강령과 규약
이 있었다는 것입니다. 흔히 말하는 사상적 결사로써의 단체도
아니고 조직폭력 단체도 아니면서 범죄단체를 조직한 것은 지
존파가 거의 유일무이했던 것 같습니다.

김윤희 범죄심리를 연구하는 프로파일러의 입장에서도 아주 독특해

요. 어쨌든 '연쇄살인'이잖아요. 연쇄살인은 일반적으로 한 사람에 의해 일어나고 둘이나 세 사람이 함께 범행을 하는 경우는 친인척이나 연인, 또는 부부예요. 그런데 지존파의 조직원들은 혈연도 연인도 아니에요.

김복준 범행기간은 1993년 7월부터 1994년 9월까지 1년 2개월 남짓입니다. 이 기간 동안에 남성 3명과 여성 2명을 살해한 사건입니다. 조직원들을 살펴보면 김기환은 27세였고 강간치사 전과가 있었고요. 강동은은 21세였고 특수절도 전과가 있었고, 22세의 김현양과 23세의 문상록은 특수절도 전과를 비롯해서 전과 3범, 다음으로 백병옥은 20세였고 특수강도 등 전과 2범이었어요. 그리고 20세의 강문섭과 23세의 이경숙이라는 여성이 조직원이었습니다. 영암에 있는 다방에서 일을 하던 이경숙은 범인 중 한 사람인 강동은을 만나서 사귀게 되었는데, 그 과정에서 강동은이 이경숙의 빚을 갚아줍니다. 당시에는 다방에 취업을 하면 이른바 '마이낑'이라는 선불을 받아서 사용했는데, 그 빚을 갚아준 것입니다. 결국 이경숙은 1994년 9월에 지존파에 가담하게 됩니다. 조금 전에 설명했던 사람 중에서 백병옥은 두목인 김기환의 교도소 동기였습니다. 이렇게 총 7명이 범죄단체를 조직해서 범행을 시작합니다.

배상훈 이경숙은 '레지'였어요, 흔히 다방 종업원을 그렇게 표현했었죠. 다른 사람들보다 이경숙이 특이한 것은 다방의 레지에서 조직원으로 포섭된 형태라는 것이죠. 나머지는 포섭되었다고 하기 보다는 의기투합한 형태라고 볼 수 있어요.

김윤희 포커 판에서 의기투합해서 조직이 결성됐다고 하더라고요.

김복준 맞습니다. 그게 1993년 4월경이에요. 첫 범행이 1993년 7월이
니까 3개월 전이 되겠네요. 이 사람들은 모두 직업이 일정하
지 않았어요. 공사장이나 공장 같은 곳에서 생활하면서 전국
을 떠돌아다녔거든요. 그런 사람들이 포커 판에서 만났는데 서
로 뜻도 맞고 나이도 비슷해서 형님동생이 된 거예요. 가장 나
이가 많았던 김기환이 스물일곱이었는데, 나름대로는 카리스
마나 리더십도 있었던 것 같습니다. 이들이 범행을 계획한 것
은 전남 함평에서였습니다. 함평군 대동면이라는 동네에 가외
농산이라는 곳이 있었다고 합니다. 그곳에 모여 있다가 우연
하게 당시의 대학입시 비리에 대한 이야기를 나눴다고 합니다.
그 와중에 '세상이 너무 불공평하지 않냐? 우리가 이 '돈 많은
것'들을 전부 쓸어버리자.'라는 이상한 결론에 도달했던 겁니
다. 그렇게 해서 돈 많은 사람들을 납치해서 돈을 빼앗고 강간
한 다음에 죽여버리자고 하면서 조직을 결성합니다.

김윤희 당시에는 조직의 이름이 '마스칸mascan'이었다고 해요. 그리스
어인데 '야망'이라는 뜻이라고 하더라고요.

김복준 그 부분은 그들이 읽었던 책과 관련이 있습니다. 일단 조직을
결성하고 나서 이들은 범행을 실행하기 위해 필요한 자금 확보
를 목표로 삼았어요. 목표 자금이 10억 원이었어요. 열심히 토
론을 해서 범죄자금으로 10억 원을 모으자는 결론을 내린 다
음, 둔산 신도시와 분당 신도시의 공사장을 오가면서 열심히
일을 해요. 실제로 공사장에서 노동을 해서 꽤 많은 자금을 마

련했다고 해요. 당연한 일이지만, 범죄단체를 구성하기 위해서는 강령이 필요하기 때문에 강령도 만들었습니다. 강령은 세 가지입니다. "첫째, 우리는 돈 많은 자들을 저주한다. 둘째, 조직을 배신한 자는 반드시 죽인다. 셋째, 여자는 어머니도 믿지 않는다." 어쨌든 이렇게 강령을 만들어놓고 범행에 나섭니다. 이들은 범행을 효과적으로 수행하기 위해서 지리산에서 1주일 동안 합숙훈련까지 했습니다.

배상훈 지존파라는 조직은 아주 독특한 부분이 있습니다. 범행을 저지르는 과정에서 조직이 만들어지는 것이 아니라 일정한 수준의 형태를 갖춘 조직이, 즉 10억이라는 자금을 가진 조직이 그 자금으로 구체적인 범죄를 실행하려는 형태이기 때문입니다. 실제로 지존파를 연구했던 분들 중에는 자금 10억 원을 김기환이 빼돌리려고 했을 것이라고 주장하는 분들도 있었어요. 노동을 해서 10억 원을 모으는 것이 쉽지 않기 때문에 그것이 현실성 있는 목표였냐는 문제 제기도 있었습니다. 이런 논란이 있었던 것은 일반적인 조직의 경우에는 어떤 일을 진행해가는 과정에서 사람들을 모으는데, 그렇지 않고 10억 원이라는 목표를 설정하고 움직였다는 것 자체를 두고 지존파 사건이 실제가 아니라 일종의 가공이 아닌가라고 의심했기 때문이었을 겁니다.

김복준 그런데 활동자금을 모으는 것과 관련된 내용을 살펴보면, 이들에게는 그 정도의 자금이 반드시 필요했다고 주장하시는 분들도 있어요. 나중에 다시 이야기하겠지만, 이들이 범행을 위해 구입하고자 했던 것들 중에는 기관단총도 있고요, 소총도 있습니다. 소총 6정, 기관단총, 그리고 범행에 필요한 자동차 등 상당한 정도의 자금이 필요했던 것은 분명합니다.

김윤희 나중에 다이너마이트도 구입하잖아요. 범죄에 대한 계획이 구체적이었던 것 같아요.

김복준 무전기부터 가스총, 전기 충격기까지 구비를 했었기 때문에 상당한 자금이 필요했을 겁니다. 그리고 소각장을 건설하고 하는 비용도 포함되지 않았겠습니까?

배상훈 그렇죠. 부자들을 죽이자고 말하는 부분을 실제 행동으로 옮기려면 무기도 필요하고 폭탄도 필요하다고 생각했던 것 같은데 일부 허황된 부분도 있어요. 총을 어디서 구입하겠어요. 폭탄을 사거나 만든다는 것도 가능성이 너무 낮고, 군대의 무기고에서 훔치는 것도 실현가능성이 거의 없어요. 제가 궁금했던 것은 자신들이 행동하기 보다는 무엇이든 돈으로 구입하려 했던 이유입니다. '왜 무엇이든 돈으로 구입하려고 했던 걸까? 차라리 관련 전문가를 포섭하는 편이 훨씬 낫지 않았을까?'라는 의문이 들었어요. 이들이 모든 일들을 돈으로 해결하려고 했던 것을 보면, 가난하다는 생각 때문에 돈만 있으면 해결된다는 사고방식에 매몰되어 있었다는 생각이 들었습니다.

김윤희 저도 비슷한 생각을 했는데요. 어쨌든 모 백화점의 VIP고객 명단을 손에 넣었다고 해요. 그렇다면 이 사람들을 타깃으로 하는 범죄에 대한 구체적인 계획이 있었을 것이라고 생각했어요. 그런데 범죄계획의 실현능력이라든지 구체화하는 과정이 우리에게는 허황되고 어이가 없어 보이지만, 그들의 입장에서는 체계적이었고 구체적이었을 것이라는 생각이 들더라고요.

김복준 추석을 전후해서 3,500명에 가까운 백화점 VIP고객 명단을 확보를 했는데, 그것도 돈을 주고 샀습니다. 이들이 검거되지 않고 명단에 있는 사람들을 대상으로 범행을 저질렀다면 이 사건은 엄청난 사건이 되었을 거예요.

김윤희 이들이 사람들의 공분을 샀던 이유 중의 하나는 이렇게 VIP고객 명단을 손에 넣었지만, 실제로 이들이 살해했던 사람들은 부유하고 돈이 많은 사람들이 아니었다는 겁니다.

김복준 살인의 초기 단계라고 봐야겠죠. 범행의 대상이 VIP고객으로 옮겨가기 전단계라고 봐야 할 겁니다. 이들에게 첫 번째 살인 사건의 경우에는 일종의 '살인연습'이잖아요. 배신자를 죽이고, 범행수법을 구체화시켜 나가는 단계에서 검거되었기 때문에 예단할 수는 없어요. 하지만 검거되지 않았다면, VIP고객 명단을 이용한 범행을 지속했을 가능성이 있었다고 봅니다.

김윤희 1993년 7월에 첫 사건이 일어납니다. 조금 전에 말씀하셨던 '연습' 명목의 살인이었죠.

『지존무상』처럼, 조직을 배신하면 죽인다.

김복준 첫 번째 사건은 1993년 7월 18일 밤 11시에 발생합니다. 말씀드린 것처럼 살인연습입니다. 충남 논산에 가면 두계역(현재의 계룡역)이 있어요. 두계역 부근에 있는 철길 아래에서 귀가 중이던 20세의 최양을 승용차로 납치합니다. 최양은 그 근처에서 농사짓는 분의 딸이었어요. 이들은 납치한 최양을 12km 떨어진 대전 유성구의 한 야산으로 끌고 가서 윤간을 합니다. 그리고 김기환이 최양의 목을 졸라 살해합니다. 일종의 시범을 보인 것이죠. 김기환은 "사람은 이렇게 죽이는 거다."라고 말하면서 최양을 암매장을 했습니다. 최양의 시체는 그 이듬해 5월에 벌초를 하던 마을 주민에 의해서 발견되었습니다.

김윤희 그러면 이들이 잡힐 때까지 미제사건이었던 건가요?

김복준 그렇죠.

배상훈 이 사건에는 범행동기가 없어요. 그냥 길 가는 여성을 무작위로 납치해서 살인연습을 했기 때문이에요. 이 경우에 경찰들은 피해여성의 주변이라든가 근처의 불량배들을 수사를 했을 개연성이 높아요. 뚜렷한 혐의점을 가진 인물이 나타나지 않았다면 그때까지 수사 중인 사건이었을 가능성이 높아요.

김복준 수사를 담당했던 논산경찰서에서는 이 사건이 살인사건이라는 것 자체를 몰랐을 수도 있어요. 장기실종사건으로 분류하고 수배하는 선에서 넘어갔을 개연성이 농후합니다.

김윤희 저에게는 이 사건이 굉장히 충격적이었어요. 윤간을 한 다음에 살인을 하잖아요. 윤간을 한 이유는 뭐라고 생각하세요?

김복준 범죄학에서는 윤간과 희생된 사람을 취식하는 행위를 '동질감의 실현'으로 인식하거든요. 심리학적인 측면은 배교수님께서 설명해 주셔야죠.

배상훈 '가해자화'라고 표현하는 일종의 동질감, 즉 '너 역시 우리와 같은 범죄자야.'라는 생각을 주입하려는 것으로 보입니다. 여기서 독특한 것은 살인을 실행했던 김기환도 이전에는 살인의 경험이 없었다는 것입니다. 물론 사실을 확인할 수는 없습니다. 살인은 처음이지만 특정조직 내에서 자신의 지위를 분명하게 하기 위해 허세를 부리는 과정에서 윤간을 했다고 주장하는 사람들도 있고, 이전에 살인을 했던 경험 때문에 윤간을 했다고 주장을 하는 사람들도 있습니다. 밝혀진 바로는 첫 번째 살인이었고, 그래서 윤간의 목적은 공범자화 또는 가해자화를 통해 조직원들을 자기 밑으로 끌어들이려는 것, 즉 위계를 세우려는 목적의 행위였다고 봐야할 것 같습니다. 어쨌든 이 부분의 설명이 설득력을 얻는 이유는 나중에 김기환이 살해행위나 암매장에 관한 부분에서 서툴렀다고 진술했기 때문입니다. 물론 첫번째 살인이었기 때문에 서투를 수밖에 없었겠죠. 만약 김기환에게 살인의 경험이 있었다면 목을 조르는 방식보다는 도구를 사용해서 훨씬 더 직접적이고 잔인하게 살해했을 겁니다. 그랬다면 김기환이 생각했던 목적을 달성하는 것이 용이했을 겁니다. 저는 개인적으로 어정쩡했다는 생각이 들었어요.

김복준 김기환은 지존파의 두목인데 성장환경을 살펴 볼게요. 김기환은 별명이 '지존'입니다. 당시에 홍콩영화인 『지존무상』이 영화관에서는 물론 비디오로도 상당히 인기가 있었어요. 그래서 '지존파'라는 이름을 붙이게 된 겁니다. 김기환은 3남 4녀 중에 막내로 태어났는데 아버지가 일찍 돌아가신 것 같아요. 편모슬하에서 성장했고 영광에서 중학교를 다니다가 1학년 때 중퇴를 해요. 그래서 기록으로는 초등학교 다닐 때까지의 성향밖에 볼 수가 없습니다. 초등학교 때까지는 줄곧 반에서 1등을 했답니다. 중학교 1학년을 중퇴하기 전에는 148명 중에서 5등을 했데요. 공부를 꽤 잘했던 것 같고요. 바둑이 아마 1급이었답니다. 생활기록부를 보면 가난했고 결석을 자주 했지만 근면성과 책임감, 준법정신은 최우수인 '가'를 받았어요. 그때까지는 괜찮았던 것으로 보입니다. 다만 협동성, 자주성에 대해서는 보통 정도인 '나'를 받았다고 해요. 김기환은 일찍부터 집을 나와서 부산에서 신발공장이나 합판공장에서 공장 노동자로 전전했고, 서울에서는 막노동을 했는데 그러던 중에 고향으로 내려와서 이 끔찍한 범행을 시작했던 거예요. 김기환이 머리가 좋고 명석했던 것은 확실해 보입니다. 조직원들을 휘어잡을 수 있을 정도의 카리스마에 지능도 괜찮았다는 거죠.

배상훈 김기환이 머리가 좋지 않았다면, 지존파라는 조직이 형성되기 어려웠겠죠. 1980년대 후반부터 홍콩영화, 즉 홍콩 느와르가 상당한 인기를 끌었어요. 『영웅본색』, 『지존무상』, 『첩혈쌍웅』이라는 3대 영화가 있었습니다. 김기환은 그 중에서 『지존무상』을 좋아했고 동경했다고 합니다. 홍콩 느와르에 가장 많이 나오는 내용이 조직과 보스에 대한 충성과 배신인데, 영화 속에 나오는 여러 가지 내용들이 나중에 조직의 강령을 만들 때 반영되었던 것 같습니다.

김복준 김기환은 『지존무상』을 30번을 봤다고 그러더라고요.

김윤희 실제로 훈련할 때에는 '지존'이라고 쓴 머리띠나 두건을 둘렀다고 해요. 어떻게 보면 조직을 구성하고 조직원들을 결속시키는 능력은 타고 난 부분이 있었던 것 같아요.

김복준 타고난 리더십이 있어요.

배상훈 조직원들을 결속시키고 리더로서의 역할을 하려면 사람들이 바라는 것이나 사람들의 약점을 잘 긁어주고 품어주어야 할 뿐만 아니라, 강압적으로 나가야 할 때에는 카리스마를 발휘할 필요가 있어요. 김기환이 리더의 역할을 잘 했기 때문에 조직을 유지할 수 있었겠죠.

김윤희 그런데 그 느와르 영화 속에 나오는 배신에 대한 응징이 현실이 되었어요. 조직을 어떻게 이끌어야 하는지를 보여준 사례가 바로 두 번째 살인 같아요. 1993년 8월이었는데 범행대상은 조직원이었던 송봉은이죠.

김복준 당시 18세였던 송봉은이 자기 형의 주민등록증을 위조해서 23살로 행세했어요. 조직원들을 속이고 형으로 불렸겠죠. 송봉은이 자금관리를 맡았는데, 그때까지 막노동으로 2,000만 원 정도를 모았다고 해요. 그런데 송봉은이 2,000만 원 중에서 300만 원을 인출해서 도망을 가 버려요.

김윤희 그래서 잡아서 살해한 거죠.

김복준 강령이 있잖아요. 송봉은은 조직을 배신하면 반드시 죽인다는 강령을 어긴 것이기 때문에 추적에 나섭니다. 경기도 시흥에 있는 친척 집에서 송봉은을 붙잡았어요. 승용차에 태워서 영광으로 끌고 와서는 칼과 곡괭이로 송봉은을 살해하고 야산에 암매장을 합니다. 암매장한 사체를 발굴 했는데 잔인하게 살해했고 손목이 철사 줄로 결박되어 있었다고 해요. 놀라운 사실은 영광에 있는 아지트에서 불과 4km 떨어진 야산에 60cm정도의 깊이에 묻혀 있었다는 거예요. 철사 줄로 결박되어서 엎어진 상태의 시체를 발견했는데, 그 과정에서 아주 특별한 이야기가 나왔어요. 송봉은을 살해하고 암매장하는 장소에 개를 한 마리 끌고 갔는데 그곳에서 개를 잡아서 먹었다는 거예요.

김윤희 왜 이런 행위를 했을까요?

배상훈 기본적으로 두 번째 살인에서는 피를 보는 행위가 필요하다고 생각했기 때문일 거예요. 첫 번째 살인에서와 달리 두 번째 살인에서 피를 보는 행위를 하는 것은 앞으로 범죄를 실행하는데 있어서 피에 대한 저항감을 떨어뜨려야 했기 때문일 거예요. 두목인 김기환이 경험이 있었다면 첫 번째 살인에서 피를 보는 살인을 했겠지만, 첫 번째 살인에서 피를 보는 행위를 하지 않았기 때문에 필요하다고 생각했을 겁니다. 뿐만 아니라, 김기환의 입장에서는 만약에 이 일을 섣불리 처리한다면 조직이 와해된다는 것을 알고 있었기 때문일 겁니다. 송봉은이 나이를 6,7년을 속였지만, 실제로는 나이가 18세로 어렸잖아요. 어린 송봉은이 첫 번째 사건에서 받은 충격에 대해서 이해를 할 수도 있었지만, 살해할 수밖에 없다는 사실을 분명히 알고 있었을 겁니다. 그래서 저는 개를 잡아먹는 것도 순서가 있었을 것 같아요. 우리가 개를 잡는다고 하면 떠오르는 장면이 있습니다. 과거에 시골에서는 몽둥이찜질이라는 방법으로 개를 죽였잖아요. 아마 김기환 자신이 직접 개를 잡으면서 그 장면을 보여줬을 겁니다. 그리고는 조직원들에게는 송봉은에게 이를 재현하라고 시켰을 거예요. 그 다음에 개를 잡아먹었을 것 같아요. 그래야 순서가 맞아요. 분명한 것은 송봉은을 죽이는 것에 대한 목적은 조직의 배신자는 죽인다는 강령을 실현했던 부분이고, 개를 끌고 갔던 것 역시 피를 보는 형태의 살인, 즉 목적을 달성하기 위한 수단이라고 생각됩니다.

김윤희 저도 비슷한데요. 저는 개와 송봉은을 일치시키기 위한 일종의 이미지 트레이닝 작업이라고 생각했어요. 그야말로 개 패듯이 패서 개를 잡아먹는 거잖아요. 인육을 먹지는 못하더라도 살인을 하고 난 뒤에 도살한 개고기를 섭취하는 과정과 사람을 죽이고 매장하는 과정을 동일시하는 것이죠. '우리들은 개 한 마리를 죽인 것뿐이야.'라는 생각을 갖도록 하는 것이죠.

김복준 죄책감의 희석인가요?

김윤희 죄책감의 희석이기도 하고, 다른 한편으로는 너희들도 저렇게 '개'처럼 될 수 있다는 것을 보여주는 하나의 상징이었겠죠.

배상훈 사이비 종교에서 배신자를 처단하는 모습도 이와 아주 비슷하거든요. 잔혹하게 살해하되 교주 같은 실질적인 집행자들은 절대로 자기 손으로 살인을 하지 않아요. 그들은 살인을 저지를 수밖에 없는 상황을 만들거나 그렇지 않으면 그 밑에 있는 사람들을 피해자이자 가해자로 만들어버립니다.

김복준 그 부분은 정확합니다. 송봉은을 살해할 때, 김기환은 직접 나서지 않고 다른 조직원들이 살인을 하게 만들었거든요.

김윤희 조금 다른 이야기인데 제가 처음 살인현장에 나갔을 때, 현장 감식을 마치고 간 곳이 감자탕 집이었어요. 고기를 시켜서 먹는데 저는 처음으로 현장을 본 뒤였기 때문에 고기를 먹는 것이 부담스러웠어요. 나중에는 사건현장에서의 일이 현실로 이어지는 것에 대한 부담을 없애기 위한 행동이었다는 것을 알았지만, 당시에는 굉장히 힘들었어요. 김기환과 지존파의 멤버들이 이 두 가지를 결합시키는 의식을 치렀다면, 저는 반대로 분리하는 의식을 치렀던 것 같아요.

김복준 일선 형사들은 부검을 마치면 화곡동 국립과학수사연구소 정문의 좌측에 있는 국밥집에서 선짓국을 먹었어요. 저도 기억이 생생한데요. 처음에는 감자탕 같은 것을 사 주시잖아요. 제 사수되시는 분은 부검을 끝내고 속이 매스꺼워서 토하기 일보 직전인 저를 데리고 내장탕 집에 갔어요. 도저히 못 먹겠는데 눈을 부라리면서 먹으라고 해서 토하듯이 먹었던 기억이 있어요.

김윤희 강해지라는 것 같기는 한데 너무 힘들었어요.

배상훈 충격을 극복하는 심리적 기재는 두 가지가 있어요. 분리시키는 방법이 있고, 침전시키는 방법이 있습니다. 시체와 현실을 분리해야 한다는 것을 분명하게 알고 있지만, 인간의 두뇌라는 것이 그렇게 안 되거든요. 원칙적으로는 극복될 때까지 기다려야 하지만, 빠른 시간 내에 극복하기 위해서 그냥 빠트리는 방법을 선택했던 거예요. 지금은 그렇게 하면 인권침해로 문제가 될 거예요. 김기환이 사용했던 방식도 마찬가지일 거예요. 이 방식과 아주 비슷한 기재라고 볼 수 있거든요. 김기환과 자신들을 동일시하고, 스스로를 가해자화한 다음, 절대로 여기에서 벗어날 수 없다는 일종의 절망감 속에 빠뜨리는 거죠. 이 절망감을 극복하려면 스스로 제2, 제3의 김기환이 되는 방법밖에 없어요. 김기환이 그 방법을 선택했다고 볼 수 있어요.

아지트, 아우슈비츠 같은 '살인공장'

김복준 첫 번째 살인으로 시범을 보이고, 두 번째로 배신자를 처단한 다음에는 본거지, 또는 '본부'에 대한 욕구가 작용했던 것 같아요. 그래서 자리를 잡아요. 산적들에게 산채가 있는 것처럼 어떤 조직이 결성되면 근거지가 있어야 되잖아요. 그래서 김기환이 1994년 5월부터 8월 사이에 영광군 불갑면에 아지트를 건설합니다. 일종의 '산채'를 만드는 거죠. 그곳에 김기환 소유의 대지가 있었기 때문에 그곳에 아지트를 건설했던 겁니다. 영광군 불갑면 주민들은 지존파와 관련해서 엄청난 피해를 입으셨는데, 다시 거론하게 되어서 정말 죄송합니다. 어쨌든 그곳에 창고를 짓고, 지하실에는 감금시설을 만들었는데 아우슈비츠 같은 일종의 '살인공장'을 만들었던 것입니다. 그리고 창고 옆에는 전기식 버너를 사용하는 소각용 화로를 설치했어요.

김윤희 시체를 소각하기 위해서인가요?

김복준 네, 시체를 소각하기 위해서예요. 두 건의 살인사건 이후에 근거지를 마련하는 작업을 본격적으로 시작합니다.

배상훈 예전에는 시골의 허름한 집들은 신축허가나 증축허가를 받지 않고 창고 같은 건물을 지어도 관공서에서 눈감아주었기 때문에 고향집을 근거지로 개조하는 것이 가능했을 겁니다.

김복준 아주 시골이었던 것 같습니다. 불갑면에 있는 그 '살인공장' 주변에는 19가구밖에 없었다고 하고요. 그 중에서 16가구가 강 씨 성을 가진 집성촌이었다고 해요. 1978년에는 범죄 없는 마을로 선정되기도 했는데, 지존파 사건 이후에 주민들이 겪은 고통과 피해가 엄청났다고 합니다. 1994년 5월부터 8월 사이에 본거지를 만들었잖아요? 그런데 그 와중에 6월 17일에 두목 김기환이 여중 1학년인 고향 선배의 조카를 강간해서 구속됩니다. 범죄의 실행을 목전에 두고 두목이 구속되는 어처구니없는 결과가 발생해버린 것이죠.

김윤희 그 사건으로 징역 5년을 선고 받았더라고요.

배상훈 중학교 1학년 여학생을 강간했기 때문에 상당히 중대한 범죄였어요. 김기환이 돌발적으로 범행을 저지른 것인지 아니면 의도했었는지에 대해서는 논란이 있을 수 있다고 생각됩니다. 어쨌든 김기환의 입장에서는 의도했다기보다 돌발적인 사건이었다고 이야기할 수 있겠죠. 저는 아지트도 만들고 본격적으로 범행을 실행하려는 과정에서 두목인 자신만 빠져버리는 상황에서 김기환이 무슨 생각을 했을까하는 것이 궁금했어요.

김복준 여기에서 김기환이 카리스마가 있는 인물이었다는 것이 입증이 되는 것 같아요. 두목인 김기환이 구속되었기 때문에 조직이 와해되기 십상이거든요. 그럼에도 불구하고 남아있는 조직원들이 '산채'에 결집해 있었어요.

김윤희 심지어 면회를 가서 범죄 지시를 받았다고 하더라고요.

김복준 김기환이 구속되어도 기거할 수 있는 장소가 마련되어 있었기 때문에 이들이 머무를 수 있었고, 또 그렇게 머물렀기 때문에 구속된 김기환을 면회하면서 지시를 받았다는 거예요. 범죄 계획이나 실행을 보고하고 지시도 받은 것으로 미루어 김기환이 나름대로는 카리스마가 있었다고 볼 수 있는 것이죠.

김윤희 저는 김기환이 붙잡혔기 때문에 지존파라는 조직을 빨리 검거할 수 있었다고 생각하거든요. 조직원들이 서열 정리가 확실하지 않았기 때문에 서로 충돌하고 각자의 주장을 내세우는 중에 조직이 와해됐고, 그 과정에서 한 사람이 탈출했기 때문에 범행이 드러났잖아요. 김기환이 검거된 것 때문에 조직이 와해되지는 않았지만, 범행 미숙과 신속한 검거의 계기가 된 것은 분명해 보여요.

김복준 이들이 검거되고 나서 진술한 내용을 보면, 자기들 사이에서의 갈등, 즉 납치한 여자를 죽일 것인지에 대한 의견 대립은 있었지만 조직이 와해될 정도로 흐트러진 것 같지는 않아요.

배상훈 이렇게 생각해 볼 수도 있어요. 김기환이 지시만 했음에도 그 정도인데, 만약에 김기환이 교도소에 가지 않고 범죄를 지휘했다면 그 피해는 상상을 초월했을 가능성이 있어요. 조금 주제를 벗어난 이야기지만, 요즘에는 중국의 보이스 피싱 조직들이 '아지트'를 건설한다고 해요. 시골에 가서 창고에다 그냥 2층을 지어버린 데요. 그러면 공안들이 잡으러 오는 것이 보여서 도주가 용이하다고 해요. 시골에다 아지트를 건설하는 이유 중에는 도시의 경우에는 모르는 사람이 접근해도 눈치 챌 수 없지만, 시골의 경우에는 외지인이 오면 금방 알아차릴 수 있다는 점도 있을 거예요.

김윤희 그렇게 지내다가 1994년 9월 8일 첫 번째라고 할 수는 없지만,

'연습'도 아니고 조직원을 대상으로 하는 것도 아닌 본격적인 의미에서의 살인을 하죠?

김복준 엄밀히 말하자면 이미 두 사람은 죽었지만, 그들이 계획을 실천한 첫 번째 범행일 거예요. 1994년 9월 8일 03시니까 새벽이죠. 경기도 양평에 있는 국도에서 두 사람이 범행에 걸려들었는데, 남성은 유흥업소에서 '밴드'라고 해서 반주해 주는 것이 직업인 악기 연주자 34세의 이 씨였고 다른 사람은 카페 종업원이었던 27세의 여성인 이 씨였습니다. 두 사람은 악기 연주자의 그랜저를 타고 양평으로 드라이브를 나왔다가 새벽 03시 경에 범행을 물색하던 이들에게 발견됩니다. 이들은 소유하고 있었던 승용차와 화물차 두 대에 나누어 타고 그곳으로 향했어요. 외곽에 위치해 있고 모텔이 밀집한 곳이며 평소에 지리를 익혀둔 그곳에 갔을 때에는 이미 범행대상을 어떻게 선택할 것인지에 대해 계획이 있었을 거예요. 그때 하필이면 두 사람이 걸려든 거예요. 현장에서 화물차로 그랜저 앞을 가로 막습니다. 뒤에서는 승용차로 움직일 수 없게 만든 다음에 가스총을 쏘았습니다. 이어서 각목으로 구타하고 칼로 찔러서 두 사람을 완전하게 제압한 다음 포장용 테이프로 손과 발을 묶고 입을 막아서 아지트로 끌고 갑니다. 두 사람을 감금한 다음에는 여성인 이 씨를 윤간하죠. 하루가 지나고 다음날 밤 9시 경에 악기 연주자 이 씨에게 몸값을 요구합니다. 악사하시는 분이 무슨 돈이 있겠습니까? 악기 연주자 이 씨가 돈이 없다는 것을 확인하고는 '너는 고통 없이 죽여주겠다.'고 하면서 강제로 술을 먹이고 머리에 비닐봉지를 씌워서는 목을 졸라 살해합니다. 이들이 정말 잔인한 것은 그때 같이 납치된 이 씨를 악기 연주자 이 씨의 살해행위에 동참시키는 것입니다. 목을 조르라고 시킨 거죠. 아마 공범으로 끌어들이는 과정이겠죠. 강령에 여자는 어머니도 믿지 말라는 게 있었잖아요. 그러면 이 씨도 살해해야 될 거 아니에요. 그런데 무슨 이유 때문인지 그때부터 서로 의견이 분분했다고 합니다. 김기환은 없는 상태에서 두목 격인 김현양이 살려주자는 주장을 했던 것 같은데 어쨌든 여성인 이 씨는 살아남습니다. 그리고 비닐봉지를 씌워서 살해한 악기 연주자의 시체처리 과정에서는 이들이 지닌 교활한 면이 드러납니다. 이들은 시체처리 방법을 고민하다가 교통사고로 위장해서 처리하는 것으로 합의를 했어요. 영광에 인접한 장수에 가면 수분재라는 고개가 있어요. 그 고개로 악기 연주자의 그랜저를 끌고 와서는 9월 10일 03시 경에 죽은 사람을 운전석에 앉힌 상태에서 아래로 밀어버려요. 수분재 고개의 낭떠러지가 18m 정도 된다고 해요. 음주하고 교통사고가 나서 사고사 한 것으로 위장을 한 것이죠. 교활하게도 그 전에 미리 스키드 마크를 만들어 놓고 차를 밀어서 교통사고로 위장을 하는데 그곳에 이 씨도 함께 있었어요. 그리고는 수분재 고개에서 이 씨를 또 윤간합니다.

배상훈 이 두 분이 피해자가 된 이유는 그랜저를 타고 있었기 때문이었어요. 그들은 부유한 사람들이 야외 드라이브를 나와서 양수리에 있는 모텔에 간다는 정보를 얻어서 부유해 보이는 남자를 납치하려고 했어요. 그런데 엉뚱하게도 납치된 분은 카페 종업원이고 악기 연주자였던 겁니다. 안타깝게도 상황이 그렇게 됐던 것이죠.

김복준 그렇습니다. 피해자 가족이 신고를 했어요. 이분이 사시던 곳이 성남 남부경찰서 관내였던 것 같습니다. 가족이 9월 12일에 공단파출소에 신고를 했고요. 나중에 공사장 인부가 사건 차량을 발견해서 장수경찰서에 신고를 했어요. 신고를 받고 조사를 했는데 말씀 드린 것처럼 스키드 마크가 있었고, 시체에서 술 냄새도 나고 또 없어진 물건도 없었기 때문에 단순 교통사고로 처리해 버렸어요. 부검도 하지 않고 내사 종결하는 실수를 저지른 겁니다.

배상훈 '이 사람이 왜 장수까지 갔을까?'라는 의문과 함께 정황이 맞지 않는 부분들이 있었어요. 또 이 씨의 몸에는 자상과 구타당한 흔적도 있었는데 장수경찰서에서는 현장만 확인하고 교통사고로 처리했기 때문에 이후에 엄청난 비난에 시달립니다.

김복준 평생 욕을 먹을 겁니다.

배상훈 '그 사건만 제대로 해결됐더라면……'이라고 할 수도 있지만, 1994년이라는 당시의 상황을 놓고 보면 장수경찰서를 그렇게 비난할 것도 아니라는 생각이 들기도 해요. 지금은 단순 교통사고라 하더라도 이와 같은 상황이라면 기본적으로 감식을 진행하기 때문에 스키드 마크만 보고 단순 교통사고로 사건을 종결하는 일은 일어나지 않을 거예요. 하지만, 실제로 서울경찰청의 경우에도 2000년이 되어서야 지방경찰청 단위에서 3교대

감식반 시스템이 확립되었고, 이후에 일선 경찰서 단위에서 감식 시스템이 갖추어졌기 때문에 장수경찰서가 그렇게까지 비난받을 일인가 하는 생각도 듭니다.

'악마화', 스스로 악마가 됐다는 망상

김윤희 그리고 5일 후인 9월 13일에 한 부부가 살해됩니다.

김복준 이 사건은 정말 가슴 아파요. 9월 13일 사건, 남편 분이 소 씨 성을 가져서 소 씨 부부사건이라고 불리는 이 사건은 굉장히 가슴 아픈 부분이 있더라고요. 남편인 소 씨는 42세였고 아내 되시는 분은 35세의 박 씨에요. 울산 지역에서 ○○기계공업 이라는 공장을 경영했는데 공장을 시작한 지 얼마 되지 않았다고 해요. 그리고 거주지는 서울 중랑구였던 것 같습니다. 두 부부가 추석 전에 성남 소재의 동서울 공원묘지에 벌초를 하러 갔어요. 이 두 분은 카페 종업원과 악기연주자를 납치했던 것과 똑같은 방법으로 납치당합니다. 그리고 지하에 감금이 돼요. 감금한 다음에 범인들이 소 씨를 불러서 1억을 요구합니다. 남편 소 씨가 지금 당장 1억 원은 없지만, 구할 수 있는 범위 내에서 최대한으로 돈을 구해보겠다고 말했어요. 납치한 날이 9월 13인데 9월 14일 광주 광천의 버스터미널에서 소 씨가 자기 직원을 통해 가져 온 돈이 8천만 원이에요. 1억을 요구했지만, 현금 8천만 원이면 성의껏 돈을 구한 겁니다. 범인들은 소 씨가 버스터미널로 갈 때 아내되시는 분을 인질로 잡아두죠. 아내가 인질로 붙잡혀 있었기 때문에 소 씨 입장에서는 혼자서 행동할 수 있는 입장이 아니잖아요. 그래서 직원으로부터 받은 8천만 원을 이들한테 전달을 했어요. 그러면 약속대로 풀어줘야 되잖아요. 그들은 소 씨를 아지트로 다시 데리고 옵니다. 소 씨 입장에서는 아내 때문에 돈만 빼앗기고 그대로 따라오는 꼴이 된 거예요. 잠시 후에 소 씨가 살기 위해 썼던 편지를 제가 읽어드릴 겁니다만 소 씨의 눈물 겨운 노력에도 불구하고 9월 15일 03시 경에 '8천만 원을 줬으니까 고통 없이 죽여주겠다.'고 하면서 술을 먹이고 공기총으로 사살합니다.

김윤희 공기총을 쏘았던 사람이 이전 사건에서 살아남으셨던 분⋯⋯.

김복준 네, 악기 연주자와 함께 납치되어서 살아남았던 이 씨입니다. 이 씨에게 공기총을 쏘게 만들어서 결국에는 '너도 공범이다.'라는 식으로 끌고 갔던 것이죠. 소 씨를 살해하고 나서 그 후에 바로 아내 박 씨도 칼과 도끼를 이용해서 살해합니다. 살해한 다음에는, 참 이렇게 말을 하는 것도 불편합니다. 토막을 내죠. 술안주로 사용하기 위해서 였다고 합니다. 더구나 카페 종업원인 이 씨에게 생간을 먹이기까지 합니다.

김윤희 이때 삼겹살을 사왔다고 하더라고요.

김복준 살해한 소 씨 부부 두 사람을 소각을 해야 하잖아요. 소각장에서 시체를 소각하면 냄새가 퍼질 것 아닙니까. 그것을 위장하기 위해서 마당에서 삼겹살을 구워요. 구운 삼겹살과 막걸리를 먹으면서 소각할 때 발생하는 냄새를 희석시키려고 했던 거죠.

김윤희 심지어 삼겹살을 동네 주민들에게 나눠주었다고 하죠.

김복준 맞습니다. 그곳에 와서 막걸리를 마신 사람도 있었습니다.

배상훈 실제로 이들의 방식은 굉장히 잔인해요. 이것을 앞에서부터 연결시켜 보면, 즉 악기연주자였던 이 씨의 살해 방법에서부터 연결해 보면 한 단계 진화했다는 것을 알 수 있습니다. 『지존무상』같은 홍콩 영화를 보면 비닐봉지를 씌워서 사람을 죽이는 장면들이 나옵니다. 그 부분은 월남전에서 베트남 군인들과 미국 군인들이 서로 교차하면서 했던 부분들을 홍콩의 느와르 영화에서 모방해서 그려내고, 그 홍콩 느와르 영화를 본 범죄자들, 즉 지존파의 멤버들이 그 영화를 모방하면서 스스로가 살인에 대해 자신감을 갖게 되고, 또 업그레이드된 상황이 지금까지 설명하신 내용이라고 할 수 있습니다. 어떤 인간도 무엇인가를 갑작스럽게 실행할 수는 없거든요. 이 사람들이 이토록 잔인한 행동들을 실행할 수 있었던 것은 한 단계 한 단계 진화했기 때문에 가능했던 부분이 있어요. 그리고 또 다른 이유로는 스스로 대단한 사람이 됐다는 착각 때문이었을 거예요. 김기환과 마찬가지로 이들도 자신이 해야 할 행동을 다른 사람한테 시키죠. 카페 종업원 이 씨에게 그 일을 시키면서 스스로 대단한 사람이 됐다는 착각을 했을 거예요. 그렇지 않고서는 이렇게 행동하기 어려워요. 지금까지의 상태가 모두 연결되는 것 같습니다.

김복준 여기서 토막을 내고 인육을 취식하는 게 나오지 않습니까. 이것도 동질화의 목적으로 봐야겠죠?

배상훈 네, 아무래도 그 부분이 가장 크겠죠. 그리고 그 행위를 한 다음부터는 '우리는 이제 완전한 조직이다.'라고 생각했을 거예요.

김윤희 인육을 먹는 행위는 동질화 이상의 의미가 있는 것 같아요. 어떻게 보면 자기 최면도 됐을 거라고 생각하거든요. 내가 이만큼 잔인해질 수 있고 지금보다 훨씬 더 악마처럼 행동할 수 있다는 자기 최면을 통해 자신의 행위에 대한 죄책감을 계속해서 희석시켜가는 과정이라는 생각이 들어요.

배상훈 자기 자신에 대해서 '악마화'라는 개념을 사용하면 스스로 악마가 됐다고 생각하기 때문에 자신이 만든 망상을 갖게 돼요. 그러면 다시 자신의 망상을 충족시키기 위해서 지금보다 훨씬 더 잔인한 수단을 사용하는 형태가 되는 것이죠. 악순환이 일어나는 거죠.

김복준 소 씨 부부가 희생되고 이들이 붙잡혔기 때문에 살인사건의 희생자는 남자 셋, 여자 둘로 끝이 났어요. 하지만 만약에 그때 이 씨가 탈출하지 못했다면 그 이후로도 살인사건이 계속해서 전개됐을 것이라고 봐요. 백화점 VIP고객 명단을 있는 사람들을 대상으로 했을 수도 있고, 그들이 전에 저질렀던 사건들처럼 무작위로 사람들을 해칠 수도 있잖아요.

한 편의 영화같은 탈출, 그리고 살아남은 자의 고통

김윤희 저는 이 사건을 보면서는 피해자 분들의 심리를 생각하게 되요. 살아남은 이 씨도 그렇지만 소 씨 부부도 실제로 3일 동안은 살아있었던 것이잖아요. 감옥에 갇혀서 바로 옆에 있는 소각장을 볼 때의 심리가 어떠했을까를 생각하면 그 3일이 너무나 긴 시간이지 않았을까라는 생각이 들었어요. 특히, 소 씨의 아내인 박 씨는 남편이 공기총으로 살해당하는 장면을 목격했 잖아요. 정말 상상하기 힘들 정도로 고통스러운 시간이었을 것 이라는 생각이 들어요. 그리고 이 씨도 이 모든 것들을 옆에서 지켜보고 실행에도 참여했는데, 어떻게 보면 지금까지 그 고통 을 짊어지고 사시는 거잖아요.

김복준 이분은 평생을 고통 속에서 살아가시겠죠. 언젠가 한번 인터뷰 를 했어요. 정상적인 생활을 못하시는 것 같더라고요. 이분 같 은 경우에는 김현양이 좋아했기 때문에 살아남을 수 있었던 것 같아요. 내부에서는 '죽여야 한다.' '어머니도 믿지 말라고 했으 면서 저 여자는 왜 살려 주냐? 죽여야 한다.'고 했는데 김현양이 반대했다는 것이죠. 아마 김현양이 부두목 격이었던 것 같습니 다. 어떤 면에서 보면 김현양 때문에 지존파라는 조직이 더 큰 범죄를 저지르기 전에 검거됐다고 볼 수도 있겠죠.

김윤희 이분이 탈출을 하시잖아요.

김복준 네, 탈출과정도 거의 한 편의 영화입니다. 9월 16일이었어요. 소 씨 부부를 화로에다 소각한 날이 9월 15일인데 다음날 아지 트에서 다이너마이트 투척 연습을 했던 것 같아요. 그 과정에 서 김현양이 화상을 입었다고 합니다.

김윤희 다이너마이트 투척을 연습했다고 하는데 솔직히 처음 들었을 때는 황당하더라고요. 그런데 알고 봤더니 김기환을 빼내려고 경찰서에 다이너마이트를 던지기 위한 연습이었어요.

김복준 그 부분은 조금 있다가 설명하기로 하고 다이너마이트 투척 훈 련을 하다가 김현양이 화상을 입었어요. 영광에는 화상을 치료

할 수 있는 기독병원이라는 곳이 있다고 합니다. 김현양이 병원에 이 씨를 데려가면서 현금 50만 원과 휴대폰을 이 씨에게 맡겼어요. 그 휴대폰은 강동은의 명의로 되어 있었어요. 김현양은 자신이 이 씨에게 평소에 잘해줬기 때문에 이 씨를 믿었던 것 같습니다. 이 씨 입장에서도 다른 사람들이 죽이자고 하는데 김현양이 적극적으로 나서서 자기를 살려주는 걸 봤기 때문에 따랐는데 그것은 살기 위해서였겠죠. 살기 위해서 김현양을 따랐다는 것이죠. 김현양이 치료 받으러 들어간 사이에 이 씨는 택시를 타고 도주합니다. 택시를 타고 도주를 했는데 그대로 도주하다가는 잡힐지도 모르겠다는 생각이 들었데요. 그래서 도로변에서 하차를 해요. 근처에 있는 포도농장으로 들어가서 주인 분께 자초지종을 이야기하고 렌터카를 부릅니다. 렌터카를 타고 대전으로 가서 다시 택시를 타고 서울로 옵니다. 서울에 왔으면 경찰서로 가는 게 맞잖아요. 하지만 이분은 엄청나게 겁을 먹었던 것 같아요. 두려움 때문에 신고도 하지 못한 상태에서 역삼동에 있는 여관에서 숨어 지내다가 지인에게 연락을 해요. 그리고 지인이 이 씨를 대신해서 경찰에 신고를 하는데, 신고를 한 곳이 서초경찰서입니다. 신고를 받은 서초경찰서에서 곧바로 수사를 개시하게 됩니다.

배상훈 실제로 이 씨가 신고를 하지 못한 것은 어떻게 보면 지극히 당연한 일입니다. 그 정도의 공포를 겪은, 즉 사람을 죽여서 불에 태우고 또 인육을 취식하는 등의 잔혹한 장면을 목격한 사람이라면 감히 신고할 엄두를 낼 수 없죠.

김윤희 그리고 자의는 아니지만 어쨌든 본인도 가담을 했잖아요.

김복준 그 부분이 일정 정도 작용했겠죠. 심정적으로 공기총으로 살인할 때 자신이 개입했다고 생각할 테니까요.

배상훈 그러면 서울로 오는 과정에서 택시를 갈아타고 렌터카를 부르는 대담한 행동은 어떻게 가능했는가 하는 의문이 남습니다. 사람이 막다른 길에 몰리면, 즉 죽음을 각오하면 길이 생긴다는 말이 이 상황을 잘 설명해준다고 생각해요. 일반적인 상식으로는 그런 상황에 놓이면 대전에 있는 경찰서로 가서 신고를 해야 하는 것 아닌가라고 생각할 수 있어요. 하지만 이분은 '최대한 빨리 이 사람들로부터 도망가자. 가장 멀리 도망가자.'라는 생각을 했어요. 자신이 겪은 그들의 행태를 고려했을 때 택시를 타고 가면 잡힐 수도 있겠다는 것까지는 생각을 했어요. 이것은 하나만 보고 둘은 보지 못한 것이죠. '가장 멀리 도망가야 해.'라고 생각하는데 사실은 가장 멀리 도망가는 것은 경찰에 신고하는 것이죠. 이런 형태로 사고의 불일치가 나타나는 것을 '인지 협착'이라고 하는데 특정 대상에 사로잡혀서 전체를 통찰하는 안목이 사라지는 현상을 가리키는 말입니다. 아무튼 결론적으로는 도움을 청했고 도움을 청하지 않았으면 이렇게 끝나지는 않았겠죠. 그리고 여기서 한 가지 눈여겨 볼 것은 자기가 직접 경찰서에 가서 진술을 한다고 했을 때, 진술이 두서가 없을 수도 있고 자기를 보호하기 위해 조금은 엉뚱한 진술이 나올 수도 있었는데 지인에게 이야기를 함으로써 차분한 상태에서 사실을 전달할 수 있었을 겁니다.

김윤희 처음에 서초경찰서에서는 안 믿었다고 하더라고요.

배상훈 그렇죠. 어떤 형사라도 이걸 그대로 믿기는 어려웠겠죠.

김윤희 이 사건으로 유명해지신 분이 고○○ 수사과장님인데, 이분이 신고자의 말을 신뢰해서 수사가 시작됐다고 하더라고요.

김복준 저 역시 안 믿었을 것 같아요. 사람을 죽이고 인육을 취식하고, 또 사체를 소각했다는 이야기를 여자친구로부터 들었다는 말을 그대로 믿을 형사는 없죠.

김윤희 그래서 신고자의 팔을 걷어봤다고 하더라고요. 마약중독을 의심했던 거죠.

김복준 마약을 했다면 팔을 걷었을 때 혈관 자국이 드러나거든요. 서초경찰서에서도 완전히 믿지는 않았던 거예요. 그런데 고○○ 수사과장이 그 말을 믿었던 거죠.

김윤희 이분이 소 씨 부부가 실종된 사실을 알고 있었는데 그 사건을 알 리가 없는 이 씨가 그 이야기를 했기 때문에 신빙성이 있어 보였겠죠?

김복준 그래서 소 씨의 휴대폰 위치 추적으로 단서를 포착했습니다. 소 씨의 휴대폰 위치추적을 했더니 기지국이 영광으로 나왔고 신고 내용이 허위가 아니라고 판단을 했죠. 이 씨가 탈출한 날이 9월 16일이잖아요. 9월 17일 새벽에 수사관 9명으로 출동합니다. 이것은 결코 바람직한 수사 방식이라고 할 수 없습니다. 최초의 수사에서 수사관 9명, 권총 4정, 차 4대를 지원받아서 장수로 갑니다. 장수의 수분재 고개는 악기 연주자를 교통사고로 위장해서 낭떠러지로 밀어버린 곳이지 않습니까? 아마도 그 사건을 직접 확인하고 싶었던 것 같습니다. 장수에서 사건을 확인하고는 아지트 주변에 매복을 합니다. 그리고 하루가 지난 9월 19일 아침 7시 30분에 아침을 준비하기 위해서 포터를 끌고 나온 강동은을 검거합니다. 강동은을 검거한 다음에는 나머지 일당들을 어떻게 불러낼까 생각을 하다가 강동은이 교통사고를 당해서 병원에 입원했다는 상황을 설정해서 일당들에게 연락을 취합니다. 불갑파출소 직원으로 위장을 해서 '여기 파출손데요. 강동은 씨가 트럭을 운전하다가 사고가 나서 많이 다쳤어요.지금 병원에 입원해 있어요. 강동은 씨가 소지하고 있던 현금 200만 원하고 차량매매계약서를 돌려드려야 한다고 해서 연락 드렸어요. 파출소에서 보관하고 있으니까 찾으러 오세요.'라고 유인을 해요. 9시에 김현양, 문상록, 이경숙이 승용차를 타고 불갑파출소로 왔을 때, 이들을 검거합니다.

김윤희 이들은 이 씨가 탈출했다는 것을 알고 있잖아요. 그런데 왜 아지트에 머물고 있었던 걸까요?

김복준 불과 하루 이틀 사이였으니까요. 그리고 나름대로 혼란스러웠겠죠. 하지만 믿는 것이 있었다고 해요.

배상훈 공범으로 만들어둔 상태이기도 하고, 또 이렇게 돌발적인 상황에서는 김기환에게 지시를 받아야 하는데 그럴 시간도 없었죠.

김복준 김현양은 나름 자신이 있었다고 그래요.

김윤희 제가 얼핏 듣기로는 관할 경찰서에서 잠깐 망을 봤다고 하더라고요. 경찰서에서 아무런 움직임이 없었던 거죠. 만약 이 씨가 관할 경찰서로 갔다면 이들은 흩어졌겠죠. 관할 경찰서에서 동태를 살펴봤는데 별 반응이 없었던 거예요.

김복준 그렇죠. 경찰서에 가서 신고를 했었다면 경찰서가 시끌시끌했을 것이고 그랬다면 그들은 바로 도망갔겠죠. 그런데 이 씨가 숨어서 하루를 보내고 경찰서에 갔지 않습니까? 자기들이 생각하기에는 바로 경찰서에 신고를 했어야 하는데 신고하지 않았다는 것을 확인했잖아요. 그래서 믿었던 것 같아요. 특히, 김현양은 이 씨가 신고하지 않을 것이라는 확신이 있었다고 합니다. 자기가 살려줬고, 또 애인처럼 생각하고 아껴줬기 때문에 절대 자기를 배신하지 않을 것이라고 생각했다는 거죠.

김윤희 여기서 궁금한 것이 있는데요. 아무리 이 씨를 믿었다고 하더라도 현금 50만 원과 휴대폰을 맡긴 상태에서 본인은 진료실에 들어간 것이잖아요. 어떻게 생각하세요?

배상훈 기본적으로 김현양이 이 씨에 대한 확신을 가질 수밖에 없는 이유는 자기가 선택을 했고, 또 자기가 김기환을 대신해서 두목의 역할을 해야 된다고 생각했기 때문일 겁니다. 자기가 살려주자고 주장을 해서 살려줬는데 자기가 이 씨를 의심하는 상황을 다른 조직원들에게 보여주면 자기의 권위가 떨어지기 때문에 취한 의도적인 행동일 수도 있을 것 같아요.

김복준 이후에는 신고를 하지 않은 것이 명백했기 때문에 안도한 것 같아요.

배상훈 상황이 어느 정도 분명해지면 어떻게 할 것인가를 김기환에게 물어봐야겠다고 생각했을 거예요. 하루 이틀 정도는 지나야 상황이 분명해질 테니까 상황을 주시하고 있었을 가능성이 높아요. 그리고 교수님께서 말씀하신 것처럼 절대로 바람직한 수사라고 할 수 없습니다. 실제로 지역의 관할 경찰서와 공조를 해야 했고, 훨씬 더 많은 인원을 동원했어야 합니다. 무기와 다이너마이트까지 가지고 있었기 때문에 동원된 인원의 3~4배가 출동을 했다고 하더라도 안심할 수 있는 상황이 아니었어요. 9명의 인원이 위험한 상황에 처할 수도 있었거든요.

김복준 위험했어요. 서초경찰서에서 아지트를 덮치지 않고 상황을 위장해서 검거하고 한 이유는 다이너마이트 때문이었을 겁니다. 실제로 김현양이 다이너마이트 투척을 연습하다가 화상을 입었다는 것을 이 씨로부터 전해 들었지 않습니까? 아지트를 덮친다면 자칫 큰 사고로 이어질 수도 있기 때문에 형사들이 섣불리 진입할 수 없었을 겁니다. 결국 이들을 검거해서 불갑파출소를 이용할 때, 비로소 영광경찰서에서 공조를 요청해서 20명 정도의 인원을 지원을 받아요. 그리고 아지트를 급습합니다. 그곳에는 강문섭과 백병옥 두 명만 남아있었기 때문에 어렵지 않게 검거할 수 있었어요. 어쨌든 서초경찰서의 수사방식은 절대로 바람직했다고 할 수 없습니다. 수사관 9명이 어떻게 다이너마이트까지 가지고 있는 다수의 사람들을 검거할 수 있겠어요. 무사히 검거했기 때문에 비난에서 자유로울 수 있었던 것일 뿐, 수사과정에서 절대로 하면 안 되는 행동이었습니다.

배상훈 만약에 이들이 자폭을 시도했거나 그로 인해 부상자가 발생했다면 이것은 심각하게 책임을 물어야할 사인입니다. 실제로 이런 상황이 벌어진다면 경찰력은 물론 아마도 군 병력의 동원까지도 사전에 확인했어야 할 겁니다. 아지트가 있었고 공기총으로 사람을 죽였다는 것과 시신을 소각했다는 것, 그리고 다이너마이트도 소지하고 있었다는 사실을 분명하게 전해 들었다면 이것은 하나의 경찰서에서 담당할 수 있는 범위를 넘어선 것입니다. 어쨌든 범인들을 유인해서 아지트에서 끌어낸 부분은 현명하게 대처한 것인데……. 참, 애매합니다.

김복준 저는 운이 좋았다고 생각합니다. 수사를 잘 했다는 생각보다는 단지 운이 좋았다고 생각합니다. 그렇지 않았으면 아마 출동한 경찰들 모두가 책임을 져야 했을 겁니다.

김윤희 왜 이렇게 무리한 수사가 이뤄진 걸까요?

김복준 1994년이면 저도 경찰에 재직하고 있을 때였습니다. 그때는 범인에게 수갑을 채우는 사람이 범인 검거의 모든 공을 독차지했어요. 지금은 제보해 주는 사람, '소스'를 준 사람, 옆에서 도와준 사람 모두가 범인을 검거하는데 기여했다고 판단을 해요. 그 당시에는 수갑을 채우는 사람이 범인을 잡은 것으로 인정했던 겁니다. 내가 격투를 벌여서 제압했음에도 옆에 있던 형사가 범인에게 수갑을 채우면 범인은 그 형사가 잡은 것이 되었어요. 검거실적과 관련해서 아주 불합리한 분위기가 있었어요. 서초경찰서에서 영광경찰서에 공조를 요청하지 않은 이유가 바로 이것입니다. 저도 경찰에 몸담았던 사람의 입장에서 목숨을 걸고 검거에 나섰던 서초경찰서의 형사들에게도 잘못이 있었다는 지적을 하는 것일 뿐, 비난하려는 것은 아니에요. 굉장히 고생하셨어요. 비난이라고 생각하지 말고 경찰 후배들께서 반면교사로 삼으라고 말씀 드리는 겁니다.

김윤희 안전을 확보하고 진입해야 한다는 이야기를 하시는 거죠?

김복준 우리가 잡고 말겠다는 공명심에 대해서는 조금 생각해볼 필요가 있어요. 예를 들면, 신창원 사건 때의 일입니다. 신창원이 탈주해서 대한민국 전역을 다녔어요. 오죽하면 신창원이 경찰청장 역할을 했다는 말이 있었겠어요. 신창원이 지나간 관할에는 파출소장, 경찰서장할 것 없이 모두 발령이 났었어요. 그때 신창원을 발견한 경찰이 있었어요. 경찰관의 이름은 밝힐 수 없지만, 계급은 경장이었어요. 이 경찰관이 경찰서에 보고하고 작전을 짜서 포위한 다음에 신창원을 검거했으면 좋았을 거예요. 그런데 공명심 때문에 본인이 친구들을 데리고 검거에 나섰어요. 검도 사범과 태권도 사범 등 완력이 있는 친구들을 데리고 갔어요. 하지만, 신창원은 죽음을 각오한 사람이었어요. 그런 신창원을 어떻게 이기겠어요. 죽지 않을 만큼 맞았다고 하더라고요. 결국 신창원을 놓쳤고, 그분은 경찰을 그만뒀어요. 공명심 때문에 수사도 망치고 본인도 피해를 입은 일이거든요. 수사관들을 비난하기 위해서 말씀 드리는 것이 아니고, 차후에는 이런 일이 있어서는 안 된다는 의미에서 말씀 드리는 겁니다.

배상훈 그렇죠. 철저하게 작전을 짜고 서로 도움을 주고받는 과정을 통해 공조가 이뤄져도 성공을 장담하기 어려운 부분이 있습니다. 그런데 무작정 지방으로 가서는 아지트에 머무는 인원은 얼마나 되는지, 거기에 무기는 얼마나 있는지를 파악조차 하지 않은 상태에서 수행된 작전이기 때문에 저도 어떻게 평가해야 좋을지 정말 애매한 부분이 있어요.

'더 죽이지 못한 것이 한이다.'

김윤희 지존파가 세간에 널리 알려졌던 이유 중의 하나는 이들이 추석 연휴 기간에 검거되면서 사람들의 관심을 집중시켰기 때문입니다. 일반적으로 검거된 후에는 얼굴을 가리거나 고개를 숙이잖아요. 그런데 빳빳하게 고개를 들고서 아무렇지도 않게 현장 검증에 임했기 때문에 사람들의 공분을 샀고, 또 그것이 이슈가 되기도 했던 것 같아요.

김복준 스스로를 악마라고 했어요. 우선, 검거된 후에 그들로부터 압수한 물품을 설명하겠습니다. 지금까지 계속해서 이야기되었던 백화점 고객 명단이 발견됐고요. 다음으로 1차 범행에서 사용되었던 공기총이 나왔고 호신용 전자봉, 군용대검, 전자충격기도 나왔어요. 영화에서나 나올 것 같은 겉모습은 등산용 지팡이인데 뚜껑을 뽑으면 날카로운 칼이 되는 형태의 '지팡이 칼'도 몇 개 나왔어요. 결박할 때 사용된 것으로 보이는 각종 테이프와 무전기도 있었어요. 모두 합쳐서 70점을 압수를 했는데 그 중에서 흉기가 17점이었고, 현금 3,500만 원도 발견됐습니다. 이제 체포한 이후의 상황을 말씀 드릴게요. '왜 죽였냐?'라는 물음에 첫 마디가 '압구정동 야타 족을 다 죽이지 못한 게 한이 된다.'라고 하면서 적개심을 드러냈고요. 그리고 다이너마이트 구입 동기를 물어봤어요. 두목인 김기환을 검거한 영광경찰서를 습격해서 경찰서에 있는 무기를 탈취한 다음에 그걸로 방송국을 점거해서 세상에 우리를 알리고 싶었다고 말했습니다.

김윤희 자기들을 점차 영웅화해가는 과정이더라고요.

배상훈 여기쯤에서 '야타 족'을 조금 더 설명하자면, 그 전에는 '오렌지족'이라는 것이 있었어요. 그때쯤에 강남 지역의 아파트 가격이 극단적으로 상승하면서 돈을 물 쓰듯이 하고, 부모의 부를 믿고서 안하무인으로 행동하는 2세들이 모습이 언론에 노출되기 시작했어요. 그들이 비싼 외제차를 타고 다니면서 길거리에 있는 여자들에게 태웠다고 해요. 부모에게 물려받은 불로소득으로 사회적 위화감을 조성했던 사람들을 빗대서 당시 언론에서는 '야타 족', 또는 '오렌지족'이라고 불렀어요. 지존파의 조직원들은 그들에 대한 분노를 표출하면서 우리가 야타 족들을 죽이지 못해서 한이 된다고 말하는 겁니다.

김복준 '야타 족'이라는 것은 차를 세우고 '야, 타!'라고 말한다고 해서 야타 족이라고 이름을 붙인 겁니다.

김윤희 스포츠카 같은 고급 외제차를 타고 다녔는데 당시에는 외제차가 많지 않았기 때문에 사람들이 느끼는 상대적 박탈감이 상당했거든요. 제 친구도 압구정동 로데오 길을 지나가는데 정말로 자기앞수표 100만 원을 보이면서 '야, 타!'라고 하더래요. 하루 동안 놀아주는 보상이 100만 원이었던 거죠. 지존파 조직원들에게는 그들이 증오의 대상이었던 거예요.

김복준 가난한 사람들이 모두 부자를 증오하는 건 아니잖아요. 물론 자신들의 불우한 성장 환경으로 인해 형성된 적개심이 있을 수는 있겠지만, 저는 그보다는 이들이 자신의 범행을 합리화하기 위해서 야타 족을 차용한 것이 아닌가라는 생각이 듭니다.

김윤희 자신들의 불우했던 환경에 대해서 언급을 많이 했다고 하더라고요. 김기환은 '내가 초등학교 때 크레파스 살 돈이 없어서 가져가지 못했는데 선생님이 친구의 크레파스를 빼앗아서라도 가져왔어야 되지 않느냐!'고 하면서 야단을 쳤는데 그것이 한으로 남았다고 말했어요. 자신들은 불우했는데 사람들은 오히려 불우한 자신들을 공격했고 그래서 자신들이 상처받았던 것에 대해 말했던 것 같아요. 일종의 언론 플레이 같았어요.

김복준 과거에는 미술시간에 크레파스를 준비하지 못하면, 선생님들이 때리기도 했잖아요. 김기환의 말은 가난해서 크레파스를 준비하지 못했는데 선생님이 때렸다는 거죠. 그런데 옆 반에 가서 크레파스를 훔쳐서 갔더니 그때부터 때리지 않았다는 거예요. 그때부터 수단과 방법을 가리지 않게 되었다는 것이죠. 훔치는 행위가 반드시 나쁜 행위는 아니라고 인식했다는 거죠?

김윤희 그렇죠. 그런데 그것도 변명이죠.

김복준 변명이죠. 어떻게 보면 궤변이기도 하고요. 그래도 한편으로는 시사하는 바가 있는 것 같습니다.

배상훈 아마도 제가 김기환과 같은 세대일 겁니다. 대충 나이도 비슷하고 저도 시골에서 살았거든요. 한 반이 50명 정도였는데 미술시간에 크레파스를 가져오는 애들이 3분의 1이 안 됐어요. 한두 개만 준비해 가서 연필로 그리고 그랬어요. 그때 저와 제 친구들이 모두 살인자가 된 것도 아니고, 또 모두가 사회에 원한을 갖고 있는 것도 아니거든요. 똑같은 과정을 거치고도 사회에서 나름대로 자신의 역할을 하면서 살아가는 사람들이 대부분이에요. 저는 자기변명이라고 봐요.

김복준 자포자기의 상태에서 자신들의 행위를 합리화하고 계속해서 미화시킨 게 아닌가 싶어요. 이것은 짚고 가죠. 백화점 VIP고객 매출 리스트 말입니다. A4 용지보다 조금 작은 A3 용지 39장 분량으로 회원은 총 1,200명입니다. 나중에 이 사람들에게 돈을 받고 명단을 넘긴 사람들도 검거했고 처벌을 받았어요. 아주 특이한 것이 하나 있어요. 청계천에 있는 브로커에게 가스총과 대검을 사면서 500만 원 정도의 선수금을 줬는데 명목은 기관총 1정과 소총 6정을 구해달라는 것이었습니다.

김윤희 그 사람들도 검거됐나요?

김복준 네, 모두 처벌 받았습니다.

김윤희 이들이 사이코패스라고 생각하세요?

배상훈 아니요. 이들을 사이코패스라고 볼 수는 없어요. 이들에게 분명히 반사회적 성향이 존재하지만, 반사회적 성향이 있다고 해서 모두 사이코패스라고 볼 순 없죠. 필요충분조건이 필요하기 때문입니다. 이들이 반사회적 성향을 가지고 있었던 것은 분명하지만, 그 부분이 형성되는 과정이나 발현되는 과정을 보면 사이코패스는 아니라고 할 수 있어요. 살인을 하는 과정에서 서로 미루는 경우도 있고 수법을 바꾸는 경우도 있는데, 그 과정에서 이들이 추구하고 있는 것에 대한 선호가 조금씩 달라지는 것들을 봤을 때 사이코패스라고 할 수는 없어요.

김복준 사이코패스라고 볼 수는 없지만 반사회적 성향을 가지고 있는 것은 분명하다는 말씀이신 거죠. 조금 첨언하면 이들이 읽었던 책은 『야인』이라는 대중 소설이에요. 그 책을 보면 배신한 사람을 낭떠러지에서 밀어서 죽이는 장면이 나와요. 이 소설의 내용 중 일부를 모방해서 행동한 것 같고, 조직원으로 흡수했다고 판단했던 이 씨에게도 『야인』과 『뻥끼통』이라는 책 두 권을 던져줬다고 해요. 교도소 안에 있는 화장실을 '뻥끼통'이라고 부릅니다. 우리 조직원이 되려면 이 책들은 필독서니까 읽어야 한다면서 이 씨에게 권했다고 합니다.

김윤희 검거된 이후에 언론을 향해서 발언하는 것은 아주 드문 일인데 지존파는 적극적이었다고 해요. 자신의 불우한 환경과 부자와 사회를 향한 증오의 말들을 쏟아 부었다고 들었어요.

배상훈 검거된 직후의 사진을 보면 고개를 빳빳이 들고 있어요. 여성 분만 고개를 숙이고 있고 나머지 조직원들은 차렷 자세로 고개를 빳빳하게 세운 상태에서 언론을 향해 하고 싶은 말을 쏟아 냈어요. 결국 이런 태도 때문에 '무엇인가 하고 싶은 이야기가 있는 것 같다.'거나 '지존파의 정체가 뭐지?' '저렇게 행동하는 것에 뭔가 이유가 있었나?'라고 하는 추측들이 있었던 것이죠.

김윤희 나중에 소개해 주시겠다고 하신 피해자의 이야기가 뭐였어요?

김복준 소 씨 부부이야기입니다. 부부에게 문제가 있어 보여서 돈을 가져갔던 회사의 직원 분들이 울산 남부경찰서에 신고를 했는데 울산 남부경찰서에서는 사건의 발생지인 광주 서부경찰서로 가라고 했답니다. 그리고 광주 서부경찰서에서는 '회사 경영이 어려워서 벌이는 자작극 아니냐?'면서 사건을 제대로 조

사해 보지도 않고 적당히 뭉개려는 모습 보였고요. 경찰들이
반성해야 하는 사항입니다.

배상훈 소 씨에게 8천만 원을 가져다 줬던 사람이 제가 알기로는 회사
의 부장이었죠? 이분이 돈을 전달하면서 표정이나 주변의 상황
을 보니까 협박을 당하고 있거나 납치를 당한 것 같아서 신고
를 했는데, 경찰에서는…….

김복준 울산에 있는 회사에 도착하자마자 울산 남부경찰서에 신고를
했더니 '어디서 돈을 줬는데요?' '광주 버스터미널입니다.' '그
럼 광주 서부경찰서로 연락하세요.'하면서 떠넘긴 겁니다. 그리
고 광주 서부경찰서에서는 '이 사람은 회사 경영이 어렵고 하
니까 납치 자작극이다.'라는 식으로 대충 처리를 한 거예요.

배상훈 상황은 짐작이 됩니다. 울산 남부경찰서에서는 전체적인 상황
보다는 이미 사건도 많고 하니까 광주로 가라고 했을 겁니다.
문제가 되는 것은 광주로 갔는데 광주 서부경찰서에서는 '이걸
왜 우리한테 넘겨?'라고 반응했다는 것이죠. 사건의 전체적인
상황을 파악하기 보다는 흔히 말하는 관할 싸움을 한 거예요.
말도 안 되는 일이지만, 그 당시에는 드물지 않게 있었죠.

김윤희 직원 분들도 황당했을 것 같아요. 사장 부부가 갑자기 행방불
명이 됐고 걱정이 돼서 신고를 했는데 엉뚱한 반응이었잖아요.

김복준 그렇죠. 사건을 떠넘긴 직원들은 징계조치 됐어요. 다시 돌아가
면, 소 씨의 필담을 보면서 저는 너무 가슴이 아팠어요. 소 씨
가 납치되고 감옥에 갇혀 있으면서 16절지로 3장의 편지를 쓰
는데요. '살려주십시오.'라고 말하는 이른바 구명장입니다. 나

중에 범인들을 검거하고 나서 범인들의 승용차에서 발견이 됐는데요. 크게 세 가지 항목으로 볼 수 있습니다. 첫 번째 장에서 '나는 울산에서 삼전기계를 운영하고 있다.'고 말하면서 위치를 알려주는데 약도까지 그린 후에 '직원 수가 몇 명이고 회사 업종은 무엇이고 회사 규모는 어느 정도 된다. 작년에 인수해서 흑자 경영을 위해서 노력하고 있다. 기계도 많이 보충하고 있지만, 현재까지는 형편이 어렵다.'는 내용이 한 페이지에요. 두 번째 장에서는 '내가 마련할 수 있는 현금은 4,300만 원정도이다. 앞으로 내가 이 회사를 성공시켜서 큰 회사로 키우려고 한다. 지금 당신들이 요구하는 돈은 그냥 주겠다. 나는 이것을 운이라고 생각하겠다. 원하는 대로 돈도 주고, 경찰에 신고도 하지 않을 테니까 내 와이프와 내 딸만 살려달라. 그것만 약속해달라.'고 이야기하는 게 두 번째 요지입니다. 아마 딸을 죽이겠다고 협박을 했던 것 같습니다. 세 번째 장에서는 현금 전달 방법이 나옵니다. '그럼 어떤 식으로 돈을 줄 건데?'하고 물었나봐요. '내가 음주운전으로 교통사고를 냈다고 말하고 친구들에게 돈을 빌려서 주겠다. 그러니까 돈을 받으러 갈 때 내 와이프도 가까운 곳에 대기시켰다가 돈을 받으면 와이프를 풀어줘라. 나는 남자로써 약속을 지키겠다. 나도 어렸을 때 힘들어서 남의 물건 훔쳐봤던 기억이 있는 사람이다. 허튼 짓은 하지 않을 테니까 원하는 대로 돈을 받으면 와이프를 꼭 풀어줬으면 좋겠다.'는 내용의 구명장을 썼어요. 이렇게까지 했음에도 불구하고 두 부부를 무참히 살해하고 소각한 범인들을 보면서 악마가 따로 없다는 생각이 들었어요.

김윤희 그리고 나서 잔혹하게 두 부부를 살해했잖아요. 이들이 받은 형량, 그리고 피해자이자 가해자였던 이 씨는 어떻게 됐나요?

김복준 이 씨는 일단 범인도피죄가 적용됐고요. 나머지 일당들은 구속되고 나서 25일 만에 살인, 강도, 사체유기, 사체훼손 등의 혐의가 인정되어서 사형선고를 받았어요. 서울구치소에서 1995년 11월 2일, 구속된 지 25일 만에 사형이 집행됩니다. 김기환은 구치소에 있었잖아요. 그럼에도 불구하고 교도소 내에서 범행을 지휘했기 때문에 수괴죄가 성립되었습니다.

김윤희 강동은의 애인이었던 분이 있잖아요. 나중에는 그분도 합류했잖아요. 그분은 어떻게 됐나요?

김복준 이 씨 같은 경우에는 직접적으로 살인에 가담한 것은 아니어서 범인도피죄로 기소되었죠.

김윤희 강동은의 애인인 다방 레지 분이요?

김복준 그분은 면소죠. 본인의 고의성이 없는 것 아니겠습니까? 어떻게 보면 강요된 행위를 했던 것뿐이니까요.

김윤희 그럼 두 분 여성은 처벌을 받지 않았네요?

김복준 여성 한 분은 범인도피죄로 처벌받았죠.

김윤희 아마 강동은의 애인은 집행유예를 받았었죠?

배상훈 1994년, 1995년은 김영삼 대통령 시절로 당시에는 김영삼 대통령이 사회적으로나 정치적으로 상당히 코너에 몰렸었기 때문에 이렇게 빨리 사형집행을 한 것 아니냐, 또는 이것은 김영삼 대통령이 무엇인가 보여주기 위한 것 아니냐는 세간의 평이 있었어요. 이들이 저지른 행동에 대한 죗값은 당연히 받아야 하지만, 사실 철저하게 조사를 진행한 다음에 집행했어야 하지 않았을까 하는 생각이 드는 것도 사실입니다.

범죄는 당대의 상황을 반영한다.

김윤희 지존파 이후에 '영웅파', '막가파'같은 집단들이 나왔어요. 사형을 실시했음에도 이런 범죄 집단들이 생겨난다는 거죠.

배상훈 사형을 집행한다고 해서 사형 존치론자들이 말하는 위화력, 즉 범죄 예방효과가 없다고 말하는 사람들도 있어요. 사형이 오히려 범죄자들을 영웅으로 만들어줬을지도 모른다는 거죠.

김복준 처벌이 능사는 아닐 겁니다. 그리고 범인들의 승용차 트렁크에서 소 씨의 메모 말고도 본인들의 심경을 적어둔 메모가 있었어요. '가진 자들은 시운을 잘 타고 태어나서 평생을 힘들이지 않고 살아가는 반면에 가난한 사람은 소와 말처럼 일만 하다가 죽는 현실이 너무 가슴 아프다. 넉넉한 생활 한 번 누려보지 못하고 일생을 마감하는데 너무나도 억울하고 불공정한 세상이다.'는 내용의 메모도 있었고요. 김기환 같은 경우는 검거되고 나서 조사를 하기 위해서 수사관들이 교도소에 갔더니 범죄 사실을 다 시인하더래요. 시인하면서 '에이, 까짓 거 40년 먼저 죽는 것뿐이다. 아무 생각 없다.'라고 말했다고 합니다.

김윤희 이들도 가족이 있잖아요. 지존파의 가족들은 심경이 어땠을까요? '내 형제가 이런 범죄를 저질렀으면 어땠을까?'라는 생각을 하다가 문상록이라는 조직원이 생각났어요. 가족 측에서 시신조차 인수하는 것을 거부했죠. 그래서 고○○ 수사과장의 부인이 시신을 거둬주셨다고 하더라고요.

김복준 형사와 범죄자. 형사들이 흔히 '저 XX 내가 교도소행 티켓 끊어줬다'고 말하지 않습니까? 어떻게 보면 적대적인 관계로 인식되죠. 저도 그랬습니다만 아무리 강한 형사라도, 정말 죽도록 잡고 싶은 범인이라고 하더라도 검거하고, 조사하고, 구속시켜서 교도소에 보내고 돌아서는 날에는 저녁에 소주 한 잔을 마시지 않을 수 없어요. 정말로 마음이 편치 않습니다. 검거하고, 조사해서 교도소행 티켓을 끊어줬을 뿐만 아니라, 판결에 의한 것이기는 하지만 목숨까지 잃게 만들었다면 그것에 대한 부담은 사라지지 않아요. 형사 입장에서는 나로부터 기인해서 누군가가 목숨을 잃는 사형이 집행됐잖아요. 마음의 짐이 상당했을 겁니다. 그런데 가족마저 외면한다면 형사의 입장에서는 그 시신을 인수해서 화장을 해서 뿌려줄 수 있는 아량, 아니 아량보다는 용의가 있을 겁니다. 저도 그렇습니다. 그것이 형사와 범인 간의 특별한 관계, 인연인 것 같습니다.

김윤희 사실은 궁금한 게 있어요. 지존파가 잔혹한 범죄자들이고 사회를 증오했다는 단편적인 사실은 알려져 있는데, 그럼 지존파는 왜 생겨난 것일까요?

배상훈 사회의 양극화라거나 사회적으로 고용지표나 실업률, 범죄율, 청소년문제, 노인문제와 같은 객관적 지표를 봤을 때 1994년은 지금보다 오히려 나은 측면도 있어요. 하지만, 1994년의 상황은 변화의 속도가 너무 빨라서 우리 사회가 미처 그 변화에 적응을 못했던 측면이 있는 것 같아요. 우리 경제가 1980년대 후반의 호황기를 지나 갑자기 주춤하는 과정에서 '강남', '압구정동'으로 대표되는 그곳에서는 불로소득으로 부를 누리면서 향락과 퇴폐라는 부작용들이 생겨났어요. 범죄자들이 자신의 행위를 정당화하는 근거를 사회에서 찾게 된 것이 바로 그 시기죠. 또한, 우리 사회의 많은 영역들이 제도화 되는 과정에서 미흡한 부분들이 노출되었고 사회적 이완현상도 있었던 것 같아요. 1980년대 후반에 형식적 민주화는 이루어졌지만 실질적인 민주화를 구현하기 위해서는 정의가 이뤄져야 하는데 거기까지는 도달하지 못한 상태였던 것이죠. 우리가 많은 것을 기대했지만 정작 이루어지지는 않은 상태였어요. 저는 이런 사회적 환경 속에서 지존파라고 하는 전무후무한 범죄조직이 우리 사회의 약점을 파고 들었다고 생각하거든요. 심리적인 측면에서도 마찬가지라고 봅니다. 우리 사회가 어느 정도는 보듬어주고 살펴봤어야 하는데 너무 빨리 변화가 진행되다 보니 겨를이 없었던 것이죠. 아픈 부분이라고 생각합니다.

김복준 범죄는 사회 현상과 연관되어 있어요. 한 시대의 범죄를 살펴보면 시대상황을 알 수 있습니다. 그래서 범죄학을 공부하는 사람들은 시대상황을 사건으로 분류하기도 합니다.

김윤희 저희도 2000년대의 연쇄살인범인 유영철이나 강호순을 사회의 반영이라는 맥락 속에서 심리학적으로 설명합니다.

배상훈 '지존파', '막가파'는 새로운 범죄의 출현에 엄청난 에너지를 공급해준 거죠. 지존파나 막가파는 정두영을 넘어서 '연쇄살인'이라고 하는 새로운 범죄의 시대로 가는 징검다리였어요. 수법이나 잔인성의 측면에서도 그렇습니다. 이들은 이후에 출현하는 어떤 범죄자들보다도 잔인했어요. 나중에 출현하는 사이코패스라는 존재들은 잔인해질 이유가 없어요. 사이코패스는 자기가 원하는 것이 충족되면 통제를 할 수 있는데 이들은 전혀 통제가 되지 않는 형태, 한 마디로 폭주거든요. 그래서 저는 이들을 사이코패스라고 생각하지 않습니다.

김윤희 어떤 사건은 단지 사건 하나로 끝나지 않는 것 같아요. 지존파가 우리 사회에 끼친 영향도 컸잖아요. 사건 하나에 범죄자, 피해자, 유족, 형사 등 많은 사람들이 개입해 있기 때문에 그 파장이 긍정적일 수는 없잖아요. 하나의 사건을 통해서 많은 것들을 보고 느끼고 영향을 받는다는 생각이 들어요.

김복준 특히, 사건 관련해서는 경찰, 검사, 판사 등 연관되는 기관들이 있잖아요. 아마 범인이든 피해자든 그들의 아픔에 가장 공감하는 사람은 형사일 겁니다. 마치 송곳의 끄트머리 같은 존재이기 때문에 아픔도 가장 먼저 느끼는 것이 형사입니다. 그래서 형사들이 하고 싶은 말이 많아요.

김윤희 저희는 대한민국에서 일어나는 사회적 배경과 함께 범죄를 다루도록 하겠습니다.

제4장

길거리 연쇄살인의 원조,
심영구

자신과 비슷하게 어려운 사람들을 표적으로

김윤희 저희가 다룬 사건들, 정두영, 온보현, 지존파까지 너무나도 잘 알려진 범죄였습니다. 그리고 범죄사적 의미가 있는 사건들이 었습니다. 오늘 다룰 심영구도 범죄사적인 의미에서는 '노상살인'이라고 말할 수 있을 것 같아요.

배상훈 흔히 거리를 배회하다가 범행을 저지른다는 의미에서 '노상'이라는 말을 사용하는데, 대한민국의 범죄사적 관점에서 '노상살인'을 규정하는 교과서적인 개념이 있어요. "거리를 돌아다니면서 특정한 공간과 유사한 상황에서 매복, 기습한 다음에 노상강도의 방식으로 연쇄살인을 하는 유형"이라고 정의하고 있습니다. 우리나라에선 심영구가 최초가 아닐까 합니다.

김복준 최초라고 분류해도 상관없을 것 같습니다.

배상훈 그리고 아마 마지막은 정남규가 되겠죠. 심영구 사건은 굉장히 잔혹하고 끔찍한데 당시의 사회적 분위기 때문에 제대로 알려지지 않고 묻혀버린 사건입니다.

김윤희 이름이 심영구잖아요. 이름을 들었을 때, '영구'라고 해서 재미

있는 이름이라고 생각했는데 재미있는 이름이라고 생각하기에는 너무 많은 사람을 죽였더라고요. 모두 8명이 살해당했고 3명은 중상을 입었어요. 서울과 경기, 수도권을 중심으로 노상에서 사람들을 무참히 공격한 다음에 물품을 훔쳐갔던 노상강도살인이라고 보면 될 것 같아요. 범행기간은 1989년 5월부터 12월까지로 8개월 정도예요.

김복준 7개월 남짓이에요. 정말 짧은 기간에 8명을 살해하고 3명에게 중상을 입혔던 사건이에요. 만약 검거되지 않았다면 피해의 정도를 가늠할 수 없었을 것 같아요. 길거리 다니면서, 어두운 골목길에 숨어 있다가 지나가는 사람을 급습해서는 칼로 마구 찌른 다음에 가지고 있는 소지품 훔쳐서 도주하는 범죄의 형태를 보이지 않았습니까? 그런데 이 사람이 범죄를 통해 얻은 수익은 모두 합쳐봐야 얼마 되지도 않아요.

김윤희 범죄 수익은 정말 약소하더라고요.

김복준 그럼에도 불구하고 그 짧은 시간 동안에 8명을 살해했어요. 피해자의 대부분은 사회적 약자들이에요. 제가 사회적 약자에 여성을 포함시켰더니 여성은 사회적 약자에 포함시키지 않아야 한다고 지적해 주셨어요. 아마 장애인, 노인, 어린이는 사회적 약자에 포함되지만 여성은 아니라는 말씀이신 거예요. 저도 그 의견에 일정 정도 동의합니다. 구태여 여성이라 한다면 가부장제 하에서의 여성이겠죠.

김윤희 과거에는 경제적으로 어려웠던 사람들이 범죄환경에 노출되는 경우가 많았잖아요. 심영구도 그런 사람이에요. 그것 때문에 더 이해하기 힘든 측면이 있어요. 자신이 경제적으로 어려운 환경 속에서 살아가고 있음에도 불구하고 자신과 비슷한 처지의 사람들을 표적으로 범행을 저질렀다는 것 때문이죠. 첫 번째 사건은 1989년 5월 21일 새벽이에요.

김복준 예, 맞습니다. 1989년 5월 21일 새벽 01시 20분입니다. 심영구의 주거지는 성남입니다. 성남에서 살았고 주로 범행을 저질렀던 곳도 성남인데요. 5월 21일의 범행장소는 성남시 태평 3동 소재의 길거리입니다. 피해자는 23세의 여성 이 씨입니다. 이분은 다행히 목숨을 건졌어요. 심영구가 이분이 운영하는 미용실에 침입을 합니다. 흔히 볼 수 있는 작은 규모의 동네 미용실이었나 봐요. 미용실에 쪽방을 하나 만들어 놓고 그곳에 기거하면서 미용실을 운영하셨던 것 같아요. 그곳에 심영구가 침입을 합니다. 심영구는 등산용 칼을 주로 사용했는데, 그 칼로 이 씨를 찔렀어요. 칼에 찔린 이 씨가 기절했기 때문에 이 씨가 죽은 것으로 생각했던 것 같습니다. 그 미용실에서 훔쳐 나온 것이 겨우 7,000원입니다. 1989년 5월 21일에 일어났던 이 사건은 다행히 주변에서 빨리 조치를 취해서 이 씨가 생명을 구했습니다. 이것이 심영구의 첫 번째 범행입니다.

배상훈 물가를 말씀드리면 1987년, 1988년이면 지금의 500이 3,000원 정도이기 때문에 6배에서 7배 정도 되는 거죠.

김복준 대략 4만 2,000원에서 5만 원 정도네요.

배상훈 그 정도라고 보시면 됩니다. 동네의 영세한 가게에서 돈통에 있는 현금을 가져간 정도라고 생각하시면 될 거예요.

김복준 네, 미용실의 하루 매상이었던 것 같습니다.

배상훈 그리고 성남이라는 도시는 잘 아시겠지만 판자촌으로 시작되었고, 또 지형적으로도 잠실 아래쪽에서 시작되는 연속적인 구릉 지역입니다. 그 구릉 지역에 층층이 집을 지었기 때문에 좁은 골목이 많아요. 그리고 원래는 방 2칸이 있는 곳에서 1칸을 점포로 개조한 가게들이 있어요. 아마 이 미용실도 그렇게 개조한 점포였을 것 같고 혼자서 운영했을 겁니다.

김복준 가난한 지역에 있는 영세한 가게겠죠. 피해자가 그 안에서 주무시는데 그곳에 들어가서 범행을 저지른 것이죠. 대략 등 부위를 네다섯 군데 찔렸는데, 등 부위를 찔렀다는 것은 급습했다는 의미일 겁니다. 목숨을 건진 것만 해도 다행이죠.

배상훈 그렇죠. 뒤에서 기습을 한 것이죠. 아마도 심영구가 이전에 살인시도를 했던 경험이 없었다는 것에 대한 반증 같아요.

김복준 아, 그러니까 첫 번째 범행이라는?

배상훈 실제로 치명적인 급소를 한두 번 찔러서 제압하는 것이 아니라 자기가 공격하기 쉬운 방향에서 찔렀어요. 즉, 피해자에게 치명상을 입힐 수 있는 방향이 아니라 자기가 공격하기 쉬운 방향인 뒤쪽으로 조용히 다가가서 찔렀다는 것이죠. 제대로 숙련된 범인들은 어떤 행동을 취한 다음에 급습을 하고, 한두 번 찔러서 절명시키는 방식으로 공격을 하게 마련인데 심영구는 그렇지 않았어요. 피해자 분의 입장에서는 정말 다행인거죠.

김복준 그럼요, 다행인거죠. 겨우 23세의 여성인데요.

김윤희 처음에 저는 등산용 칼이라는 것을 잘 몰랐어요. 찾아보니까 등산용 칼은 일체형인데 칼날을 꺾어서 손잡이의 홈 안으로 집어넣는 방식으로 만들어진 것이더라고요. 생각보다 날카로워 보이지는 않더라고요.

김복준 아니에요. 등산용 칼이 접이식만 있는 것은 아니에요.

배상훈 흔히 '람보 칼'이라고 부르는 칼날에 톱니가 달려 있는 칼은 등산용 칼이 아니에요. 람보 칼은 산악용이나 사냥용 칼이죠. 일반적으로 등산용 칼은 캠핑이나 암벽 등반에서 사용되는 것입니다. 암벽을 오르는 사람들이 로프가 엉켰을 때 로프를 끊는 용도로 등산용 칼을 사용하고 캠핑할 때에도 접을 수 있어서 휴대가 용이하기 때문에 많이 사용합니다.

김복준 심영구가 사용한 접이식 칼을 말씀하시는 것이죠?

배상훈 접이식 칼인데 크기나 용도에 따라서 종류가 다양해요. 심영구는 중간 크기의 칼을 사용했던 것 같아요. 아무튼 등산용 칼이라는 것이 중요한 이유는 칼 사용이 숙련되지 않은 사람의 입장에서는 등산용 칼이 사용하기가 용이하고 부상의 위험을 줄일 수 있기 때문입니다. 만약 칼날이 접히지 않는 것을 사용했을 경우에 숙련되지 않은 사람들은 부상을 당할 위험이 아주 높거든요. 이를 방지하기 위해서 등산용 칼을 선택했다는 말도 있어요. 생각보다 날카로워 보이지는 않았다는 말씀도 아마 그래서일 겁니다.

김복준 심영구가 등산용 칼을 선호했던 것은 맞습니다.

김윤희 그리고 한 달이 지나기도 전에 또 다시 범행을 저지릅니다.

김복준 첫 번째 범행은 미용실에서 저질렀는데 5월 21일이잖아요. 두 번째 범행은 6월 11일 04시 30분입니다. 범행시간은 항상 새벽인 거예요. 장소는 성남시 신흥 3동의 골목입니다. 신흥 3동 골목길에서 살해당한 이분은 심영구가 자주 다녔던 주점을 운영하던 42세의 여성 신 씨입니다. 이 여성분이 골목을 지나다가 심영구와 마주친 것 같아요. 우연히 마주쳤던 것인지 그렇지 않으면 심영구가 이분을 그곳에서 기다리고 있었던 것인지는 분명하지 않습니다. 어쨌든 심영구와 마주쳤던 이 여성분이 황급히 걸음을 옮기는데 심영구가 뒤에서 따라붙으니까 눈치를 챘던 것 같아요. 자주 가는 주점의 손님과 주인인데 두 사람은 사이가 좋지는 않았다고 합니다. 변변한 직업도 없는 심영구가 주점에 와서 빈둥거리고, 또 술에 취하면 주사가 있었다고 해요. 난동을 부리고 손님들과 시비도 붙고 해서 주점에서 심형구를 몇 번 내쫓았다고 해요. 감정이 좋지 않았겠죠. 그런데 어두운 골목길에서 심영구를 맞닥뜨렸기 때문에 이상한 느낌이 들었겠죠. 이 여성분이 돌아서서 뛰는데 심영구가 쫓아갔고 결국에는 잡혔어요. 그 상태에서 역시 등산용 칼로 온몸을 마구 찔렀습니다. 이 여성분의 경우에는 결국 사망하셨어요. 다음날 근처에 있는 초등학교 건물의 담벼락 사이에서 사망한 채 발견이 됩니다.

배상훈 살인을 한 다음에 시신을 그곳으로 옮겨서 유기한 것이죠. 만약에 길가에 그대로 있었다면 다른 사람이 발견했을 것이고 목숨을 구할 수도 있었을 것 같습니다.

김복준 그게 가장 안타까운 것이죠.

배상훈 심영구의 행동을 첫 번째 사건과 비교해 보면, 아마도 처음에는 살해에 실패했지만 어쨌든 두 번째 시도이기 때문에 조금 발전된 부분이 있었던 것 아닌가 싶은 생각이 들기도 해요. 그리고 아마도 주점을 운영하는 신 씨를 노리고 기다렸다기보다는 범행 대상을 찾아서 돌아다니고 있었는데 하필 그분이 심영구와 마주쳤던 것 같아요.

김복준 그럴 수도 있을 것 같아요. 그리고 공격을 했는데 서로 얼굴을 아는 사람이잖아요. 살해하지 않으면 자신이 검거될 수밖에 없지 않겠습니까? 제가 봤을 때 신 씨 같은 경우에는 아주 운이 나쁜 케이스처럼 보여요.

김윤희 저희는 범행의 내막을 알고 있기 때문에 사건을 쉽게 이해할 수 있지만, 초등학교의 담벼락에서 시체가 발견됐다고 하면 수사하는 사람의 입장에서는 굉장히 혼란스러웠을 것 같아요. 피해자가 주점의 여주인이었기 때문에 주점의 손님들을 상대로 수사를 진행했고, 동네의 지인들도 수사대상이라고 생각했을 것이고, 또 '묻지 마 범죄'에 대해서도 수사를 진행했을 거예요. 그렇게 혼선도 있었겠지만, 이 사건이 미용실 사건과 동일선상에서 진행된 사건이라고 생각하는 것은 불가능했을 거예요.

CCTV도 블랙박스도 없었던 시절의 노상살인사건

배상훈 그렇죠. 이 사건이 혼란스러운 또 하나의 이유는 노상에서 벌어진 사건의 경우에는 과학적 증거를 확보하는 것이 어렵기 때문이에요. 길에서는 증거들이 다른 여러 요소들과 섞여버려서 증거가 남아 있지 않아요. 그리고 5월, 6월이면 일교차도 심하고 새벽에는 청소하시는 분들이 거리를 정리하기 때문에 노상, 즉 거리에서 증거를 찾는 것이 훨씬 어려워요.

김복준 그건 맞는 말씀이에요.

김윤희 지금은 CCTV가 있기 때문에 쉽게 해결할 수 있을 거예요.

김복준 지금은 CCTV로 해결하겠죠.

김윤희 골목 같은 경우에도 블랙박스를 통해서 증거를 확보할 수 있잖아요. 제가 프로파일러였을 때도 가장 곤혹스러웠던 사건이 노상에서 일어나는 범죄들이었어요. 그때까지만 해도 CCTV가 많지 않았고, 또 새벽이나 밤이면 목격자를 찾는 것도 쉽지 않거든요. 그리고 증거들이 훼손된 상태였기 때문에 노상살인은 굉장히 힘들었어요.

배상훈 당시에는 CCTV가 설치되어 있어도 아날로그였기 때문에 녹화 테이프 문제가 있었고, 녹화 테이프를 확보해도 광원이 없었기 때문에 화질이 너무 안 좋았어요.

김복준 밤에 찍힌 장면은 확인이 거의 불가능했습니다.

배상훈 그때는 적외선 카메라가 없었거든요. 그래서 화면을 확보하는 것이 아주 어려웠어요. 게다가 집안이 아니라 거리를 비추는 카메라는 생각 자체를 하지 않았거든요.

김복준 저도 형사생활을 오래 했지만요, 노상에서 이른바 '퍽치기'나 '아리랑치기'같은 사건이 발발하면, 해결하기가 어려웠습니다. 살인사건도 노상에서 발생하면 배 교수님께서 말씀하셨던 것처럼 지나다니는 사람들이 많다 보니 족적을 채취하는 것이 거의 불가능해요. 노상이다 보니 이슬이 내리면 DNA가 유실될 가능성이 농후하고 지문을 채취하는 것도 어려운 경우가 많아요. 그래서 노상살인사건을 해결하는 것은 정말 어렵습니다.

김윤희 제가 미제사건 파일들을 검토했을 때에도 제일 많았던 것이 노상살인이었어요.

배상훈 노상살인은 미제사건이 많죠. 특히 노상살인 중에서 퍽치기처럼 이른바 강도와 함께 벌어지는 사건들은 분류 자체가 쉽지 않아요. 패턴을 찾을 수 없기 때문에 미제사건으로 남게 될 가능성이 높아지는 거죠. 아무튼 이 사건에서는 신 씨가 몸에 지닌 돈은 없었던 것 같아요.

김복준 네, 빼앗긴 돈은 없는 것으로 나와 있습니다. 그런데 감정적으로 살해한 것 같지 않습니까?

김윤희 네, 저도 그렇게 생각 했어요.

김복준 배 교수님께서 말씀하신 것처럼 범행을 저지르기 위해 범행대상을 물색하고 있었는데 우연치 않게 평소에 감정이 좋지 않았던 신 씨가 나타났던 것 같습니다.

김윤희 그리고 5일 후에 다시 범행에 나섭니다.

김복준 신 씨를 살해한 지 5일 만인 6월 16일 시간은 02시 30분이에요. 이번에는 성남이 아니라 서울 관악구 남현동입니다.

배상훈 범행장소는 이렇게 생각해 볼 수 있습니다. 성남에도 인력시장이 있었고, 관악구 남현동에도 인력시장이 있었거든요.

김복준 아, 그런 공통점이 있었군요. 남현동에서도 범죄현장은 노상이거든요. 피해자가 42세의 김 씨인데 주점을 운영하셨어요. 일을 마치고 귀가하던 중에 남현동 노상에서 변을 당했어요.

배상훈 늦게까지 일하고 가게를 닫고 나오다가 살해당한 거죠.

김복준 제가 볼 때는 이분도 원래부터 목적을 가지고 기다렸다기보다는 우연히 범행대상으로 선택되었던 것 같습니다. 주점을 운영하는 분이니까 귀가시간이 늦지 않겠습니까? 그래서 범행시간이 20시 30분인 거죠. 일을 마치고 귀가하던 분의 등과 흉부를 등산 칼로 찔렀습니다. 첫 번째, 두 번째와 똑같이 칼로 찔러서 살해하고 현금 10만 원을 강취해서 달아납니다.

배상훈 아마 이 10만 원도 그날의 매상 전부였겠죠.

김복준 네, 매상입니다. 주점 운영해서 번 하루치의 매상이에요.

김윤희 거의 비슷한 패턴과 방법으로 세 번째 살인이 일어날 때까지 '왜 연쇄살인이라고 생각하지 못했을까?'라는 의문이 생길 겁니다. 그때까지만 해도 경찰의 공조수사가 원활하게 이루어지지 않았던 시절이었기 때문일 수 있겠죠. 관할이 성남과 관악으로 달랐어요.

배상훈 지방청도 달랐어요.

김복준 한쪽은 경기경찰청이고 다른 쪽은 서울경찰청이고요. 그리고 1차 범행은 강도였고, 2차 범행이 노상살인이었어요. 그리고 3차는 서울로 이동해서 벌인 노상살인이었기 때문에 공조수사를 진행하는 것이 쉽지는 않았을 거예요. 지금은 살인사건이 발생하면 내부에 설치되어 있는 프로그램을 통해서 전국의 모든 형사들이 살인사건이 일어났다는 것을 동시에 확인할 수 있거든요. 하지만, 당시에는 사건 기록을 펜으로 일일이 기록해서 보고하던 시절이었습니다. 형사사법포털인 킥스www.kics.go.kr가 없었어요.

배상훈 그렇습니다. 1차, 2차, 3차 사건을 우리가 이미 알고 있기 때문에 같은 사건으로 보이지만, 첫 번째 사건은 이미 정리했던 것처럼 강도, 그것도 무단으로 침입한 이후에 흉기를 휘두르고 금품을 강탈했기 때문에 코드 분류가 침입강도입니다. 두 번째는 원한살인, 또는 보복살인으로 분류되기 때문에 흔히 말하는 첫 번째 사건과 두 번째 사건은 킥스KICS에서 분류 자체가 완전히 다릅니다. 당시에는 '심스CIMS'였죠. 그리고 세 번째 살인의 경우에는 두 번째와 동일한 방법이라고는 하지만, 상황을 어떻게 보느냐에 따라 다르게 분류될 수 있을 뿐만 아니라 성남과 서울이라는 지리적인 문제도 있었기 때문에 동일한 사건으로 보기가 어려웠다는 것입니다. 지금은 우리가 한데 모아서 살펴보기 때문에 연속된 사건으로 보이지만, 그때는 다른 사건으로 볼 수밖에 없었던 상황이었다는 것입니다.

김복준 각각 수사를 진행하고 있었던 거죠.

김윤희 심영구는 여름인 8월 4일에 다시 범행을 시작합니다.

배상훈 6월 16일에서 8월 8일이면 조금 간격이 긴 편인데요?

김복준 네, 두 달 정도를 쉬었던 것 같습니다. 세 번째 살인으로부터 두 달이 지난 8월 4일 역시 새벽 01시경입니다. 이번에는 다시 성남시 단대 1동 노상입니다. 피해자는 43세의 여성 김 씨였습니다. 이분도 가게를 하고 있었던 것 같아요. 가게 일을 마치고 혼자 귀가하고 있는 김 씨를 심영구가 3km 정도를 따라갔어요.

그리고 후미진 골목길에 도착했을 때 어깨와 등을 칼로 찔렀습니다. 범행을 실행하기 적당한 장소를 찾기 위해서 3km나 따라가서는 뒤에서 급습한 것 같습니다. 대략 5, 6회를 찔러서 살해하고 도주를 했는데, 사망원인은 과다출혈이었어요.

배상훈 지금까지 살펴본 것처럼 두 번째 사건을 제외하면 모두 뒤에서 찌르는 방법을 사용했어요. 절명시키는 방법으로 뒤에서 찌르는 것을 선택했던 것이 아니라, 단지 뒤에서 찌르는 것을 편하다고 생각했던 것 같아요. 무자비하게 찌르고 돈을 빼앗고 도주하는 거죠. 이제 조금 분명해진 것이 있는데 범행현장 네 곳의 공통점이 있어요. 네 곳이 모두 어둡고 후미진 곳인데, 심영구가 인력시장을 다니면서 가 봤던 곳이라는 생각이 들어요. 주로 잘 아는 곳에서 범행을 저질렀던 것이죠.

김복준 지리감이 있었다는 말씀이신 거죠. 범인들은 대체로 자기에게 익숙하지 않은 곳에는 가지 않으려는 성향이 있거든요. 항상 도주할 것을 생각하기 때문이죠. 성남의 단대 1동도 분명히 익숙했던 곳일 겁니다. 김 씨를 3km나 따라갔는데 범행을 실행하기에 적당하지 않다고 판단한 것으로 미루어보면 아마 대로변이었을 것 같아요. 3km를 따라갔다는 것은 집요하게 쫓아간 것 아니겠습니까? 마침내 후미진 골목길로 들어섰을 때 뒤에서 급습했기 때문에 김 씨는 주로 어깨와 등을 찔렸을 것입니다. 사망의 원인이 과다출혈입니다. 이는 조기에 발견됐다면 생명을 건질 수 있었다는 것을 의미하기 때문에 칼로 급소를 찌르지는 못했다는 사실도 알 수 있습니다.

김윤희 네, 이번에는 다음 범행까지 긴 공백기가 있습니다.

김복준 다섯 번째는 11월 16일에 범행에 나섰으니까 대략 3개월 정도 의 공백이 있는 셈입니다. 11월 16일 역시 새벽 02시경이고 이 번에는 성남시 수진 1동 노상입니다. 수진 1동 노상에서 살해 당한 분은 53세의 남성 강 씨입니다. 강 씨는 철야기도를 마치 고 돌아오는 길에 피해를 당했는데 성경책을 가슴에 품은 상태 로 걷고 있었나 봐요. 길이 어두운 상태였기 때문에 심영구의 입장에서는 성경책을 돈 가방으로 착각했던 거죠.

배상훈 자신의 경험으로 미루어봤을 때, 가게를 정리하고 나오는 업주 라고 생각했던 거죠.

김복준 네, 그렇죠. 돈이 많은 사람으로 인식하고 강 씨를 한참 따라갔 습니다. 이번에도 역시 등 부위, 즉 뒤에서 급습을 합니다. 흉기 로 살해한 다음 성경책을 빼앗아서 도주합니다. 확인을 해보니 돈 가방이라고 생각했던 것이 사실은 성경책이었던 거죠.

배상훈 앞에서 살펴본 네 분은 모두 여성이었는데, 이 사건의 피해자 가 50대 남성이라는 것은 뭔가 심경의 변화가 있었던 것은 아 닌지, 패턴의 변화가 생긴 이유에 대해서 의문이 있어요.

김윤희 3개월이라는 긴 공백기에 뭔가 의미가 있었을 것 같아요.

김복준 범행의 대상이 처음으로 여성에서 남성으로 바뀌는 거죠?

김윤희 네, 그런데 당일 새벽 4시에 또 다시 범행을 저지릅니다.

김복준 맞습니다. 돈 가방이라고 생각했던 것이 나중에 확인했더니 성 경책인 거예요. 심영구의 입장에서는 굉장히 화가 났을 겁니다. 남자를 범행의 대상으로 삼았다는 것은 나름대로는 엄청난 모험이었을 겁니다. 돈 가방이라는 생각 때문에 범행에 나섰는데 확인해보니 검정색 비닐 커버를 씌운 성경책이었던 거예요. 당연히 화가 났을 것 같습니다. 그래서 불과 두 시간 전에 범행을 저질렀음에도 불구하고 당일 새벽 04시경에 다시 범행을 시도했겠죠? 새벽 02시에는 수진 1동이었잖아요? 04시에는 성남시 신흥 1동으로 장소를 옮겼습니다. 신흥 1동에서는 자동차를 훔쳤습니다. 잔뜩 화가 난 상태에서 신흥 1동 노상 주차장에서 르망 승용차를 훔쳤습니다. 특별한 기술이나 방법 없이 아주 단순하게 벽돌로 유리를 박살내서 차량을 훔치는데 이것으로 절도행위가 하나 추가됩니다.

배상훈 훔치긴 훔쳤는데 여기서도 별 소득이 없어요. 이 부분의 행동은 이성적으로는 이해가 되지 않아요. 무엇인가를 훔치겠다는 목적의식이 있었던 것이 아니라 화풀이를 했던 것 같아요.

김윤희 차 유리를 깨트렸잖아요. 소리가 날 것이라는 사실도 알고, 그러면 발각될 수도 있다는 생각도 있었을 텐데, 그렇게 행동했다는 것을 보면 저 역시 분노의 표현인 것 같아요.

김복준 직전 범행의 실패에 대한 분노인가요?

배상훈 분노라고 생각돼요. 당시에는 대부분의 차에 경보기가 설치되어 있지 않았고, 아마 르망은 자동문이 아니었을 거예요.

김윤희 수사관들의 입장에서도 혼란스러웠을 것 같아요. 그 전까지는 노상연쇄살인을 의심할 수 있을 정도로 드러난 것들이 없었잖아요. 성남에서 이와 유사한 사건들이 벌어지고 있다는 것을 겨우 파악하는 정도의 상황이었던 것 같아요.

배상훈 성남 쪽에서는 분위기가 아주 날카로웠을 것 같아요.

김복준 이미 노상에서 몇 사람이 살해됐기 때문에 상당히 신경 쓰였을 겁니다. 그래도 벽돌로 차 유리를 깨트린 사람이 그 사건들의 범인이라고 생각하지는 않았겠죠. 그 시절에는 '강력 형사'와 '일반 형사'가 있었잖아요. 아마도 차 유리를 깨트린 사건은 일반 형사들이 맡았을 거예요. 아무튼 이 범죄들이 모두 한 사람의 소행이었다는 것은 범인인 심영구를 검거한 이후에나 할 수 있는 이야기인 것이죠.

급격한 진화, 살인중독과 망상적 자신감

김윤희 그리고 얼마 지나지 않아서…….

김복준 네, 열흘이 지난 11월 26일에 일곱 번째 범행을 저지릅니다. 이번에는 경기도 구리로 갑니다. 구리시 토평동 노상에서의 피해자는 67세의 남성 이 씨예요. 이분은 노점상을 했는데 역시 뒤따라가서 흉기로 살해합니다.

김윤희 이분도 남성이네요.

김복준 이때부터는 아마 범행에 어느 정도 자신감을 가졌던 것 같아요. 살해한 다음에 손가방을 빼앗아서 사라집니다. 이 사건에 이어서 여덟 번째 사건이 벌어지는데 11월 27일이에요. 사건의 간격이 줄어듭니다. 일주일 간격이에요. 여덟 번째 범행은 밤 9시입니다. 밤 9시에 서울 종로구 창신동에 있는 ○○빌딩 주차장에서 젊은 남성에게 다가갔어요. 29세의 안경점을 운영하는 남성이었는데 주차하고 나오는 사람에게 '차를 왜 이따위로 세웠냐?'고 하면서 시비를 해요. 시비 끝에 소지하고 있던 회칼로 남성을 찔러 버립니다. 이 사건에서는 등산용 칼이 회 칼로 바뀝니다. 그 칼로 13군데를 찔러서 살해한 다음에 피해자의 소나타를 탈취해서 도주하는 겁니다.

김윤희 점점 대범해지는 것 같아요. 범행대상이 50~60대 남성이었는데, 이제는 20대의 남성이잖아요. 게다가 적극적으로 시비를 걸고, 흉기도 등산용 칼에서 회칼로 바뀌었잖아요.

배상훈 그런데 역시 장소에는 패턴이 있어요. 범행지역이 모두 인력시장과 관련이 있는 곳이에요.

김복준 아, 그렇습니까? 사건 지역에 모두 인력시장이…….

배상훈 서울에서 창신동은 당시에는 유명한 인력시장이 있는 곳이었어요. 남현동은 행정구역상으로는 남현동이지만 실제로는 사당동과 거의 같은 지역이거든요.

김복준 아, 이제 조금 이해가 되는 것 같아요.

배상훈 지금의 사당 고가도로 아래쪽이 남현동이거든요. 그곳에도 경기 남부 지역에 있는 사람들이 모여서 인력시장이 만들어져 있었거든요. 패턴이 분명한 것 같아요. 자기가 많이 다녀봐서 자기에게 익숙한 지역에서 범행을 저지르는 것 같아요.

김복준 확실히 본인이 지리감이 있는 곳을 찾아가는군요. 이것이 여덟번째 살인사건입니다.

배상훈 어쨌든 가장 분명한 변화가 회칼인데, 회칼로 바꾼 것 역시 분명한 이유가 것 같네요.

김복준 회칼로 무기를 바꾸면서 29살의 건장한 남성을 범죄의 대상으로 삼아서 공격할 정도로 자신감을 갖게 된 것 같습니다. 실제로 범인들이 평소에 사용하던 흉기를 바꾸었을 때 어떤 변화가 나타나지 않습니까?

배상훈 급격한 변화, 또는 진화가 있죠.

김복준 심영구의 경우에도 흉기가 회칼로 바뀌면서부터는 이제 건장한 성인 남성도 범행대상에 포함되는 의미가 있는 것 같아요.

배상훈 여기에서도 심영구의 영악함이 드러나는데 목격자가 없었어요. 저녁 9시에 주차장이라는 것을 감안한다면 아주 조심스럽게 장소를 결정했던 것 같아요.

김복준 ○○빌딩 주차장이거든요. 빌딩 내부의 주차장이란 말이죠. 그 시간대에 사람이 없다는 것을 사전에 인지했던 것 같아요.

배상훈 일반적으로 인력시장 주변의 주차장은 화장실을 사용하기 위해 드나들었을 것이라는 생각이 들어요.

김윤희 심영구는 범행의 목적이 금품이라고 진술했어요. 그런데 제가 봤을 때는 금품보다는 살인이 목적이라는 생각이 들었어요. 자신도 인지하지 못하는 가운데 무의식적으로 범행목적이 금품에서 살인으로 바뀌었던 것 같아요.

배상훈 그런데 김윤희 프로파일러의 말씀에 설득력을 더하는 부분이 있어요. 금품을 목적으로 하는 범행은 수법이 진화하고 정교해지기 때문에 흉기로 사람에게 위해를 가할 때에도 심영구처럼 그렇게 여러 번 찌르지는 않아요. 자신도 힘들어지거든요.

김복준 오직 금품이 목적이라면 그렇죠.

배상훈 그런데 계속해서 오버킬이 일어나는 것을 보면 찌르는 행위에서 일종의 쾌감 같은 것을 느낀 거에요.

김복준 공격을 하다 보니 살인에 대한 중독현상이 일어났다는 거죠.

김윤희 네, 자기는 금품을 절취한다고 생각했는데 무의식중에 이미 살인에 대한 쾌감을 느끼고 있었던 거죠.

김복준 이 사건에서는 소나타를 탈취해서 도주합니다. 그리고 12월 23일 밤 8시 35분에 아홉 번째 사건이 발생합니다. 서울 예지동에 있는 광장시장 앞 노상인데 배 교수님께서 말씀하신 것이 정확한 것 같습니다. 인력시장이 있는 곳 주변을 다녔던 것이 분명합니다. 피해자는 64세의 여성으로 박 씨인데, 이분도 노점상을 하시던 분이에요.

배상훈 광장시장의 노점상이죠.

김복준 광장시장 노점상이에요. 이분이 돈을 세고 있는 장면을 심영구가 봤다고 합니다. 8시 35분이면 초저녁이지 않습니까? 아마 노점 좌판에 앉아서 돈을 세고 있었으면 아마 당일 매상을 확인했던 것이었겠죠. 그 장면을 보고는 돈을 빼앗으려고 했던 거예요. 당연히 반항을 했겠죠. 흉기로 흉부와 배 부위, 그리고 가슴 부위를 16번이나 찔렀어요. 여기서 사용된 흉기는 등산용 칼로, 흉기가 다시 바뀐 것 같습니다. 등산용 칼로 박 씨를 살해한 다음에 현금 17만원과 버스 승차권 240장을 갈취했다고 합니다. 과거에는 길에서 버스 토큰을 팔던 곳이 있었잖아요. 그와 유사한 노점상이었던 것 같습니다.

배상훈 종이로 된 버스 승차권일 수도 있고 토큰일 수도 있죠. 버스 승차권이나 토큰은 현금성이 크거든요.

김복준 여기 버스 승차권 240장이라고 기록되어 있는 것으로 봐서는 아마 종이 승차권을 말하는 것 같습니다. 요즘에도 버스 승차장 부근에서 신문이나 복권, 담배 같은 것들을 판매하는 가판점이 있는데, 그와 유사한 노점상이었던 것 같습니다.

배상훈 현금 17만원이면 지금 대략 50~60만 원 정도의 금액입니다.

김복준 당일 매상 전부였겠죠. 버스 승차권은 그곳에서 판매하는 물건 중에 하나였던 것 같아요. 다른 물건들은 돈이 안 되거나 들고 움직이는 것이 불편하기 때문에 그대로 두었고, 버스 승차권은 휴대도 용이하고 현금성이 크다고 생각해서 강취한 것 같습니다. 이것이 12월 23일에 일어난 아홉 번째 범행입니다.

배상훈 지금까지의 범행을 보면, 범행 초기에는 심야에 뒤에서 급습하는 방식이었는데, 이제는 저녁 무렵으로 범행시간이 옮겨지면서 대범해지고 주변상황도 크게 의식하지 않는 것 같아요. 그 과정에서 '찌르고 도주하는' 방식도 진화하고 있는 느낌이에요.

김윤희 그리고 크리스마스에 있었던 것이 마지막 사건이죠.

김복준 예, 맞습니다. 열 번째, 이것이 마지막 사건이기도 합니다. 또한 심영구를 검거하는데 결정적인 역할을 했던 사건이기도 하고요. 광장시장 노점상에서 현금과 버스 승차권을 훔친 이틀 후입니다. 이번에서 04시입니다. 새벽 04시에 성남시 수정구 신흥 1동인데 아마 심영구의 주소지였나 봐요. 애인과 동거하고 있던 거주지 부근의 슈퍼마켓에 침입을 합니다. 그 슈퍼마켓에는 37세의 여주인 조 씨가 있었어요. 집 앞에 있는 슈퍼마켓이고 평상시에도 자주 이용했을 것이기 때문에 아마 그 슈퍼마켓에 성인 남성이 없다는 것을 미리 알고 있었겠죠. 조 씨는 11세의 아들을 키우고 있었습니다. 그곳에 침입을 해서 금품을 강취해야겠다는 생각으로 범행을 시도한 거죠. 심영구가 위협을 했기 때문에 피해자가 저항했어요. 엄마가 저항하는 소리를 듣고 11살 된 아들이 방에서 뛰어나왔어요. 그리고 엄마 편에서 같이 덤벼들었어요. 너무 당연한 일이지 않겠어요? 심영구가 엄마와 아들을 공격했는데 엄마는 다행히 112와 119가 출동해서 생명을 구했어요. 그런데 11세의 아들은 현장에서 병원으로 옮겨졌지만 끝내 사망했습니다. 총 사망자가 그래서 8명이 되었던 것입니다. 심영구의 검거과정을 살펴보면, 사건현장에 경찰이 출동했어요. 다급해진 심영구가 슬리퍼 한쪽이 벗겨진 상태로 도주를 했어요. 경찰이 생각했을 때 범행을 저지르기 위해 슈퍼마켓에 온 사람이 슬리퍼를 신고 왔다는 것은 범인이 사건현장의 인근에 사는 사람이라는 거죠. 경찰 입장에서는 한쪽의 슬리퍼를 들고 아날로그 방식의 수사를 했던 겁니다. 아마 이것도 그 시절이어서 가능했던 수사방식이에요.

배상훈 일일이 다 뒤졌죠?

김복준 사건현장의 인근에 있는 판자촌을 모두 뒤졌어요. 그랬더니 한쪽만 있는 슬리퍼가 발견됐고 대조했더니 일치하는 겁니다.

배상훈 돌아가신 분들을 생각하면 너무나 안타깝지만, 경찰의 입장에서는 굉장히 운이 좋았던 측면도 있었습니다. 성남시 판자촌의 구조 자체가 한두 개의 입구를 통해서만 출입이 가능한 형태였거든요. 그래서 출구 한두 곳만 봉쇄하면 탈출할 곳이 마땅치 않았던 겁니다. 여기가 성남의 구도심이잖아요. 경찰이 출입구를 차단한 다음에 하나씩 뒤졌던 것으로 보여요.

김복준 길목을 차단하고 주요 길목에 인력을 배치했겠죠. 그리고 슬리퍼 주인을 찾았을 거예요. 슬리퍼를 신었기 때문에 주변사람이라는 것이 확실했으니까요.

배상훈 연령대도 분명했고, 여러 가지가 밝혀져 있었어요.

김복준 그리고 슈퍼마켓의 여주인의 경우에는 얼굴을 봤잖아요. 슈퍼마켓에 자주 오던 사람이었기 때문에 주변사람이라고 진술했을 것이고 판잣집을 하나씩 뒤지다가 슬리퍼 한쪽만 남겨진 집을 찾았어요. 경찰들이 그 집에 진입했을 때는 이미 심영구가 도주한 후였습니다.

김윤희 연쇄살인의 범인들이 왜 잡히는가에 대해 이야기할 때 흔히 나오는 말이 있어요. 범인들의 대부분이 느슨해졌다는 것이죠. 다시 말해서, 오만해지고 자만심으로 인해 대범하게 행동하기 때문에 잡힌다는 것이죠. 이제는 이렇게 행동해도 나는 잡히지 않을 것이라는 자신감이 문제인 거예요.

배상훈 일종의 '망상적 자신감'이라고 할 수 있죠.

김윤희 심영구는 검거시점에 다가갈수록 범행대상이 여성에서 남성으로, 그리고 나이가 있는 남성에서 젊은 남성으로 바뀌는 것 같아요. 범행 시간대도 새벽에서 저녁 시간으로 당겨지고 지리적으로는 점점 가까운 곳으로 옮겨지다가 마지막에는 자기가 살고 있는 주변, 그리고 잘 모르는 사람에서 안면이 있는 사람으로까지 범행대상이 되잖아요.

김복준 그렇죠. 대담해진 건가요?

배상훈 대담해졌다고 볼 수 있죠. 그리고 한편으로는 허술해진 거죠.

김복준 경계가 풀렸다는 거죠?

배상훈 대담함과 허술함은 동전의 양면입니다. 스스로 자신이 있다는 망상을 갖게 되면 실수를 하는 겁니다.

김윤희 절대로 잡히지 않을 것이라는 망상에 빠진다고 하더라고요.

김복준 저는 도저히 이해가 되지 않아요. 강도짓을 하러 가는 사람이 그렇게 허술한 복장에 슬리퍼를 신고 갈 수가 있나요?

배상훈 심영구가 범행을 저지르기 위해서는 슈퍼마켓에 들어가야 하는데 아마도 슈퍼에 가면서 슬리퍼가 아닌 다른 신발 신고 가면 오히려 이상하게 보일 것이라고 생각했을 수 있어요. 그리고 기록상으로는 여주인을 추행했다고 하는데, 그런 방식으로 접근하려고 했다면 슬리퍼가 합리적인 선택일 수 있겠다는 생각도 들어요. 복장만 보면 그렇다는 겁니다.

김윤희 새벽 4시잖아요. 슈퍼마켓의 문을 닫았던 상황같아요.

배상훈 아니요, 그렇지는 않아요.

김복준 크리스마스였기 때문이죠.

배상훈 네, 크리스마스였어요. 그 부분이 심영구에게는 불리한 부분으로 작용했을 겁니다. 단언할 수는 없는데, 사건도 그렇지만 일반적으로 연쇄살인범이 검거될 때에는 우연적 요소들이 개입되잖아요. 그래서 해석이 애매한 부분들이 있습니다.

김복준 심영구의 인적사항이 밝혀졌음에도 불구하고 바로 검거하지 못 했어요. 한 달 정도의 시간이 지난 1990년 1월 22일에 검거

하게 됩니다. 1월 22일 밤 7시 경에 강서구 등촌 2동에 있는 애
인 진 씨의 셋방에 은신해 있다가 검거됐습니다.

배상훈 멀리 가지는 못했네요. 등촌 2동이라는 장소보다는 일반적으로
자기와 관련된 사람의 집에 은신하지 않는데, 심영구는 애인의
집에 있었네요. 증거를 처분하거나 없애지도 않았어요.

김복준 그곳에서 심영구를 검거했는데 셋방에 버스 승차권 등 범행 후
에 훔쳤던 물건의 상당수가 발견되었던 겁니다. 그 물건들을
단서로 여죄를 추궁해서 수사를 진행했다는 거예요.

배상훈 훔친 물건도 처분하지 못한 상태로 붙잡힌 겁니다.

살인마의 '손맛'

김윤희 1월에 붙잡혔는데, 11월 재판에서 사형선고를 받죠.

김복준 1990년 1월 22일에 검거됐어요. 그리고 사형이 집행된 것은
1992년 11월 29일입니다.

김윤희 이때 사형된 사람들이…….

김복준 네, 유명한 사람들이 있었습니다. 우리가 나중에 다뤄볼 사건인
데 양평 일가족 생매장 살인사건의 범인이었던 윤영필, 그리고
생모를 살해했던 김영호, 이환희 군 유괴 살인사건의 범인 문
경환 등 9명이 심영구와 동시에 사형이 집행됐습니다. 사형이
집행된 범인들의 일부는 안구를 기증했습니다.

김윤희 심영구를 수사하는 과정에서 가정환경이라든지 살아왔던 모습
들에 대한 이야기가 조금씩 나오기 시작을 해요.

김복준 이 부분은 우리 프로파일러 두 분들께서 설명을 해주셔야 될

것 같습니다. 심영구의 범행 당시의 나이는 30세로 경기 성남에 살고 있었습니다. 전과 11범이고 고향은 충북 제원인데, 8살 때 부모가 이혼했다고 합니다. 어머니는 누나를 데리고 집을 나가고 심영구는 그곳에서 계모와 의붓동생들과 함께 살았는데 힘들었겠죠. 중학교 1학년에 학교를 중퇴하고 엄마를 찾겠다고 상경합니다. 중학교 1학년에 불과한 남자애가 서울에서 뭘 할 수 있었겠어요? 신문팔이, 구두닦이 그리고 막노동 등을 했다고 해요. 배 교수님께서 말씀하신 부분이 이해가 되는데, 막노동을 상당히 오래 했다고 하는 것으로 봐서 아마 인력시장을 전전했던 같아요. 그리고 1988년까지 강도상해로 3년 6개월 실형을 받아서 복역한 사실이 있어요.

배상훈 특별사면이었겠죠.

김복준 올림픽이 열렸던 해니까요. 실형을 살고 나와서 1989년에 심영구가 어머니를 찾습니다. 그래서 생모를 만나러 갔는데 어머니 역시 공장에 다니면서 당시에 불과 20만 원 정도의 월수입으로 빠듯하게 살고 있었던 거죠. 그때부터 '아, 내가 뭔가를 해서 돈을 벌어야 되겠구나.'라고 결심을 했는데 그 결심을 실천한 것이 강도예요. 그렇게 범행의 길로 접어들었다고 합니다. 교도소에서 재단하는 일을 배워서 한때는 조그마한 양복점을 운영했다고 하는데, 2년만에 운영난으로 폐업합니다.

배상훈 심영구의 이력을 보니까 어디를 돌아다니면서 무슨 일을 하면서 살아왔는지를 알 것 같네요. 인력시장도 그렇고, 청계천에 즐비했던 '모찌꼬바'(방직공장)도 돌아다니고, 또 공사장의 함바

집(간이 식당) 같은 곳도 돌아다녔던 것 같아요. 주로 그렇게 돌아다니면서 자연스럽게 지리감을 익혔고, 또 그것을 범죄에 활용했던 것 같아요. 저는 심영구의 범행에 있어서 가장 결정적인 요소가 어머니와의 만남인 것 같아요. 심영구는 어머니와의 만남을 통해 자기의 삶을 바꿔보려고 했었던 것 같아요. 그것도 일종의 '환상'이죠. 왜냐하면 어머니의 삶도 본인만큼 힘들었을 것이기 때문이죠. 저는 어머니의 상황을 보게 되면서 심영구 자신이 어떤 임계점을 넘어버렸다는 느낌이 들었어요. '정상적인 방법으로는 어떻게 할 수가 없다.'는 생각을 했던 것 같아요. 1989년이 심영구에게는 기점이 된 거죠.

김윤희 '왜 이렇게 적극적으로 엄마를 찾았을까?'라는 생각을 했거든요. 엄마를 만나게 되면 자기 인생이 변하게 되고 자기의 부족한 부분이 채워질 거라는 생각을 가지고 있었던 것 같아요. 그런데 막상 현실에서 어머니를 만났는데 자기의 기대와 부족함이 채워지지 않는 거죠. 현실과 내가 갖고 있었던 꿈 사이에 너무나 큰 차이가 있는 거죠. 그때부터 어머니에 대한 애틋함으로 돈을 벌겠다는 결심을 했는데 돈을 버는 방법으로 강도를 선택했던 것이죠. 어머니를 정말 사랑했다면 건전한 방법으로 돈을 벌었을 것 같아요. 하지만, 어떻게 보면 '이제 내 삶에는 아무 의미도 없어. 나는 어떻게든 돈을 많이 가져겠어.'라고 결심하는 그 순간부터 욕망의 뒤틀림이 시작된 것 같아요.

배상훈 저는 다른 관점으로 보고 싶은데, 그 순간에 심영구가 삶을 포기하지 않았을까 라는 생각이 들어요.

김복준 어느 순간이요?

배상훈 어머니를 보는 순간, '아, 이제는…….'했던 것이죠. 김윤희 프로파일러와 저는 같은 부분의 해석을 반대로 하는 것 같아요. 저는 적극적이었다기보다는 막연했다는 거죠. 막연하게 내가 어머니를 만나면 행복해질 거라고 생각했는데 막상 가보니 어머니는 나보다 더 불행하게 살고 계시는 거예요. 무언인가 잡고 있던 끈을 놓아 버린 것 아닌가 싶어요. 프로파일러로서 항상 마음에 걸리는 것이 그 부분이죠. 1980년대 중반 이후에 마지막으로 잡고 있던 끈마저도 놓아버리는 사람들이 많았다는 겁니다. 사회적 분위기라고 해도 변명이 될 수는 없어요. 하지만, 심영구라는 사람의 입장에서는 마지막 희망이었던 무엇인가를 놓아버린 것은 아닐까 싶어서 마음에 걸려요.

김복준 1989년이면 군사정권의 막바지예요. 언제나 마찬가지이지만, 위정자들의 입장에서는 이런 사건이 일어나는 것이 반갑지 않았기 때문에 눌렀을 거예요.

김윤희 저는 심영구라는 사람이 생각보다 소심하고 비겁한 사람이었을 것이라는 생각이 들어요. 급습했다고 말씀하셨잖아요.

김복준 등 뒤에서 급습한 사건이 많았죠.

김윤희 정면으로 맞서기보다는 등 뒤에서 찔렀어요. 범행의 목적이 금품인데 항상 성공한 것도 아니에요. 범행의 형태를 보면 그 사람의 일상이 보이기도 해요. 심영구의 경우에는 언제나 목적성을 잃어버리고 순간적으로 어디론가 떠밀려가게 되는 방식으로 자신의 삶을 살지 않았을 것이라는 생각이 들었어요. 주점에서 술 먹으면서 행패를 부리고 시비를 거는, 흔히 말하는 '진상 손님'이었다고 하잖아요. 더구나 심영구 자신도 '술만 먹으면 자기가 이상하게 변했다.'고 말하거든요. 사람을 대했을 때, 또는 일상에서 자기가 억누를 수 있는 부분은 억눌렀던 거죠.

김복준 자기 나름대로는?

김윤희 그렇죠. 나름대로는 억누르다가 술을 매개로 억눌려 있던 것이 분노의 형태로 표출되었어요. 나중에는 자신의 억압된 모든 것들이 살인으로 표출된 것이라고 생각해요.

배상훈 미국의 남부지역에서 철길을 따라 방랑하면서 살인을 저지르는 살인자들이 몇 있었거든요.

김복준 유랑형이네요.

배상훈 네, 유랑형입니다. 그래서 철길 살인범들을 '떠돌이 살인범'이라고 표현합니다. 그들이 살인을 하는 이유는 금품을 노렸기 때문이 아니라, 살인할 때의 짜릿한 '손맛' 때문이라는 것입니다.

김복준 일반적으로 낚시를 할 때 고기가 걸렸을 때의 짜릿한 느낌을 손맛이라고 말하는데요, 사람을 찌르면서 손맛이라고 한다는 것이네요.

배상훈 그렇습니다. 사실 강도 살인에 어느 정도 전문화되면 그렇게 많이 찌르지는 않거든요. 저는 김윤희 프로파일러께서도 말씀하셨지만 마구 찌르게 되는 이유가…….

김복준 그 부분에 대해서는 '내가 평소에 술을 많이 마신다. 술을 마시게 되면 나도 모르게 포악해지더라. 범행대상을 선택해서 칼을 한 번 찌르고 나면 나도 모르게 수십 군데를 마구 찌르게 된다.'라고 본인의 입으로 말했어요.

김윤희 '술을 먹으면 포악해지고 제정신이 아니에요.'라는 이야기는 많이 듣지 않나요? 저는 이 말을 들을 때마다 이런 생각이 들어요. 연구 결과로도 증명된 사실이지만, 술이 폭력성을 증폭시키진 않거든요. 단지 자신의 억압됐던 부분이나 억눌렸던 부분을 풀어버릴 뿐이라는 것이죠. 심영구나 다른 살인자도 마찬가지인 것 같아요. 제정신이 아니었다고 하는데 실제로는 정신을 잃은 것이 아니라 정신을 일부러 놓아버린 것이라고 생각하거든요.

김복준 '잃은 것이 아니라 놓은 것'이다. 그것도 일부러, 아주 핵심적이고 디테일한 표현이네요.

김윤희 '일부러' 하는 행동이죠. 자신이 그렇게 될 것이라는 사실을 인지하고 있잖아요. 술 먹으면 제 정신이 아닐 것이라는 사실을 알고 있음에도 불구하고 그 행동을 반복하거든요. 저는 막연하게 그냥 정신을 놓아 버린 것이라고 생각해요. 일반적으로 이런 살인자들은 자신의 내부에서 쾌락이 점점 커지는데, 결국 누군가를 죽일 수도 있고 살릴 수도 있다고 생각하는 거죠.

배상훈 생명을 좌지우지 할 수 있다는 느낌을 갖게 되는 거예요.

김윤희 신이 되는 거죠.

김복준 일단은 '살인자의 손맛'이라는 말이 굉장히 충격적입니다.

배상훈 저희는 그 표현을 많이 사용하고 많이 듣는 편이에요. 마구 찌르다보면 아주 묘한 느낌이 든다는 진술이 책이나 연구 사례에 많이 나오기 때문이에요.

김윤희 워딩이 정확하게 생각나지 않는데, 정남규는 칼을 성기에 비유하면서 표현했었거든요.

김복준 그 이야기는 들었어요.

김윤희 그래서 '손맛'이라는 이야기도 나오게 되고, 실제로 살인범들이 찔렀을 때 쾌감과 관련해서 '손맛'이라고 표현을 해요.

배상훈 술을 먹었다고 해서 블랙아웃의 상태가 되는 것은 아니에요. 그래서 '주취감경'은 정말 잘못된 거예요.

김복준 의식을 잃어서 마구 찌른 것과 본인이 자발적으로 의식을 놓아버린 것은 고의성에서 아주 큰 차이가 있기 때문에 굉장히 중요한 얘깁니다.

배상훈 정신을 놓기 위해서 술을 먹는 것이라고 할 수 있죠.

김윤희 관악에서 연쇄강간사건이 있었어요. 미제사건이었다가 나중에는 범인이 잡혔어요. 패턴이 동일하더라고요. 시기는 주말이고 피해자 분들이 모두 술 냄새와 관련된 진술을 했거든요. 면담 중에 물었더니 자기도 기억이 아주 없지는 않데요.

김복준 기억이 있죠.

김윤희 기억이 있다고 해서 직접적으로 물어봤어요. 이제부터는 진술서에 남는 것도 아니니 솔직하게 말해 달라고 하면서 '술을 마시면 자신이 그 일을 저지를 것이라는 사실을 알고 있었죠?'라고 물었더니 '알았다.'고 하더라고요. 블랙아웃, 즉 필름이 끊겼는데 그 상태가 의식이 없는 상태는 아니었다는 거죠.

김복준 모두 기억한다는 거예요?

김윤희 모두는 아니지만 기억을 하고 있었어요. 막노동을 했었기 때문에 금요일까지는 일을 했던 것 같아요. 금요일이나 토요일 저녁에 술을 먹고는 토요일이나 일요일 새벽에 범행을 저지른 거예요.

배상훈 그래서 주말 새벽에 침입해서 피해자들을 강간하고 도주하는 패턴이 반복되었던 거죠.

김윤희 저도 책을 통해 알고 있다가 범인의 입을 통해 직접 들으니까 '아, 그렇구나!'라는 것을 느끼게 됐어요.

김복준 행위자가 고의로 술을 먹고 정신 줄을 놓게 되는 상태에서 실행하는 행위를 일반적으로 법에서는 '원인에 있어서 자유로운 행위'라고 이야기하거든요.

배상훈 심리학에서는 '억제이론'이죠. 억제했던 것을 술로 풀어서 스스로 범죄의 도구가 되기 때문에 심신미약이 될 수 없어요.

김윤희 재판에서는 '필름이 끊겼다.'는 주장을 하죠.

김복준 그렇죠. 본인에게 유리하니까요.

배상훈 판사님들도 심신미약 판결에 신중하실 필요가 있어요. 어쨌든 심형구의 1989년 이후의 단계는 '원인에 있어서 자유로운 행위'나 '억제이론'으로 충분히 설명이 된 것 같아요. 스스로 놓아 버렸고 놓아버린 자신을 살인이라는 행위를 통해서 표출한 거죠. 만약 심영구라는 사람의 목적이 정말 금품이었다면 그런 사람들을 찾아서 범행을 계획했을 것 같아요. 그런데 피해자분들은 결코 부유한 사람들이 아니거든요.

김복준 가게에서 새벽까지 일해서 번 매상을 빼앗았거든요. 부유한 사람이라면 새벽 시간까지 일하지도 않았겠죠.

배상훈 만약에 돈을 벌려고 했다면, 앞에서 살펴본 정두영처럼 침입에 서부터 재물을 획득하고 처분하기까지의 과정과 계획이 필요 한데 심영구의 경우는 아무런 계획 없이 똑같은 패턴을 유지했 어요. 단순한 강도살인이 아니라는 거죠.

김복준 강취보다는 살해의 목적이 농후했다는 거죠? 살인 중독이네요.

김윤희 이 사건이 시사하는 바가 있어요. 당시의 시대적 배경과도 관 련이 있고, 또 지금처럼 CCTV나 블랙박스가 설치되어 있어서 증거 수집이 용이한 환경이었다면 쉽게 검거할 수도 있겠지만 당시로써는 어려울 수밖에 없는 사건이었어요. 노상에서의 연 쇄살인이라는 것이 범인의 입장에서도 결코 쉽지 않습니다. 왜 냐하면 범인은 노출에 대해 상당한 부담이 있기 때문입니다. 정남규 살인사건과도 비교해볼 수 있을 것 같아요.

배상훈 정남규의 경우에는 대한민국 최초의 프로파일러라고 할 수 있 는 권일용 경감의 책에 나와 있는 내용은 물론 노상에서 벌어 진 살인이나 강간사건 등을 모두 스크랩했어요. 정남규는 범죄 를 저지르기 전에 공부를 했다는 거예요.

김복준 정남규는 권일용 경감의 얼굴을 집에 걸어 놓았다고 하잖아요.

김윤희 제가 정남규의 스크랩을 사진으로 찍었기 때문에 스크랩에 대 한 내용을 잘 알고 있는데요, 특이한 것은 범죄와 함께 건강에 도 관심이 많았다는 거예요.

김복준 정남규는 아날로그 형태의 범죄자였기 때문이 아닐까요?

배상훈 저는 심전도 자료 스크랩도 봤는데요.

김윤희 네, 그랬어요. 건강이나 과학 분야에 대한 관심도가 상당히 높았어요. 처음에는 스크랩을 디테일하게 해요. 그런데 어느 순간 부터는 신문 뭉치를 그냥 둬요. 살인을 시작하면서부터는 자기를 컨트롤하고 통제할 수 있는 수단들을 놓아버리더라고요.

김복준 일정 부분 자신감도 생겼겠죠. 이제 볼 필요가 없다고 생각했기 때문에 그냥 던져 놓은 것일 수도 있죠.

김윤희 심영구 사건은 많이 알려지지 않았어요. 저도 최근에 알게 된 사건이거든요. 이 사건이 왜 알려지지 않았던 건가요?

김복준 1989년은 군사정권의 막바지였었기 때문에 민심의 이반을 걱정했던 것 같아요. 그래서 사건을 의도적으로 축소해서 신문에도 2단, 3단 정도의 기사로만 나왔다고 해요.

김윤희 기록이 거의 없더라고요.

배상훈 신문에는 명함 크기 정도로 보도됐는데 그것도 심영구가 검거된 다음의 일이에요. 과거 군사정권 하에서는 보도지침으로 통제했기 때문에 국민들은 알 수가 없었어요. 사실 이 사건과 관련해서는 정권이나 언론의 책임이 없다고 할 수 없어요. 사건이 새벽에 일어났기 때문에 조심해야 한다는 경고라도 했다면 같은 지역에서 일어난 두 번째, 세 번째 사건은 막을 수도 있었거든요. 그 부분은 너무 안타까운 거죠.

김복준 이 사건이 일어난 시점이 1989년입니다. 이춘재 사건이 1986년 9월부터 1991년 4월 사이에 일어났잖아요? 두 사건의 시기가 겹쳐요. 그렇지 않아도 이춘재 사건 때문에 민심도 어지럽고 정권이나 경찰이 궁지에 빠져있었어요. 그 와중에 심형구 사건이 터졌기 때문에 한 마디로 그냥 뭉게 버린 거예요.

김윤희 밤늦은 귀가길이나 퇴근길에서 조심할 수 있는 부분들이 있기 때문에 사건을 정확하게 알리는 것은 굉장히 중요합니다. 그리고 지구대, 당시에는 파출소였는데 그곳에 근무하는 경찰 분들이 이런 사건이 발생했다는 사실을 알고 있었다면 범죄 예방을 위해 살펴보고 신경 쓸 수 있는 부분들이 있었을 것이라는 점은 아쉬움으로 남습니다. 범죄사적 의미에서는 '노상 살인사건'이라고 할 수 있는 사건이었습니다.

김복준 어떻게 보면 정남규의 스승이기도 하죠.

배상훈 심영구는 정남규의 스승이고 '심스'에 대한 필요성이 커졌죠.

김복준 우리 시청자분들은 심스, 킥스를 잘 모르실 것 같은데 '수사 시스템 전산망'이라고 생각하시면 됩니다.

김윤희 저희는 다음 시간에도 범죄사적 의미에서 돌아볼 수 있는 사건을 살펴보도록 하겠습니다.

제5장

이춘재 연쇄살인사건의 전범典範, 강창구

'이춘재 연쇄살인사건'과 '공주연쇄살인사건'

김윤희 지난번에 다뤘던 심영구와 마찬가지로 강창구라는 이름도 익
숙하지는 않으실 거예요. 하지만, 범죄사적 측면에서는 아주 중
요한 인물이거든요. 이 사건이 이춘재 연쇄살인사건과 유사한
점이 많기 때문이에요. 이 사건은 공주에서 발생했어요.

배상훈 그래서 공주연쇄살인사건이라고도 하죠.

김복준 이춘재 연쇄살인사건은 1986년 9월부터 시작되어서 1991년
4월까지 계속되죠. 그런데 이 사건은 1983년 7월부터 시작됐
어요. 강창구의 범행수법이 이춘재 연쇄살인사건과 유사하기
때문에 이춘재 연쇄살인사건의 원조라는 평가를 받는 사건이
에요.

김윤희 네, 저도 강창구에 대해서는 경찰에 들어와서 알게 됐거든요.
처음에는 깜짝 놀랐었어요. 이춘재 연쇄살인사건과 너무 비슷
한데, 일단 범죄의 핵심 포인트가 '성'에 맞춰져 있었기 때문이
에요. 제 입장에서는 전혀 몰랐던 사람인데 범죄심리를 공부하
는데 엄청나게 도움이 되었던 사건이었습니다.

배상훈 실제로 범죄심리를 공부하고 싶은 분들께서는 특히, 학문적으로 공부하시고 싶은 분들께서는 이춘재 연쇄살인의 분석틀과 공주연쇄살인의 분석틀을 비교하면서 유사한 부분과 핵심 포인트를 달리하는 부분을 유심히 바라보면 성 범죄에 대한 여러 가지 기준이나 이미지를 확립하실 수 있을 겁니다.

김윤희 여섯 분은 돌아가셨고, 한 분은 사고를 당할 뻔했는데 무사히 탈출을 하셨습니다. 첫 번째 사건이 1983년이죠.

김복준 맞습니다. 첫 번째 사건이 1983년 7월 31일 오후 7시 경입니다. 산촌은 해가 빨리 지는 편이지만 7월 31일이면 여름이어서 오후 7시에도 어둡지는 않았을 거예요. 아무튼 7시경에 공주시 우성면 용봉리 소룡골 계곡에서 멱을 감고 있던 50세의 여성 홍 씨를 덮칩니다. 홍 씨는 계곡 근처에서 꼴을 베러 갔다가 밭에서 김을 매는 등 일을 마치고 집으로 돌아오는 길에 계곡에서 멱을 감고 있었나 봐요. 여성분이 혼자서 멱을 감고 있으니까 강창구가 이를 발견하고는 욕정을 느껴서 피해자를 덮친 겁니다. 목뒤로 머리채를 잡은 상태에서 물 밖으로 빠져나오지 못하도록 머리를 누르고 있었어요. 그 상태에서 일정 시간이 지나면 기절을 하지 않겠습니까? 기절한 상태에서 물 밖으로 끌어냅니다. 그리고는 계곡의 하천 변에 있는 풀밭에서 강간을 해요. 강간은 했지만, 겁이 났을 것 아닙니까? 그래서 하천에서 멱을 감다가 심장마비로 사망한 것처럼 위장하기 위해서 다시 하천으로 들어갑니다. 물속에서 실신시켰던 것과 똑같은 방법으로 장시간 머리를 눌러서 익사시킵니다. 그렇게 시신을 물속에 유기하고는 빠져나가는 거죠. 경찰에서 사체를 발견했을 때에도 단순히 멱을 감다가 심장마비로 사망한 것으로 단정해서 단순변사로 처리했어요. 이것이 첫 사건입니다.

김윤희 실종 신고가 되어 있었고, 수사과정에서 시신이 발견되었는데 특별한 외상이 없었기 때문에 단순변사로 처리했던 거죠.

배상훈 외상이 발견되지 않은 이유는 물에 빠진 상태였기 때문이었을 겁니다. 외상은 뼈가 부러지거나 타격에 의한 상흔을 의미하는 것이기 때문에 외상이 발견되지 않았다는 것은 '구별되지 않는 외상'만 있었다고 보는 것이 타당할 것 같습니다.

김복준 실제로 여성을 풀밭에 끌고 가서 강간을 실행했을 경우에는 어떤 형태로든 찰과상이 발생합니다. 조금 전에 배교수님께서 설명하신 것처럼 시신을 물속에 유기해서 일정 시간이 지나면, 특히 하절기에는 시신이 불어버리는 현상이 일어납니다. 시신이 불어서 피부가 팽창된 상태에서는 어지간히 큰 상처가 아니면 외부의 공격으로 생긴 것이라고 단정할 수가 없어요. 그래서 심장마비로 단순변사처리 했던 거죠. 오늘날의 시각에서는 굉장히 유감스러운 처분입니다.

배상훈 강간을 당했기 때문에 몸속에 체액이 남아 있었겠지만, 이미 두 달이나 지나버렸기 때문에 발견하기는 어려웠을 겁니다. 그래도 단순변사로 처리했다는 것은 아쉬운 부분이죠.

김복준 사체가 발견됐을 때부터 심장마비에 의한 사망이라고 단정짓고 있었기 때문에 범행 현장을 수색하지 않았어요. 정밀수색을 했다면 강간의 흔적을 발견했을 수도 있었을 겁니다.

김윤희 1983년이면 과학수사가 발달하지 않았던 시절이잖아요. 이해되는 측면도 있지만, 아쉬워요. 그 후에도 계속해서 사건이 벌어졌기 때문에 첫 단추를 잘못 끼운 것이 더욱 아쉽습니다.

김복준 당시에 경찰의 과학수사는 지문감식이 전부였어요. 지문감식 이외에 과학수사는 거의 없었던 것 같습니다.

김윤희 그리고 7개월 후에 두 번째 사건이 일어납니다.

김복준 첫 번째 사건은 1983년 7월 31일이고, 그 이듬해인 1984년 2월 21일 오후 1시경입니다. 정확하게는 공주군 반포면 봉곡 2리예요. 계룡면에 소재해 있는 ○○사라는 암자가 있는데, 그 암자로 기도하러 가던 이 씨가 피해자입니다. 51세의 여성으로 거주지는 인천시 주안이었습니다. ○○사에 기도를 하러 가는 이 씨를 강창구가 발견한 거예요. 발견한 장소는 반포면 상신리에 있는 노랭이 고개의 9부 능선 쪽이라고 해요. 9부 능선이면 거의 정상에 가까운 쪽인데, 그 쪽에서 걸어가고 있는 피해자를 숲에 은신해 있던 강창구가 발견해서 급습합니다. 강창구의 범행수법이 나오는데 여성의 경우에는 멱살을 잡아서 낚아채는 방법을 사용했어요. 멱살을 잡아서 낚아채서 나가떨어지면 바로 올라타고 그 상태에서 목을 졸라요. 일정시간 목을 졸라서 실신을 시킵니다. 강창구의 전형적인 수법인데 완전히 죽이지 않고 강간을 합니다. 강간하기 전에는 절대 죽이지 않아요. 실신시켜 놓고는 길 아래 후미진 곳으로 데려가서 강간하고 그 다음에는 피해자의 허리끈으로 목을 졸라서 살해합니다. 무슨 이유에서인지는 모르겠지만 다시 옷을 입혀놓고 도주하는 형태를 보입니다. 초창기라고 할 수 있겠죠?

김윤희 이 사건도 안타깝게 단순변사로 처리됐다고 하더라고요.

김복준 네, 맞습니다. 2월 21일에 범행이 있었는데 시체를 발견한 것은 거의 두 달이 지난 4월 14일 오후 5시 경이었어요. 부검을 했지만, 부검 결과 외상을 발견하지 못했어요. 그리고 경찰에서 위액을 채취했어요. 자살로 추정했던 것 같은 느낌이 들어요. 위액을 채취했는데 독극물이 나오지 않았고 특별한 타살의 의미도 없다고 해서 두 번째 사건 역시 단순변사 사건으로 처리해 버립니다. 당시에 강창구는 공주 시내에서 보일러 미장일을 하는 둘째 형과 함께 거주하고 있었어요. 그날은 일이 없어서 오전에 공주에서 시내버스를 타고 마티고개 정상 부근에 내렸어요. 강창구의 범행은 모두 이 마티고개를 기점으로 해서 이루어졌습니다. 범행수법은 말씀 드린 것처럼 숲속에 숨어 있다가 산속의 암자나 절로 가는 사람들 발견하면 낚아채는 방식이었습니다.

배상훈 첫 사건의 기억이 강렬하게 남았을 것이기 때문에 외진 숲길 같은 곳을 배회하면서 피해자를 물색하고 범행을 준비하는 것이 아마 몸에 뱄을 거예요. 첫번째 사건의 방식이 반복되는 이유는 바로 '처음'이라는 강렬한 기억 때문입니다.

김윤희 첫 번째, 두 번째 사건이 모두 단순한 변사사건으로 처리됐기 때문에 이 사건들은 수사상에 올라오지도 않았어요.

김복준 그렇죠, 사체를 가족 분들께 인계하면 가족들이 장례를 치르는 것으로 마무리되는 거죠.

김윤희 세 번째 사건이 발생하면서 뭔가가 드러나기 시작합니다.

김복준 이듬해인 1985년 7월 26일 밤 8시 경입니다. 다음 범행까지는 상당한 공백이 있네요. 장소와 수법은 동일합니다. 공주시 반포면의 마티고개 8부 능선 산길 옆에 숨어 있다가 범행을 저지릅니다. 피해자 분은 21세의 여성으로 경기도 강화에 거주했던 이 씨라고 합니다. 이분 역시 ○○사로 기도하러 가는 길에 강창구의 표적이 되었습니다. 이 ○○사라는 곳이 계룡산 쪽에 위치해 있기도 하고, 또 이른바 '기도발'이 굉장히 잘 듣는 암자로 무속인들 사이에서는 유명하다고 합니다. ○○사로 기도하러 가는 이 씨의 멱살을 낚아채서 묘지 쪽으로 끌고 갑니다. 손으로 목을 졸라서 실신시키고 바로 옆에 있는 칡골이라는 산으로 끌고 간 다음에 후미진 계곡에서 강간합니다. 증거 인멸을 위해서 손으로 목을 졸라 죽입니다. 시신은 풀숲에다 유기를 했는데 이번에는 한 가지 범죄를 더합니다. 핸드백에 있던 1만 5,000원 정도를 훔쳤습니다. 이것이 강창구의 세 번째 범행인데 이 사체는 한 달 후인 8월 23일에 발견됐어요. 숲속에서 범행을 하고 숲속에다 유기했기 때문에 쉽게 발견할 수가 없었던 거죠. 이때도 부검을 했는데 한여름이어서 시신이 완전히 부패했기 때문에 사인은 규명하지 못했습니다. 단순변사로 처리되었고 시신은 유가족에게 인계됐어요.

배상훈 '어떤 여성이 어디 지역에서 사라져버렸는데 가족들은 찾지도 않았나?'라고 의아하게 생각할 수도 있고, '도대체 경찰들은 뭐하나?'라고 질문을 하실 수도 있어요. 당시에는 실종 신고, 또는 미귀가 신고와 관련해서 아주 애매한 절차상의 문제가 존재했던 것 같아요. 지금이라면 실종, 또는 미귀가 같은 사건이 일어났을 때 대대적으로 인력을 동원해서 수색하는 방법을 시도했을 것 같은데 당시에는 인력을 동원해서 수색을 시도하는 경우는 없었습니다.

김복준 당시에는 사건기록이 전산화되어 있지도 않았어요. 한 달, 또는 두세 달 간격으로 인근 지역에서 여성들이 살해돼서 발견됐다면 어떤 형태로든 수사를 개시했을 것 같아요. 그런데 이 사건의 경우에는 사체의 발견도 늦게 이루어지고 범행과 범행 사이의 공백기간도 아주 길다 보니 경찰에서도 주목하지 않았던 것 같아요. 한 마디로 시스템에 문제가 있었던 겁니다. 여러 사건을 한눈에 파악할 수 있는 전산 시스템이 구축되어 있었다면 달랐을 것이라고 생각합니다.

배상훈 그래도 아쉬운 점은 있습니다. 이 여성분이라든가 조금 전에 말씀하신 분의 가족들이 실종신고도 하고 찾아 달라는 요구도 했을 것 같은데 이 부분을 어떤 방식으로 처리했는지에 대한 기록이 전혀 남아 있지 않아요. 정확하게 기록할 수는 없었다고 하더라도 신고, 수사 또는 수색에 대한 최소한의 기록은 남겼어야 했지만, '나중에 발견됐다.'라는 기록만 남아 있을 뿐입니다. 어떻게 신고가 되었고 신고에 대해 어떻게 수사를 진행했다는 기록은 아예 없어요. 아쉬운 부분이 있습니다.

김윤희 그리고 다음 범행까지의 공백도 아주 길었어요.

김복준 맞습니다. 1985년 7월 26일 이후에 이번에는 1987년 1월 29일입니다. 마티 고개 정상 부근의 산길에 숨어 있다가 범행을 저질렀습니다. 피해자는 47세의 여성 김 씨로 공주시 봉황동에 거주하는 주민이었는데, 이분은 밭에서 김을 맨 뒤에 ○○암에 불공을 드리러 가는 길에 사고를 당했습니다. 수법은 똑같아요. 풀숲에 숨어 있다가 먹살을 잡고 낚아채서 쓰러트린 다음에 바로 몸통에 올라타서 목을 조르는 전형적인 공격패턴이었습니다. 목을 졸라 기절시킨 후에는 100m 떨어진 쥚골 계곡으로 끌고 가서 강간합니다. 강간 후에는 손으로 목을 졸라서 액살하고 바지주머니에 있던 현금 1만 4,600원을 훔쳤습니다. 네 번째 범행의 이 경우도 가족들이 가출신고를 했다는 기록이 있고, 경찰이 수색을 하는 과정에서 두 달만인 1987년 4월 2일에 시신을 발견합니다. 시신은 이미 부패가 진행됐지만, 시신 부근에 남겨진 양초와 성냥, 귤과 과일이 담긴 보따리가 있었어요. 그리고 피해자가 입었던 스웨터가 벗겨진 채로 놓여 있었기 때문에 가족들에 의해서 신원확인이 되었습니다. 특이한 점 하나는 왼쪽 허벅지에 직경 10cm, 깊이 0.6cm정도의 상처가 있었다고 합니다.

배상훈 앞서 발견된 시신에서는 상처가 발견되지 않았기 때문에 단지 이것만으로 범행수법에 변화가 일어났다고 보기는 어려울 것 같습니다. 저는 우연히 생긴 상처라는 생각이 듭니다. 이전 사건에서도 범인이 남긴 '시그니처'는 드러나지 않습니다.

김윤희 그런데 이 네 번째 사건부터 변화가 시작됩니다. 범행의 주기가 짧아집니다.

탐분수사로 '수사에 불붙었다.'

김복준 한 달 만에 다섯 번째 범행으로 가는데요. 1987년 2월 28일 오후 7시 30분이에요. 사건 현장은 반포면 마암리 소재의 농로인데 거의 동일한 지역입니다. 거기에서도 강창구가 미리 대기하고 있었습니다. 여기서부터 계속해서 이춘재 사건이 머릿속에 떠오르는데요. 이춘재 사건도 농로가 범행장소잖습니까? 피해자는 공주 시내에 있는 교회에 갔다가 시외버스를 타고 동네 입구의 도로변에 내려서 농로를 따라 귀가 중이던 57세 주부 서 씨입니다. 범행수법은 동일합니다. 멱살을 잡아서 논바닥에 패대기치고는 몸통에 올라타서 목을 졸라서 실신시킵니다. 그리고 실신한 서 씨를 논 가운데 쌓아둔 볏짚 더미로 끌고 가서 강간합니다. 강간한 후에는 손으로 목을 졸라서 살해합니다. 피해자가 '몸뻬' 바지를 입고 있었는데 바지주머니에서 현금 1만 6,800원을 꺼냅니다. 그리고 시신은 볏짚으로 덮어서 유기합니다. 강창구의 입장에서는 범행에 성공한 것일 수 있죠. 그런데 이번에는 유기한 시체가 바로 발견이 돼요. 그 논의 주인이 다음날 볏짚 나르는 작업을 했나봅니다. 그래서 3월 1일 오후 5시 경에 논 주인이 시신을 발견을 했는데, 다섯 번째 사건에서야 비로소 목에 남겨진 상처가 발견됩니다. 시신이 바로 발견되었기 때문에 찰과상을 발견할 수 있었던 겁니다. 팬티는 허벅지까지 내려진 상태였고 버선도 벗겨져 있었는데 부근에서 피해자의 가방과 소지품도 발견됩니다.

김윤희 저는 이 사건에서 주의를 끄는 부분이 있더라고요. 주기도 한 달이었고, 사건 현장도 산속이 아니라 농로, 즉 상당히 오픈된 장소이기도 하고요. 그전까지는 시체에 옷을 입혀두는 형태로 범행 현장을 정리했는데, 이 사건에서는 옷이 벗겨진 상태 그대로 두고 범행 현장을 떠났다는 것으로 미루어 봤을 때 범행 패턴이나 심리적 변화가 있었던 것 같았어요. 그런데 또 다시 주기가 짧아져요.

김복준 맞습니다. 한 달이에요.

배상훈 앞에서 살펴본 MO^Modus Operandi(범행수법)에서 이쪽 MO로 변화가 생겼어요. 과거에는 자기를 노출시키지 않았는데 자기를 노출시키는 형태로 변한 거죠. 이것 때문에 관련 연구를 진행하는 사람들의 고민이 깊어진 측면이 있습니다. 이 시기와 화성사건의 앞부분과 연관성을 계속해서 추적했던 분들도 실제로 있어요. 억측이지만 '뭔가 있는 것 아닌가?'하는 부분이 있잖아요.

김복준 이 두 사건은 기억이 아주 생생합니다. 범인이 화성에서 공주로 넘어간 게 아니냐는 말이 실제로 있었어요. 공주에서 발생했던 이 사건과 화성에서 탁구 선수였던 한 여학생이 수원에 가서 이력서를 낸 다음 친구를 만났고 집으로 돌아오는 길에 살해당했던 사건이 아주 유사했거든요. 범인이 피해자인 여학생을 볏짚을 쌓아둔 곳에서 강간을 하고 피해자가 착용하고 있던 목도리로 목을 졸라서 살해한 사건이었어요. 이춘재 연쇄살인사건 중의 한 사건과 지금 이야기하고 있는 다섯 번째 사건은 유사한 점이 많다 보니 혹시 '동일범의 소행이 아니냐?'는 말이 나왔던 것 같습니다. 사실 화성과 공주의 거리가 멀다고 하면 멀지만, 자동차로 이동했을 때에는 멀지 않다고 느낄 수도 있는 것이잖 아요. 아무튼 당시에는 상당한 논란이 있었습니다.

김윤희 사실 저는 범죄 심리를 공부하는 사람으로서 범인의 변화가 가장 궁금하거든요. 이춘재 연쇄살인사건의 초기 범행들을 유추해 볼 수도 있잖아요. 그래서 이 부분에 대한 연구들이 진행됐으면 좋지 않았을까 하는 생각을 하게 되더라고요.

배상훈 분명히 산에 매복해서 피해자들을 공격했던 범죄자가 어느 순간 갑자기 논이라고 하는 개활지로 나와서 피해자를 공격하는 방식으로 범행수법을 바꿨다는 것은 의미심장한 부분입니다.

김윤희 이 사람의 심리적인 변화에는 내부적인 요인도 있었겠지만, 공주라는 도시가 크지 않기 때문에 소문이 돌았을 것이라는 생각이 들었어요. 구체적인 증거는 발견되지 않았다고 하더라도, 탈출하셨던 분도 있고 소문도 돌고 있고 경찰도 움직임을 보이고 있었기 때문에 이로 인해 발생된 심리적 불안이 작용했을 것 같아요. 이런 것들이 복합적으로 작용해서 범행 주기가 짧아졌을 것이라는 추론도 가능하기 때문에 밝혀지지 않은 사건들이 있을지도 모른다는 생각을 떨쳐버릴 수가 없었어요. 수사기록이 남아있지 않은 것이 아쉬웠어요.

김복준 다시 설명을 드리겠지만, 강창구가 경찰의 수사상황을 지켜보고 있었습니다. 여섯 번째 범행은 시체가 발견되고 정확하게 한 달이 지난 1987년 4월 1일 오후 2시 경입니다. 다시 마티 고개로 돌아갑니다. 이춘재 사건에서도 사건 현장 주변을 왔다

갔다 하거든요. 이것도 이춘재 사건과 유사한 모습을 보이는데요. 마티 고개 7부 능선 숲속에서 숨어 있었습니다. 피해자는 당시에 공주에 살았던 분으로 47세의 이 씨입니다. 이분은 마티 고개 주변에서 포장마차를 차려 놓고 커피를 팔았다고 합니다. 자신의 포장마차로 가는 도중에 강창구의 표적이 되었어요. 범행수법은 똑같습니다. 먹살 잡아서 넘어뜨리고 목 졸라서 실신시킨 다음에 계곡 후미진 곳으로 끌고 가서 강간을 하고, 목을 졸라서 살해합니다. '몸뻬' 바지의 주머니에 있는 4만 4,900원을 절취하고 시체는 풀숲에 유기합니다. 여섯 번째 범행을 저질렀는데, 이 사건은 곧바로 가출신고를 했어요. 가족들이 보기에 마티 고개에 장사하러 나간 사람이 돌아오지 않았기 때문에 당연히 4월 2일에 가출신고를 합니다. 이때부터는 경찰도 긴장한 것 같습니다. 당일 오후 3시경부터 주민 50명과 함께 경찰이 마티 고개 정상 부근을 수색합니다. 수색 과정에서 시신이 발견되었는데, 발견된 시신은 포장마차에서 커피를 팔았던 이 씨가 아니라 그때까지 발견되지 않았던 네 번째 사건의 피해자인 김 씨의 변사체였어요. 그때 이미 안면이 심하게 부패된 상태로 가랑잎에 덮여 있었는데, 양초와 귤 등을 담았던 보따리를 발견해서 네 번째 피해자 김 씨로 특정했던 사건이 사실은 여섯 번째 사건의 피해자인 포장마차 주인 이 씨 때문에 시작된 수색에서 발견된 것이죠. 다음날 수색이 다시 시작됩니다. 경찰도 심상치 않다는 생각이 들었던 거죠. 다음날 10시 경에 ○○사 가는 길 1km지점 인근에서 가랑잎에 덮여 있던 피해자를 발견했어요. 눈언저리에 피멍이 들어 있었는데 실신시키려고 때렸던 것 같아요. 농로에서 발견된 시신과 마찬가지로 팬티가 허벅지까지 내려져 있었어요. 여기서 결정적인 증거가 발견되는데 팬티에서 범인의 음모가 나온 겁니다. 그리고 피해자가 저항하느라고 팔을 휘둘렀을 때 아마 범인이 피해자의 손가락을 이로 물었던 것 같아요. 피해자의 손에서 물린 상처가 발견됩니다. 이 사건을 계기로 본격적인 수사가 시작됐다고 볼 수 있습니다.

김윤희 60여 명의 강력반 형사 분들이 투입되었습니다. 60여 명이면 어마어마한 규모거든요.

김복준 형사가 60여 명이면 이미 공주경찰서에서 주관하는 사건이 아니었을 거예요. 공주경찰서는 당시에 형사가 5명 내외였을 겁니다. 60여 명 규모라고 하면 충남경찰청, 당시에는 충남경찰국이었는데 그곳에서 형사들이 지원되지 않았을까 싶어요.

김윤희 아주 중요한 사건이었다는 거죠.

김복준 그렇죠. 시체가 여기저기서 발견되었기 때문에 본격적인 수사가 시작됐어요. 그때 중요한 단서가 하나 나왔어요. 탐문수사를 진행하는 과정에서 ○○암의 주지 스님이 범인에 대한 이야기를 했어요. 형사들이 찾아가니까 그때서야 이야기를 하는 거예요. 탐문수사라는 것이 중요한 이유가 여기에 있어요. 의심스럽다고 생각해도 능동적으로 경찰을 찾아가서 진술을 하는 경우는 거의 없어요. 경찰이 찾아가서 물어보면 그때서야 말해 주거든요. 주지 스님도 공주에서 볼일을 보고 ○○암으로 돌아오려면 공주 시내에서 버스를 타고 오실 것 아니겠어요. 그런데 가끔 마티 고개 정상에서 내리는 사람이 있었다는 거예요. 그래서 물었더니 주로 검정색 옷을 입었고 오른쪽 눈이 사시인데, 키는 165cm, 나이는 30대 정도로 보였다는 겁니다.

배상훈 불공을 드리는 사람도 아니고, 특별한 이유도 없어 보이는 수상한 사람이었던 거죠. 이곳에는 작은 암자들이 많기 때문에 불자들이 불공드리러 와요. 그래서 주로 여성들이 보따리 같은 것을 들고 오는 것이 일반적인 모습이에요. 그런 곳에 검은 옷을 입은 남자 혼자 다녔기 때문에 눈에 띄었던 거죠.

김복준 게다가 특징적으로 오른쪽 눈이 사시라는 거죠. 경찰에서는 이런 경우에 '수사에 불 붙었다.'고 하는데요.

김윤희 그리고 이때부터 단순변사사건도 수집했어요.

김복준 여기서도 공주경찰서를 칭찬할 수는 없는데요. 이제 인상착의가 분명해진 것 아니겠습니까? 그래서 공주군 일대에 호구조사를 시작했어요. 공주 인근에는 가옥들이 밀집되어 있지 않고 듬성듬성 흩어져 있기 때문에 호구조사를 하기는 좋죠. 제가 경찰을 시작할 때만 해도 파출소에 배치 받은 순경들이 가장 하기 싫어하는 업무 중의 하나가 호구조사였어요. 방법은 간단해요. 호구조사 카드를 들고 담당하는 지역에 있는 집들을 일일이 방문해서 '안녕하세요. 김 순경입니다.'라고 말한 다음에 앉아서 '집에 식구가 누구누구예요? 이름이 뭐예요? TV는 있어요? 몇 인치예요? 어디 제품이에요? 냉장고는 있어요?'라고 물으면서 일일이 받아 적었던 것이 기억납니다. 그것을 호구조사라고 하는 거예요.

김윤희 당시에는 그렇게 조사하는 것에 대해 별다른 문제의식이 없었겠지만, 지금은 인권침해가 될 것 같아요.

김복준 지금은 정보공개와 관련해서 문제가 될 수 있죠. 당시에는 대부분 협조적으로 잘 해주셨어요. 당시에는 이장님과 함께 다니면서 이 집은 식구가 할머니 조○○ 여사시고, 할아버지는 김씨 성에 함자가 ○○이라고 말해 주고 TV는 ○○사의 제품이고 냉장고가 있는데 ○○사의 제품이라고 했던 기억이 생생합니다. 자전거 색깔이나 소를 몇 마리 기르는지, 그리고 소가 몇년생인지도 호구조사 항목에 들어가 있었거든요.

"언젠가는 잡으러 올 줄 알았다."

김복준 아무튼 수사를 진행하면서 호구조사까지 했는데 용의자를 발견하지 못했어요. 저는 경찰관의 의지에 따라서 사건이 좌지우지 된다는 생각을 가지고 있습니다. 강창구 사건의 해결에 절대적인 기여를 했던 신○○ 형사라는 분이 있습니다. 지금 말씀드리는 기록도 경찰청에는 존재하지 않았어요. 우리나라 과학수사의 선구자 역할을 하신 김○○ 분석관이 퇴직한 신○○ 형사를 찾아가서 그분의 사건기록 수첩으로 복원한 겁니다.

김윤희 그래서 제가 처음 듣는 이야기군요.

김복준 신○○ 형사의 본가가 사건 현장의 인근이었어요. 당시에 노모가 계셨는데, 하루는 집을 찾아가서 밥을 먹는데 어머니가 사건과 관계된 이야기를 해 주셨다고 합니다. '네가 지금 수사를 하고 다니는데, 사실 2년 전에도 이 사건과 비슷한 일이 있었다. 공주 우성면에 있는 목장에서 목부로 일하던 사람이 이웃 사람을 강간하고 다치게 해서 시끌시끌했다. 시골이니까 돈을 주고 합의했는지는 모르겠지만, 어쨌든 사건은 합의가 됐고 그 목부는 목장에서 쫓겨났는데 지금은 어디에서 사는지 모른다고 한다. 요즘 소문을 들었는데 나는 그 사건이 머리에 떠오르더라.'라고 말씀하셨는데 그 말을 들은 신○○ 형사가 그 목장을 찾아가죠. 목장 주인을 상대로 그런 일이 실제로 있었느냐고 물어봅니다. 그 일이 있었는데, 잘 합의해서 처리했다고 말합니다. 그 사람이 누구냐고 했더니 강창구였던 것입니다. ○○암 주지 스님이 말씀하신 키는 165정도, 나이는 30대, 사시 등 인상착의를 물어봤습니다. 그 중에서 사시는 아주 특징적인 것인데, 그것도 맞다고 대답합니다. 이때부터 이 사건은 검거 단계로 들어갑니다.

배상훈 근처에 은거하면서 범행을 저지르고 있는 강창구에 대해 구체적인 신원을 확인했네요.

김복준 그래서 강창구가 지금 어디 사는지를 찾는 거죠. 조금 전에 말씀 드렸지만 강창구가 보일러 미장을 하는 둘째 형과 같이 일을 했었고, 목장의 목부로도 일을 했었어요. 경찰은 강창구가 공주시내 옥룡동에서 둘째 형과 같이 사는 것을 확인하고 1987년 4월 6일 밤11시 40분경에 주거지를 급습합니다. 그때 강창구는 자고 있었어요. 경찰을 본 강창구가 아주 담담하게 "언젠가는 잡으러 올 줄 알았다."고 말합니다. 자백이나 마찬가지인 거죠. 신○○ 형사의 수첩에 나오는 이야기입니다. 그리고 순순히 따라 나왔는데, 범인들의 말을 들어보면, 검거된 후에 오히려 편안한 마음이 든다고 합니다. 강창구도 그랬던 것 같아요. 아이러니하게 현장에 있었던 형사 한 명이 강창구의 초등학교 동창이었다고 합니다.

김윤희 그렇게 검거가 되고 사건은 끝난 건가요?

김복준 검거되면서 '잡으러 올 줄 알았다.'고 말한 사람이 갑자기 범행을 부인하기 시작합니다. 부인한 이유는 직접적인 증거가 없다는 것이었어요. 강창구가 생각보다 교활한 사람입니다. 그래서 행적을 하나하나를 다시 따져본 거예요. '당신은 버스타고 자주 마티 고개 정상에서 내렸잖아요. 내려서 뭐했어요?' 이 부분을 집중적으로 추궁했고 결국 궁지에 몰려서 범행을 자백하게 됩니다. 그 시절의 수사에 대해서 저는 미루어 짐작되는 부분이 있습니다만, 어떤 수단을 사용했을지에 대해서 모두 말할 수는 없을 것 같습니다. 그럼에도 불구하고 자백을 한다고 해서 그것으로 끝나는 것이 아니에요. 자백을 뒷받침할 수 있는 증거가 반드시 필요하거든요. 그런데 자백 과정에서 증거와 관련된 진술 하나가 나왔어요. 강창구가 아무 준비 없이 그냥 범행을 하러 갔던 것은 아니었던 겁니다. 망치 자루로 사용하기 위해 개동백나무와 개박달나무를 50cm 길이로 자른 막대를 가지고 다녔다고 해요. 그런데 범행을 할 때에도 그것을 가지고 다니면서 피해자를 제압할 때 사용했다는 진술을 했어요. '당신, 그것을 어디에 버렸어?'라고 물었더니 순순히 '마티 고개 정상 부분에 버렸습니다.'라고 해서 경찰이 대대적으로 수색에 나섰고 결국 찾았어요. 범행을 뒷받침할 수 있는 증거로 망치 자루를 찾으면서 이 사건이 완성된 거죠.

김윤희 마지막 사건에서 발견되었던 음모가 있지 않았나요?

김복준 그것도 기여를 했던 것 같습니다.

배상훈 『살인의 추억』에 나온 미국에서의 분석 결과를 받아봤던 장면처럼 1987년이면 우리나라에 DNA분석 기술 자체가 없었기 때문에 DNA 분석은 기대할 수 없었을 겁니다. 거의 비슷한 시기였거든요. 만약 범행도구를 찾지 못했다면 이 사건의 결과도 애매할 수 있었는데 증거물을 확보했던 것은 정말 다행이었습니다.

김복준 저도 이춘재 연쇄살인사건 현장에 여러 번 파견을 나갔잖아요. 그 당시에 피해자의 청바지 같은 데서 좁쌀만한 정액 자국을 발견했어요. 그래서 국과수에 의뢰해서 DNA분석을 하려고 했는데 우리나라에는 분석기법이 없었잖아요. 정확하게는 DNA 분석 기법이 없었다기보다는 좁쌀 만한 정액 자국으로는 실험에 쓸 수 있을 정도의 시료를 확보할 수가 없었던 거예요. 한마디로 DNA를 증폭하는 기술이 없었어요. DNA를 증폭하는 기술만 있었다면 실험에도 사용하고 법정에서 증거자료로도 사용할 수 있었겠지만, 그것이 없어서 수사과정이 훨씬 어려웠습니다. 당연히 이때도 어려웠다고 봐야죠.

배상훈 시청자 분들께서는 증거가 있으면 끝나는 것 아닌가라고 생각하실 수도 있는데 이렇게 생각해 보시면 될 겁니다. 하나의

DNA를 찾기 위해서는 0.5g이 필요한데 시료는 0.55g이 있다고 했을 때, 0.5g을 사용했기 때문에 남은 것은 0.05g밖에 없습니다. 그런데 변호인 측에서 실험의 과정에 문제가 있다고 했을 때 0.05g으로는 실험을 재현할 수 없기 때문에 문제가 된다는 거예요. 실제로 제가 화학과를 졸업하고 나왔을 때인 1989년에 DNA증폭 기술의 개념이 확립되었고 기술의 도입이 검토되었던 기억이 납니다.

김복준　『살인의 추억』 영화에서는 DNA 감정의뢰를 미국으로 보낸 것으로 나오지만, 실제로는 일본으로 보냈었어요. 아무튼 이제 범행 동기를 살펴봐야 하는데, 범행 당시에 강창구의 나이는 30세입니다. 이미 절도 등으로 전과 3범이었어요. 학력은 공주 시내에 있는 중동초등학교 2학년 중퇴로 나와 있습니다. 둘째 형 집에 얹혀 살면서 공주 우성면에 있는 목장에서 목부 생활을 했었고요. 그때의 강간치상 사건 때문에 이 사건을 해결할 수 있었던 겁니다. 형의 미장일을 도우면서 건축 공사장에도 나갔고, 가정집 보일러에 고장이 생기면 수리를 하면서 생계를 이어갔던 것 같아요. 그 과정에서 범행을 저질렀습니다. 강창구는 태어날 때부터 오른쪽 눈이 사시였고, 간질병이 있었다고 합니다. 그리고 왼쪽 다리는 소아마비를 앓았다고 합니다. 강창구의 불행이 여기에서 시작된 것일지도 모르겠습니다. 강창구의 입장에서는 그런 생각이 들었겠죠. 조사과정에서 강창구가 '나는 어려서부터 평생 동안 '병신'이라는 놀림을 받았다.'는 이야기를 했다고 해요. 그리고 '병신이라는 놀림을 받았고 친한

친구가 단 한 사람도 없었다. 이 나이가 되도록 결혼도 못했다.'
고 말합니다. 이어서 아주 중요한 이야기를 해요. '특히 여자들
은 내가 쳐다보기만 해도 나를 피하고 달아났다. 아예 상대를
해주지 않았다. 그래서 나는 여자들을 증오해왔다.'는 이야기입
니다.

김윤희 사진을 봤는데 조금 무서운 인상의 얼굴이더라고요.

김복준 실제로도 그렇고 사진을 봐도 그런 느낌이 들어요. 분명한 것
은 강창구의 독특한 외모 때문에 검거가 수월했어요.

김윤희 사시라는 것이 굉장히 특징적인 면이잖아요. 주변을 탐색하는
과정에서 나왔던 증언들도 그렇고, 당시에는 사진기도 흔하지
않았기 때문에 누구라고 특정하는 것이 상당히 어려웠을 텐데
사시라는 명확한 특징을 가지고 있었기 때문에 비교적 수월하
게 검거할 수 있었다고 생각해요.

김복준 이 사건을 정리하면서 수사과정의 문제점을 말하지 않을 수 없
죠. 초기에 발생했던 3건의 강간 살인사건을 단순변사 처리했
던 것은 발전되지 못한 과학수사와 사건 정보의 전산화가 미흡
했던 문제 등을 종합적으로 고려한다고 하더라도 경찰 수사의
잘못을 지적할 수밖에 없는 일이고요. 수사과정에서도 몇 가지
이야기가 있습니다. 강창구의 초등학교 동창 3명이 공주경찰서
에서 경찰관으로 근무하고 있었다고 합니다. 제가 강창구를 교
활하다고 했잖아요. 강창구가 친구들을 수시로 불러냅니다. 그
리고는 '너희들이 이 사건 때문에 고생하는 것을 보니까 그 범
인이 빨리 잡혔으면 좋겠다.'라고 친구들을 생각하는 척하면

서 능청스럽게 이야기 했다고 합니다. 결국 강창구가 범인으로 밝혀진 다음에 친구 중의 한 명은 정말로 경악했는데 강창구가 그런 끔찍한 범행을 저지를 것이라고는 상상도 못했기 때문이라고 했습니다. 실제로 학교 다닐 때의 강창구는 가정형편은 어려웠지만, 착한 편이었고 다른 사람에게 피해를 입힐 행동을 하는 사람은 아니었다고 합니다. 다만, 가족관계를 보면 강창구의 어머니는 강창구가 어렸을 때 사망한 것 같고, 아버지는 한쪽 눈이 없는 장애를 가진 '사람이었다고 합니다.

범죄에 대비하는 하나의 작은 계기

김윤희 이 사건의 범행동기와 관련해서, 제가 이 사건에 집중하게 된 것은 포커스가 '성'이라는 것에 맞춰져 있었기 때문이거든요. 열등감이라든지 혹은 자신의 트라우마를 발산할 때는 각각의 특징들이 드러나기 마련이에요. 어떤 사람은 실제로 쾌락살인을 저지를 수 있고, 또 어떤 사람은 강도살인으로 표출되거나 방화로 표출될 수도 있는데 저는 강창구의 경우에는 그것이 '성'으로 발현됐다고 생각합니다. 어떻게 생각하세요?

배상훈 강창구의 범죄 행위는 전형적인 착취형 강간이라고 할 수 있어요. 일단 강력한 폭력을 행사한 다음에 의식이 없는 상태나 약간의 가사상태로 만든 다음에 강간하는 것을 착취형 강간이라고 해요. 특히 착취형 강간의 4가지 유형 중에서 아주 전형적으로 나타나는 유형이죠. 착취형 강간 중에서 얼굴을 못 보게 만들기 위해서 뒤에서 강간을 하는 형태가 간혹 나타나는데 강창구가 그와 같은 형태를 취했을 가능성이 있어요. 물론 사체를 확인하지 못했기 때문에 단언할 수는 없습니다만, 강간을 저지른 다음에 물속으로 끌고 가서 익사시키는 초기의 형태는 이와 같은 착취형 강간의 아주 뚜렷한 특징이기 때문입니다.

김복준 범죄학에서는 강간의 유형을 강간범이 상대방의 눈을 가리고 상대방을 쳐다보지 않고 강간하는 형태와 상대방이 눈을 뜨고 있어도 상관하지 않고 강간하는 형태 두 가지로 구분합니다. 강창구 같은 경우에는 성범죄를 목적으로 했다고 하기에는 어색한 부분이 있는 것 같아요. 여성들이 자신을 경멸하고 피하는 것에 대한 증오심이 일정 부분 포함되어 있다면 순전히 강간을 목적으로 하는 범행이라고 말할 수는 없을 것 같은데요.

배상훈 저는 그래서 착취형 강간이라고 생각합니다. 성적인 쾌락을 위한 행위가 아니라 강력하게 지배하려는 목적을 가진 행위라고 것이죠.

김윤희 강창구의 경우에는 증오와 성이 결합되어 있는데, 이때의 성은 단순히 성욕 때문에 강간을 하는 것이 아니라 자신의 존재라든지 자신의 힘을 과시하기 위해 강간하는 것이기 때문에 착취형 강간이라고 하는데요. 저는 실신시킨 행위에 큰 의미를 두고 있어요. 단순히 항거불능의 상태가 아니라, 실신한 상태에서 강간을 했다는 것은 성욕 자체보다는 성적인 방법으로 증오를 해소한다는 의미인 것 같아요. 동시에 성과 증오의 결합인 착취형 강간을 통해 자신의 트라우마를 해소했다고 생각해요.

배상훈 여기에서 보이는 강창구의 행위는 기본적으로 네크로필리아

Necrophilia라고 하는 '시신 강간'과 연결이 됩니다. 흔히 말하는 것처럼 완전히 통제한 다음에 꼼짝 못하는 상태에서 이루어지는 강간은 시신 강간과 명백히 분류가 달라집니다. 강창구의 방식은 정확히 말하면 상대에게 고통을 주는 방식으로 강간하는 것입니다. 착취형 강간을 통해 상대를 통제하는 것, 그리고 뒤에서 강간하면서 특정한 부위를 물어서 상대에게 고통을 주는 것, 이 두 가지가 동시에 이루어지는 것이 강창구의 방식일 것이라고 생각하거든요.

김윤희 결국 강창구도 사형선고를 받습니다.

김복준 맞습니다. 1990년 4월 17일 서울 구치소에서 사형이 집행됩니다. 안구와 콩팥을 기증하는 것으로 강창구 사건은 종료됩니다.

김윤희 이 사건은 이춘재 연쇄살인사건과 겹쳐서 보게 되는 것 같아요. 증오와 성의 결합이 성폭력, 즉 강간으로 발현되고 결국 살인으로 이어졌기 때문에 이 과정을 디테일하게 분석할 수 있었다면 이춘재 연쇄살인사건과도 연관해서 볼 수 있었을 것 같습니다. 하지만, 이만큼이라도 이 사건에 대해 기록을 남긴 김○○ 분석관께 감사한 마음이 듭니다.

배상훈 네, 여기에서 범죄를 왜 유형별로 분류해야 하는 이유가 나오는 것 같아요. 사건을 분류해서 연구해 두지 않으면 이와 비슷한 사건이 발생했을 때 제대로 대응할 수가 없다는 거예요. 그래서 역사라는 것도 중요하고 범죄사라는 것도 차곡차곡 정리해서 분석하는 것이 필요하다는 것입니다. 물론 강창구에게 희생당한 분들을 생각하면 안타깝지만 그 희생을 헛되게 하지 않기 위해서, 그리고 앞으로 이와 비슷한 희생이 나오지 않게 하기 위해서 연구하고 정리하는 것이 아주 작은 부분에 불과하다고 해도 우리의 사명이라고 보는 것입니다. 그래서 특정한 공간 은거형 강간범과 착취형 강간 살인범 유형에 대한 분석이 필요하고, 또한 이춘재 사건과 또 그후에 일어났던 다른 사건들에 대해서도 연구가 필요하다는 거죠.

김윤희 『대한민국 살인사건』에서 다루고 있는, 즉 범죄사적으로 의미가 있지만 잘 알려지지 않은 심영구나 강창구 사건을 저희가 다루는 이유는 그 이후에 일어난 사건들, 또는 현재 우리가 직면하고 있는 사건들을 새롭게 바라볼 수 있게 해주기 때문입니다. 이 자료들을 하나하나 모아서 현재의 사건들도 객관적이고 냉철하게 보게 되고, 또 미래의 범죄를 대비하는 작은 계기가 됐으면 합니다.

제6장

대한민국 최초의
여성 연쇄살인범,
김선자

충격적인 범행장소, 대중목욕탕과 시내버스

김윤희 지난 시간에 다루었던 심영구나 강창구와 달리 오늘의 주인공
은 아마 들어보셨을 거예요. 김선자, 대한민국의 최초 연쇄살인
범이라는 타이틀을 가지고 있는 사람입니다.

김복준 최초의 연쇄살인범이 아니라, 최초의 여성 연쇄살인범이죠. 그
것도 독극물을 사용하는 방법으로 연쇄살인사건을 저지른 연
쇄독살살인범입니다. 1986년 사건 당시에 김선자의 나이는
49세였어요. 서울 신당동에 살았는데 이 사람이 어떤 이유로
범행을 저질렀는지에 대해서는 차차 설명을 드리겠습니다.

김윤희 저희가 김선자를 다루게 된 이유는 말씀 드린 것처럼 '여성연
쇄살인범'이라는 것이 포커스입니다. 나중에 다룰 일명 '엄 여
인'이라고 하는 비슷한 부류의 연쇄살인범이 있는데 일반적으
로 연쇄살인범이 여성일 경우에는 주로 독극물이나 기타 약물
을 사용하는 것 같아요. 왜냐하면, 손 쉽게 살인할 수 있는 방법
이기 때문이겠죠. 사실 남성에 비해 체격이나 완력이 부족하기
때문에 독극물이나 약물을 사용하게 되는데 김선자의 경우에

는 여성연쇄살인범의 전형을 보여주는 사례라고 할 수 있을 것 같아요. 1986년 10월 31일에 첫 범죄가 이뤄지는데요. 범행 장소가 너무 충격적이었습니다. 대중목욕탕이죠.

김복준 네, 1986년 10월 31일 오전 10시입니다. 조금 전에 신당동에 살고 있었다고 했잖아요. 신당동에 살면서 이웃에 사는 친구에게 같이 목욕탕을 가자고 합니다. 증언에 따르면, 그날은 가을 햇빛이 눈부신 날이었다고 합니다. 그날 친구가 김선자를 따라서 목욕탕에 같이 갔는데, 목욕을 끝낸 친구가 옷을 갈아입는 도중에 탈의실에서 갑자기 쓰러집니다. 호흡곤란 증세를 보이면서 입에서 거품을 뿜는 거예요. 주변에 있던 사람들이 미처 손쓸 사이도 없이 즉사해 버립니다. 같이 목욕탕에 갔던 김선자는 당연히 무슨 일이냐고 소리 지르면서 사람들과 함께 난리를 쳤어요. 그런데 목욕탕에서 사망한 여성이 쓰러지기 전에 먹은 음식은 김선자가 전해 준 쌍화탕이었습니다. 쌍화탕 속에 독약, 이른바 청산가리를 넣어서 먹으라고 줬던 거죠. 그런데 이 사건을 보면 정말 답답합니다. 경찰이 사건 현장에 출동했어요. 현장을 살펴봤는데 특별히 의심 가는 정황을 찾지 못한 거예요. 그래서 '심장마비사'로 처리해 버렸어요.

김윤희 부검은 안 했나요?

김복준 부검도 안 했습니다.

배상훈 이 사건을 심장마비사로 처리했다는 것에 대해 의문을 가질 수는 있습니다. 그런데 과거의 사례들을 보면 목욕탕에서 갑자기 '돌연사'하는 경우가 심심치 않게 있었거든요. 아마 김선자가 거기까지 생각했을 수도 있는 생각이 듭니다. 김선자가 오랫동안 그런 생각을 가지고 그 생각을 실행했는데 결국 '아주머니가 심장마비로 죽었어.'라고 정리되는 상황을 떠올려보면 소름이 끼칩니다.

김복준 목욕탕에서 땀을 많이 흘리고 나왔는데 쓰러져서 심장마비로 사망하는 분들, 혹은 목욕탕의 뜨거운 물속에 있는 사람이 사망한 것도 모르다가 주변사람들이 나중에 발견하게 되는 경우도 많았거든요. 물론 이 경우는 상황이 다릅니다. 목욕을 마친 다음에 탈의실에서 옷을 갈아입는 도중에 건네 준 쌍화탕을 마셨는데 그 속에 청산가리가 섞여 있었던 것이니까요. 여기서 중요한 부분은 김선자가 그런 상황 속에서도 목걸이와 반지 등 귀금속 4점을 훔쳐서 빠져나갔다는 겁니다. 김선자에게는 이때가 청산가리 살인의 실험단계였던 것 같아요.

김윤희 귀금속 4점이 없어졌고 그렇게 돌아가실 분이 아니라는 유가족의 주장을 묵살했다는 말이 있더라고요.

배상훈 앞서 살펴본 사건들도 마찬가지지만, 1986년에는 일선 경찰서에 과학수사대가 출동하는 경우는 거의 없었어요.

김복준 일선 경찰서에는 과학수사대라는 것이 없었죠. 감식반이라고 해서 한 분이 가방 하나 들고 경찰서에 있는 정도였고요. 지금 생각하면 너무 아쉬운 것이 입에 흰 거품을 물고 갑자기 호흡곤란이 왔다고 하면 독극물 반응을 생각해 봤어야 하거든요. 지금 같으면 상식적인 것인데 아쉽습니다.

배상훈 그리고 청산염이라고 하면 냄새도 났을 겁니다.

김복준 아마 씻겼겠죠. 닦아주거나 씻겼을 겁니다.

배상훈 그러니까 쓰러지면 '왜 그래?'하면서 입 주위를 문지르는 거예요. 범행을 감추기 위해서 하는 행동인 거죠. 또 물을 마시게 하면서 자연스럽게 닦아냈을 수도 있어요.

김복준 이 사건에서 김선자는 청산가리를 먹이면 어떤 식으로 사망하는지, 사망에 이르기까지 어느 정도의 시간이 필요한 것인지를 테스트 했던 겁니다.

김윤희 분명히 적당한 양이라는 것이 있잖아요.

김복준 그렇죠. 나름대로는 그 부분에 대한 학습과 정확한 결과를 얻기 위해서 실험을 했던 것 같아요.

배상훈 너무 많은 양의 청산가리를 넣으면 쌍화탕 표면에 부유물이 보이고, 너무 적게 넣으면 죽지 않는 문제가 생기죠.

김복준 너무 많이 넣으면, 한 모금을 넘기는 순간 뱉어버립니다.

배상훈 네, 그 부분을 생각했던 것 같아요.

김윤희 그래서 냄새를 느끼지 못하도록 쌍화탕을 선택한 것이잖아요. 그리고 1987년 4월 4일, 첫 사건이 발생한 지 5개월이 지나자 다시 범죄를 저지릅니다.

김복준 이 사건의 현장은 용산역 근처의 시내버스 안이었습니다. 김선자와 같이 있던 50세의 여성인 전 씨가 시내버스 안에서 쓰러져요. 이 사건에서는 전 씨와 김선자의 관계를 의심하게 됩니다. 일단은 버스 안에서 쓰러진 전 씨도 김선자가 건넨 음료수를 마셨다는 것이에요. 물론 이 사실은 나중에 밝혀진 것입니다. 어쨌든 경찰이 출동을 했는데 이 사건도 돌연사로 처리됩니다. 김선자와 같이 계를 하는 계원이었던 전 씨를 김선자가 유인합니다. 김선자가 전 씨에게 700만 원 정도의 빚이 있었는데, 전 씨가 김선자에게 재촉했던 것 같아요. 김선자는 '내가 돈을 받을 곳이 있다. 나와 같이 그곳에 가서 돈을 받으면 그 돈으로 갚겠다.'라고 하면서 전 씨를 유인했어요. 버스를 타고 김선자가 말한 곳으로 가는 도중에 건넨 음료수를 마신 전 씨는 입에 거품을 물고 쓰러져서는 사망하게 됩니다.

김윤희 피해자의 핸드백이 사라졌는데 이 부분도 의심하지 않았어요.

김복준 전혀 의심을 하지 않았어요. 경찰에서는 특별한 증거가 없다고 해서 이 사건도 종결처리를 했어요. 첫 번째 시범 케이스 때는 신당동이었으니까 동대문경찰서인가요? 그렇죠? 이 사건은 용산역 근처니까 용산경찰서 관할입니다. 전에도 말씀 드렸지만, 이 시기에는 킥스(형사사법정보시스템, KICS)체계가 없었어요. 지금은 어디에서 무슨 사건이 일어났는지, 변사 사건의 목록, 그리고 의심스러운 사건들을 한데 모아서 볼 수 있잖아요. 그런 시스템이 없었던 시기입니다.

범죄의 극단, 아버지와 여동생을 살해하다.

배상훈 이 사건이 일어난 것이 1987년 4월이에요. 그해 봄에 '박종철 고문치사' 사건이 터져서 상당수의 강력계 형사들이 차출되었어요. 아마 중앙대 학생들의 시위가 있으면 용산경찰서에서도 강력계 형사들이 차출되었을 거예요.

김복준 네, 혼란스러운 시기였고 치안 공백이 생길 수박에 없었어요.

배상훈 변명을 하려는 것이 아니라, 실제로 어떤 사건이나 사고가 생겼을 때 강력계 형사들이 가장 많이 차출되었어요. 당시에는 검거조로 차출되었어요. 저는 그 영향도 있었다고 생각합니다.

김복준 저는 그 생각까지는 미처 못했는데 배 교수님께서 날카롭게 지적하시네요. 1987년이면 저도 대학교 앞 아니면, 광화문이나 명동에서 있었던 것 같아요.

배상훈 그렇죠. 강력계 베테랑 형사들이 그렇게 차출되어 있었기 때문에 치안의 공백이 생긴 거죠. 시내버스에서 갑자기 사람이 죽었다. 그것도 이제 겨우 50세의 여성이다. 사실 뭔가 이상하고 말이 안 되는 부분이잖아요. 그러면 수사를 했어야 하는데 그렇게 하지 못한 이유 중에는 당시의 시대적 상황이라는 문제도 있었다는 겁니다.

김복준 네, 맞습니다. 아무튼 용산경찰서의 형사 한 사람이 의심을 했던 것 같아요. 김선자라는 여자가 사망한 사람과 함께 버스에 타고 있었고, 조사를 하다보니 1986년 10월경에 목욕탕에서 이웃 여성이 사망할 때에도 김선자가 옆에 있었다는 것을 확인하고는 조금 이상하다고 생각했던 것 같아요. 그런데 방금 배 교수님께서 말씀 하신 것처럼 당시에 이 사람이 혼자서 사건을 모두 떠맡기에는 여력이 없었다고 해야겠죠?

배상훈 아마 부검을 하자고 주장하기도 어려웠을 거예요.

김복준 당시에는 치안 공백 상태가 심각했었기 때문에 부검을 하기 위해 절차를 밟는 것이 어려웠을 것 같아요.

김윤희 그렇게 다시 10개월이 지나고 이번에는 미수사건이 발생하게 됩니다. 1988년 2월 10일이죠.

김복준 이것은 올림픽 준비기간에 벌어진 실패한 사건이죠. 범행 상대
는 이웃 여성 김 씨입니다. 김 씨에게도 돈을 빌렸던 것 같습니
다. 빌린 돈이 120만 원인데 독촉을 받은 김선자가 어느 날 이
웃에 사는 김 씨를 찾아가서 '사실은 내가 불광동에 사는 어떤
사람한테 돈 빌려준 것이 있다. 당신이 나와 같이 가서 불광동
으로 가서 돈을 받으면 당신에게 그 돈을 주겠다.'고 말합니다.
김 씨는 돈을 돌려받을 욕심에 김선자와 같이 버스를 탔어요.
둘이 같이 약속장소까지 갔는데 아무리 기다려도 돈 준다는 사
람이 나타나지 않았던 거죠. 김선자가 돈을 빌려준 사람은 원
래부터 없었기 때문에 당연한 일이겠죠. 김선자는 그곳에서 본
인이 계획했던 범행을 실행했어요. '왜 이렇게 안 오지? 기다리
는 동안에 한 잔 마셔.'하고 율무차에 청산가리를 넣어서 김 씨
에게 줬는데 아마 양을 제대로 못 맞춘 것 같아요. 김선자의 계
획대로라면 율무차를 마신 김 씨가 쓰러졌어야 하지만, 김 씨
는 속이 매스껍고 토할 것 같다고 하면서 집에 돌아가야겠다
고 합니다. 아마 본인은 몹시 힘들었을 거예요. 집으로 돌아가
겠다는 김 씨에게 김선자가 함께 택시를 타고 가자고 해요. 택
시를 타고 가다가 갑자기 세우라고 하는 거죠. 그리고 속이 매
스껍고 어지러운데 잘 듣는 약을 사다줄 테니 잠깐만 기다리라
고 하면서 택시에서 내렸어요. 그런데 김 씨도 나름 눈치가 있
었던 것 같아요. 조금 전에 김선자가 건네준 율무차를 먹고 난
다음부터 속이 매스껍고 이상했는데 이번에는 택시를 세워서

약을 사오겠다고 했을 때 그 약은 절대 먹으면 안 될 것 같다는 느낌이 들었다고 해요. 그래서 김선자가 택시에서 내렸을 때 택시 기사님께 그냥 출발하라고 해서 곧장 집으로 돌아와 버렸어요. 그렇게 해서 이분은 살았어요. 공교롭게도 다음날 김선자가 김 씨를 찾아 집으로 옵니다. 불광동에서 돈도 받지도 못하고 돌아왔는데 정확하게 120만 원을 챙겨서 왔어요. 그리고는 '몸은 괜찮습니까? 여기 빌린 돈입니다.'라고 하면서 120만 원을 돌려준 거예요.

배상훈 아마 김선자는 김 씨를 떠보려고 했던 것 같아요. 만약 신고를 했으면 다른 조치를 취하려고 했는데 신고하지 않았기 때문에 돈을 갚는 것으로 상황이 종료된 거죠.

김윤희 저는 이 사건을 보면서 만약 직접 경험했다면 《사건의뢰》에서 의뢰를 받을 만한 사건이라는 생각이 들었어요. 만약 이런 상황이 나에게 생겼다고 했을 때 경찰서를 찾아가는 것도 망설여질 것 같아요. '그냥 속이 매스껍고 구토만 조금 했을 뿐인데 내가 너무 예민하게 구는 것은 아닌가?'라는 생각이 들 수도 있었을 것 같거든요. 아무튼 이분이 혹시나 하는 생각으로 경찰서를 찾았더라면 그 뒤에 이어지는 사건들은 벌어지지 않았을 것이라는 생각이 들었어요.

배상훈 아마 이 사건에서는 율무차도 문제가 되었을 거예요. 김선자가 화학에 대한 지식이 없었기 때문이기도 한데 청산염은 작용과정에서 율무차의 주성분인 녹말 성분을 만나면 약성이 차단돼 버려요. 쌍화탕의 경우에는 일종의 촉진제 역할을 하는데 반해 율무차는 차단제의 역할을 하게 되는 거죠. 그렇기 때문에 더 많은 양을 넣었어야 하는데 김선자는 그 정도의 양이면 충분할 것으로 생각했을 거예요. 그리고 김선자의 입장에서 이 사건은 굉장히 뼈아픈 실패로 여겨졌을 거예요. 이렇게 뼈아픈 실패를 경험하게 되면 극단으로 치닫는 경향이 있어요. 약물의 양을 늘려서 조금 더 확실한 방식을 선택하게 되고 범행수법이 훨씬 정교해지게 되는 거죠. 물론 살아남은 분의 입장에서는 굉장히 다행스러운 일입니다.

김윤희 살아남은 피해자 분은 동네 주민이었기 때문에 나중에 사건의 전말을 모두 알았을 것 아니에요. 그때 그분은 어떤 느낌이 들었으며 심정은 어땠을까요?

김복준 사건이 모두 해결된 다음에 알았다고 해요. 김선자가 검거되고 나서 경찰이 찾아와서 '그때 그런 일이 있었습니다.'라고 했을 때 엄청나게 놀랐겠죠. 그리고 끔찍했을 것이고요.

김윤희 '나도 당할 뻔했구나.'라는 생각에 정말 무서웠을 것 같아요.

김복준 그렇죠. 김선자가 내리고 택시기사 분께 '그냥 가세요.'라고 했던 그 순간이 생사를 결정한 선택이었던 거죠.

배상훈 저 여자가 나를 죽일 것이라는 생각은 못했겠지만, 뭔가 해코지를 하려는 것 같다는 정도로 생각했던 것 같아요. 사람의 육감이 참 대단하고 무서운 것 같습니다.

김윤희 네 번째 사건부터는 말씀하셨듯이 위기의식을 느끼면서 범행 대상을 무차별적으로 선택을 해요. 네 번째 사건은 재판에서 증거가 없었기 때문에 무죄판결을 받았지만, 저희가 사건에 넣었어요. 피해자는 김선자의 아버지입니다.

김복준 이 사건은 1988년 3월 27일 오후 두시 경에 동숭동 행 버스 안에서 발생했고, 피해자는 김선자의 아버지 김○○ 씨입니다. 아버지 김○○ 씨가 시외버스 안에서 사망하는데, 역시 그때도 김선자가 건네준 건강음료를 마셨습니다. 그때 김선자와 아버지는 친척의 회갑잔치에 다녀오는 길이었어요. 아버지를 왜 살해했을까에 대해 나중에 조사한 결과는 빚 때문이었다고 합니다. 시집간 딸인 김선자가 아버지께 받아간 300만 원은 빚이 잖아요. 그것 때문에 아버지를 살해한 겁니다. 이 경우에도 아버지인 김○○ 씨가 연세가 있고 옆에 있는 사람이 딸이었잖아요. 의심의 눈초리로 보지 않았겠죠. 그래서 이 사건도 병사로 처리를 하고 화장까지 해서 장례를 치르게 됩니다.

김윤희 화장을 했기 때문에 유골에서 증거가 나오지 않았던 거죠?

김복준 그래서 이 사건은 재판에서 무죄판결을 받습니다.

배상훈 증거 없음이죠. 실제로도 연세가 지긋하신 어른들이 동네에서 벌어진 잔치에서 약주 한 잔 하시다가 사망하는 경우가 적지 않거든요. 그렇기 때문에 이 상황에서 누군가를 의심하기는 어려운 상황이죠.

김복준 김선자의 교활함은 항상 이동하는 버스 안에서 공교롭게 사망하는 것처럼 계획하는 겁니다.

김윤희 과거에는 비포장도로가 많았기 때문에 멀미를 심하게 하는 사람들이 많았는데 그런 상황을 범죄에 이용했던 것 같습니다. 다섯 번째 범죄도 충격적입니다. 이번에는 여동생입니다.

김복준 김선자는 여동생에게도 1,000만 원의 채무가 있었어요. 1988년 4월 29일 김선자의 여동생이 어린이 대공원 후문을 지나는 버스 안에서 사망을 해요. 여동생은 당시 43세의 김○○ 씨에요. 김선자와 같이 버스를 타고 있었는데 역시 언니인 김선자가 건네 준 음료수를 마시고 사망했고요. 버스 안에서 사람이 갑자기 쓰러졌기 때문에 주변에 있던 사람들이 버스를 세우고 병원으로 이송을 합니다. 병원으로 이송하는 과정에서 목격자 진술이 있습니다. 재판기록을 보면, 자신의 친동생이 입에 거품을 물고 쓰러졌음에도 불구하고 김선자는 씨익 웃는 정도 외에는 아무런 표정의 변화가 없었다는 거예요. 실제로 동생이 이송된 병원에도 가지 않고, 동생이 들고 있던 가방과 자동차 키만 챙겨서 사라졌어요. 나중에 밝혀진 것이지만, 그 상황에서 김선자는 동생 집으로 가서 다이아몬드 반지와 귀금속 등 700만 원 상당의 물건을 훔쳤다고 합니다.

김윤희 아버지를 독살하고 나서, 여동생까지 독살한 것이잖아요. 여동생이 죽어가고 있는데 동생 집에 가서 다이아몬드 반지와 물건들을 훔치기까지 한 것은 충격적입니다.

김복준 현금도 1,000만 원 정도를 찾았다는 것으로 봐서 동생은 형편이 괜찮았던 것 같아요. 결과적으로는 김선자는 아버지에게 300만 원, 여동생에게 1,000만 원을 빌린 것 때문에 아버지와 친동생을 살해했다는 것인데요, 이것은 범죄의 극단이죠.

'왜 이 여자는 누가 죽을 때마다 옆에 있지?'

배상훈 김선자 사건에서 눈여겨 봐야하는 부분은 처음에 살해한 두 사람은 돈 거래를 했던 외부인, 즉 자기가 채무를 지고 있는 타인이라고 할 수 있습니다. 그런데 범죄의 대상이 왜 아버지와 여동생으로 급작스러운 진화를 보이냐는 것입니다. 당시에 김선자의 심리상태에는 어떤 변화가 있었는가를 중심에 두고 이 사건을 분석했더라면 '최초의 여성 연쇄살인범'이라는 타이틀에 부합하는 결과물을 남겼을 겁니다. 하지만, 아쉽게도 이 부분에 대한 기록은 없습니다. 이 사건과 관련된 기록을 찾아보면 '이때는 이미 살인에 중독되어 있었을 것이다. 그리고 다음부터는 물불을 가리지 않고 거침없이 살인했을 것이다.'는 정도까지는 나와 있는데 그 이상은 없는 것 같아요.

김복준 제 생각으로는 첫 번째 목욕탕에서는 시범 케이스로 살인해 봤던 것이고 두 번째는 버스 안에서 살해해 봤던 거죠. 첫 번째와 두 번째는 타인을 범행 대상으로 했다가 아버지와 여동생으로 범행 대상이 바뀐 이유는 주목 받지 않으려는 목적이 아닌가 싶어요. 두 번째 사건에서 용산경찰서의 형사가 김선자를 의심했었거든요. 물론 그 형사도 중도에 포기했어요. 어쨌거나 함께 있던 다른 사람이 사망했을 때에는 의심을 받았는데, 아버지를 살해하면서는 전혀 의심을 받지 않았거든요. 그래서 범행의 대상을 바꾸지 않았을까 하는 생각이 들어요.

김윤희 저도 비슷합니다. 범인이 위기의식을 느끼게 되면 범행의 패턴이 바뀌거든요. 여성 살인자들의 경우에는 자기가 선택할 수 있는 범행 대상도 실제로 그렇게 많지 않거든요. 일반적으로 여성 살인자들에 의해 희생된 사람들의 대부분은 가까운 지인 이거나 가족이에요.

배상훈 사회적 활동 공간이 좁기 때문이죠.

김윤희 아마도 당시에는 더더욱 여성의 사회적 활동 공간이 좁았겠죠. 동네 사람들 아니면 가족과 친지 정도일 거예요.

배상훈 미국에서도 여성 연쇄살인범들은 주로 주변에서 범행을 해요.

김윤희 그렇기 때문에 저도 주목을 받지 않기 위한 선택이라고 생각해 요. 그리고 '어떻게 딸이 아버지를 죽여.' '어떻게 언니가 동생 을 죽여.'라는 사회적 인식이 있잖아요.

김복준 누구도 상상할 수 없는 것이었고, 당연히 경찰도 의심하지 않 았거든요. 버스에 같이 타고 있었잖아요. 바로 옆에서 '아버지! 아버지!'하면서 아마 난리를 쳤겠죠. 그리고 상황이 정리되고 나면 얼굴을 바꿨겠죠.

배상훈 그래서 범행 대상이 타인에서 가족으로, 즉 특별하게 진화된 관계의 측면은 향후에 발생할 수 있는 여성 범죄자들의 행동이 나 범행패턴에 대한 기초 자료라고 할 수 있어요.

김복준 그래서 이 사건이 의미가 있는 것 같아요.

배상훈 우리 사회에서 여성의 사회적 환경이나 활동 공간이 확대되었 기 때문에 기존에는 없었던 '여성에 의한 공격'도 증가할 것이 라고 생각해요. 이 문제는 여성에 대한 비하나 공격의 의미는 아니에요. 범죄자가 되는 것과 성의 구분은 아무런 상관성이 없거든요. 그 부분에 대해서 기초적인 연구 자료가 필요했는데 이 사건을 통해서 부실했던 부분이 드러나는 것 같아요.

김윤희 저는 만약 지금의 시점에서 '여성 연쇄살인범'이 출현한다면 당시의 시대적 배경에서 출현했던 여성 연쇄살인범과는 패턴이 다를 것이라고 생각해요. 사회적 배경이라든지 성장 환경이 달라졌기 때문입니다. 이와 관련된 데이터가 조금만 더 있었다면 대한민국의 사회적 상황이나 환경, 그리고 개인적 성향까지도 반영해서 동시에 관찰할 수 있었을 것 같아요.

배상훈 미국에서는 소형 총기, 즉 손 안에 들어가는 여성용 피스톨을 이용한 살인사건이 많았어요.

김윤희 아버지와 동생 다음에는 친척입니다. 친척이기는 한데 먼 친척이에요.

배상훈 이미 자신감을 얻었던 것 같아요. 이때부터는 거침이 없어요.

김복준 이미 아버지와 친동생을 살해했는데, 그 다음부터는 자기 주변에 있는 사람이라고 해서 망설일 이유가 없잖아요? 김선자 자신이 누구라도 살해할 수 있는 환경을 조성한 거죠.

배상훈 이제는 청산가리의 농도도 정확하게 알았을 거예요.

김윤희 날짜가 의미심장했어요. 1988년 8월 8일이에요.

김복준 1988년 8월 8일 오후 두 시인데 사건 현장은 이번에도 버스예요. 버스 안에서 살해했는데 김선자의 12촌 시누이라고 해요. 12촌이면 거의 남 아닌가요?

배상훈 거의 남이에요. 그런데 아마도 돈 거래가 있었기 때문에 친분이 있었던 것 같아요.

김복준 그렇습니다. 돈 거래가 있었고요. 손 씨예요. 김선자가 정확하게 보이기 위해서 일부러 끝자리까지 붙였을 것 같아요. 내가 집을 사는데 484만원이 부족하다. 이 돈은 섭섭지 않은 이자도 주겠다고 했거나 그 집을 사면 집값이 상당히 오를 것이기 때문에 일정한 보상을 하겠다고 말해서 유인을 했던 것 같아요. 김선자와 손 씨가 만나서 차용증을 씁니다. 12촌은 남이나 마찬가지이기 때문에 차용증을 썼을 것이고, 김선자는 채무자가 된 거죠. 그리고 버스를 탔어요. 지금은 내가 484만 원을 빌렸지만 다음에 내가 산 집이 오르면 이자를 얹어서 주겠다는 등의 이야기를 했겠죠. 버스를 타고 집으로 가는 도중에 역시 김선자가 권하는 독극물이 든 음료를 마시고 사망해요.

김윤희 이 사건은 부검을 했죠.

김복준 네, 부검을 합니다. 경찰에서 부검을 했는데, 독극물의 정체는 청산가리였습니다.

배상훈 이 사건에서 김선자가 실수를 합니다. 사건이 발생한 곳이 서빙고였어요. 용산경찰서 관할이죠.

김복준 맞습니다. 그 전에도 용산경찰서의 한 형사가 이상하다는 생각을 했어요. '버스 안에서 누군가가 죽었을 때 이 여자가 옆에 있었는데, 알고 보니 전에 목욕탕에서 누군가가 죽었을 때도 옆에 있었던 여자네. 왜 이 여자는 누가 죽을 때마다 옆에 있는 거지?'라는 생각을 했었잖아요. 이번에도 버스 안에서 누군가가 죽었을 때 또 이 여자가 있었다는 거죠. 사람이 죽는 곳, 그것도 사람이 갑자기 죽는 곳마다 김선자가 있었다는 말인 거죠. 그래서 부검을 했더니 사인이 청산가리 중독으로 나온 거예요. 청산가리에 대해 조금 설명을 드리자면, 히틀러가 아우슈비츠에서 유대인을 집단 학살할 때 사용했던 독가스가 시안화칼륨이에요. 이것을 일반적으로 청산가리라고 부릅니다. 이 청산가리의 특성이 물에 잘 녹아요. 그리고 복용을 하면 몸에 흡수되면서 독립적인 상태로 있을 때와는 아주 다르게 작용한다고 합니다. 사람의 몸에 들어가면 산화되면서 시안화수소가 생성됩니다. 유대인들 살해한 것이 바로 이 시안화수소가스에요. 0.25g만 복용해도 바로 즉사한다는 맹독성 물질입니다. 어쨌든 부검에서 청산가리 반응이 나왔고, 이를 바탕으로 김선자를 추궁했던 거죠.

배상훈 청산염은 맹독성 물질임에도 불구하고 산업용으로 사용되기 때문에 대장간이나 도금 공장 같은 곳에서 쉽게 구할 수 있습니다. 사실 이 부분에 맹점이 있는 거죠. 맹독성 물질을 쉽게 구할 수 있다는 것이 말이 되냐는 거죠. 가정주부가 쉽게 구할 수 있을 정도로 관리체계가 허술한 거죠.

김복준 용산경찰서에서 형사 한 사람이 전담을 했어요. 하지만 실제로 단서는 하나밖에 없었어요. 공교롭게 왜 당신이 죽은 사람들 옆에 있었느냐는 것과 그 중에 한 사람을 부검했는데 청산가리 중독이었다는 것으로 김선자를 다그쳤겠죠.

김윤희 심문 과정에서 증거를 대지 않으면 가만히 두지 않겠다고 김선자가 난리를 쳤다고 해요.

범행동기는 과도한 채무, 범행을 부인한 이유는?

김복준 아주 괴로웠을 겁니다. 일단 김선자의 집을 압수수색하게 되죠. 압수수색 전에 중요한 일이 있었어요. 여러 사람이 사망했잖아요. 아버지는 화장을 해서 결과적으로 증거 없이 종결됐지만, 다행스럽게도 나머지 분들은 매장을 했어요. 만약 사망한 사람들을 전부 화장했다면 무죄가 되었을 수도 있었습니다. 이미 매장한 사람을 파묘하고 재부검하는 것은 결코 쉬운 일이 아니에요. 저는 여러 가지 어려움에도 불구하고 재부검의 필요성을 인정하고 영장을 청구해준 검사가 정말 대단하다고 생각해요.

배상훈 그래도 저는 형사가 정말 대단했다는 생각이 듭니다.

김윤희 지금과는 부검을 바라보는 시각도 상당히 다르지 않았나요? 1980년대, 아니 1990년대 초까지만 해도 부검을 한다는 것에 대해 유가족들은 두 번 죽이는 일이라고 해서 거의 반대했어요. 물론 지금도 그런 분들이 있기는 해요. 하지만 요즘에는 진실은 밝혀야 한다고 생각하는 쪽이 더 많은 것 같은데 과거에는 진실보다 죽은 사람을 편히 보내는 것이 산 사람의 역할이라고 생각해서 부검을 반대했던 거죠. 부검에 대한 편견이 심했던 당시의 분위기 속에서도 유가족 분들이 부검에 동의를 해주신 것은 대단하다고 생각해요.

배상훈 멀쩡하던 사람이 갑자기 죽었기 때문에 당연히 궁금했겠죠.

김복준 공교롭게도 김선자가 사람들이 사망했던 장소에 같이 있었고 마지막으로 사망했던 12촌 시누이를 부검했더니 독극물인 청산가리가 나왔다는 사실을 말하면서 설득을 했을 거예요.

김윤희 4명 중에 3명의 몸에서 청산가리가 검출되었다고 하더라고요.

김복준 그렇습니다. 청산가리가 검출되었습니다.

김윤희 첫 번째 시체에서는 검출되지 않았습니다. 그런데 청산가리가 가장 오랫동안 시체에 남아있는 독극물이라고 하더라고요.

김복준 맞습니다. 부패한 시신 속에서 가장 오랫동안 보존되는 것이 청산가리라고 해요. 아무튼 형사 입장에서는 김선자가 범인이라는 것이 너무나 분명했을 겁니다. 그런데 김선자는 증거를 대지 못하면 가만 두지 않겠다고 난리를 쳤다고 합니다. 그래서 압수수색을 합니다. 그때 그곳에 갔던 여경들이 여기저기를 뒤져보는 거죠. 찾는 것은 오직 청산가리 하나밖에 없었어요. 그런데 못 찾았어요. 집안을 구석구석 이 잡듯이 뒤졌는데 없었어요. 그런데 여경 한 분이 화장실 기둥에 구멍이 하나 뚫려있는 것을 발견합니다. 이상하다는 생각이 들어서 그 구멍에 손을 넣어봤어요. 그랬더니 신문지에 돌돌 말린 있는 것이 있어서 펼쳤더니 거기에 청산염이 있었다고 합니다. 20g이 발견되었는데, 아마 밤톨만한 크기의 청산가리였을 겁니다. 20g이면 어마어마한 양입니다.

배상훈 행운이 따랐다고 해야겠죠. 압수수색을 할 때까지도 그곳에 뒀을 것이라고는 생각하지 못했을 거예요. 압수수색에 여경들을 투입한 이유는 여성들의 소지품이나 장신구, 위생용품과 관련된 것들을 살펴야 하기 때문이거든요. 만약에 행운이 따르지 않았으면 발견하는 것이 쉽지 않았을 거예요.

김윤희 압수수색 과정에서 핸드백, 다이아몬드 반지, 수표, 통장 등이 나왔어요.

김복준 네, 그 모든 것들이 다 나왔어요. 저는 이렇게 생각해요. 그때 수색에 나왔던 경찰이 여성이 아니었으면 화장실 기둥에 있는 그 구멍을 발견하지 못했을 거예요. 남성 경찰은 그 구멍을 찾기가 어려웠을 것 같아요. 저는 김선자가 천벌을 받았다고 봐요. 여성 소지품이나 속옷 같은 것을 남성들이 뒤적거리는 일에 부담을 느꼈기 때문에 여경을 투입했을 겁니다. 그 당시에는 여경의 수가 많지도 않았어요. 한 경찰서에 한두 명 정도 있었을 거예요. 저는 이것이 천벌이라고 생각합니다.

김윤희 저희가 프로파일러로 현장에 갔을 때도 사실 그런 부분이 있었어요. 여성 속옷, 브래지어나 슬립, 란제리 같은 것들이 있잖아요. 남성분들은 부담스럽기도 했겠지만, 속옷의 기능이나 구조에 대한 정보 같은 것을 잘 모르시더라고요.

배상훈 그렇죠. 속옷의 어느 부분에 물건을 숨겨둘 수 있다는 것을 남성들은 모르지만, 여성들은 알고 있는 거죠.

김윤희 피해자가 여성일 경우에는 피해자의 생활패턴에 대해 아무래도 여성이 잘 아는 부분이 있기 때문에 그런 부분도 많이 물어보세요. 그리고 범죄자들 중에는 생리대 속에 이상한 것을 넣는 사람들도 있거든요. 생리기간도 아닌데 왜 생리대를 가지고 다닐까를 이해하지 못하시더라고요. 일반적으로 여자들은 생리기간이 아니어도 가지고 다니거든요. 그런 부분들을 알려드리면 '아, 그렇구나.'하는 것도 있어서 프로파일러나 수사관 중에 여성들이 필요하다고 생각해요.

김복준 저는 당시에 여경들을 대동해서 수사지휘한 수사과장도 대단
하다는 생각이 들어요.

배상훈 그렇죠. 이 사건은 반드시 해결해야겠다는 의지나 오기, 결의
같은 것이 없었으면 할 수 없는 일이죠. 김선자는 청산염을 친
척 조카를 통해서 구했어요. 이 정도 양의 청산염에 대한 기록
이 어디에도 남아 있지 않다는 것은 정말 황당한 일이에요.

김복준 조카가 화공약품 회사에 다녔나 봐요. 용도에 대해서는 꿩을
잡는다고 이야기 했어요. 일명 '싸이나'라고 하잖아요. 이 청산
가리를 콩에다 섞어서 꿩이 다니는 길목에 놔두면 그것을 먹고
꿩이 죽잖아요.

김윤희 그리고 재판을 받습니다. 김선자는 재판을 받는 중에도 처음부
터 끝까지 모든 범행을 부인합니다.

김복준 1997년 12월 30일 우리나라에서 마지막으로 사형이 집행되었
던 날입니다. 개인적으로 저는 이날을 잊지 못하고 있어요. 제
가 담당했던 의정부 김○○ 순경 총기살인 사건의 범인인 김○
○ 순경에 대한 사형집행이 1997년 12월 30일에 있었어요. 제
가 담당형사였습니다. 그날 이후로 지금까지 우리나라에서는
사형이 집행되지 않고 있죠. 모두 22명의 사형집행이 있었는데
김선자는 사형이 집행되기 직전까지도 무죄를 주장했습니다.
저는 그 상황을 이해할 수가 없었거든요.

살인의 동기는 '살인 그 자체'

김윤희 시종일관 무죄를 주장했기 때문에 범행동기에 대해서는 정확

하게 알려진 부분이 없고 추정할 수 밖에 없을 것 같아요.

김복준 아, 제가 그 부분에 대한 설명을 빠트렸네요. 결국은 채무, 과도한 채무가 범행 동기입니다. 김선자가 카바레를 다녔다고 해요.

배상훈 카바레는 클럽의 원조라고 해야 하나요.

김복준 클럽은 젊은 층이 가는 곳이고 카바레의 주요 고객은 유부녀, 유부남이죠. 당시에 카바레에는 '제비'라고 해서 가정주부들을 유혹해서 살아가는 전문 춤꾼들이 있었어요. 시장바구니 들고 집을 나와서는 카바레 입구에 맡겨놓고 제비와 춤을 추고, 또 그것이 외도로 이어지기도 했어요. 김선자는 카바레 다니면서 춤도 추고 제비들도 만났기 때문에 상당한 비용이 필요했을 겁니다. 그 비용을 충당하기 위해서 도박에도 손을 대기 시작했어요. 도박에는 승자가 없습니다. 모두가 패자가 됩니다. 그 상황에서 주변에서 빌릴 수 있는 돈은 모두 빌렸던 것으로 보입니다. 아버지, 동생, 친척, 이웃 주민 등 자기가 살해했던 사람들 모두에게 돈을 빌려 쓴 거예요. 돈을 갚으라는 독촉에 시달렸지만, 갚을 능력도 부족했어요. 채무에서 벗어날 목적으로 살인을 했고, 더 나아가서는 자기가 살인한 사람들의 재물을 훔칠 목적으로 살인을 했던 것으로 밝혀져 있어요.

배상훈 김선자를 최초의 여성 연쇄살인범이라고 하는 것은 처음에는 채무 면탈을 목적으로 살인을 했는데, 그 과정에서 살인에 중독되었기 때문인 것 같아요. 살인이 다음 살인을 부르는 상태가 되었기 때문에 실제로 살인의 동기는 살인 그 자체라고 해야 할 것 같아요. 김선자 사건이 만약에 돈을 목적으로 한두 사람을 죽인 사건이었다면 과거에도 비슷한 사건들이 있었을 거예요. 그런데 김선자를 최초의 여성 연쇄살인범이라고 부르는 이유는 어느 순간부터는 스스로 살인 자체에 중독되었는데, 본인은 그 사실을 전혀 인정하지 않았기 때문입니다.

김복준 김윤희 프로파일러께 묻고 싶은 것이 있어요. 일선 현장에서 근무하다 보면 수집한 증거만으로도 명백한데 자신의 무죄를 주장하는 사람이 있어요. 어느 날 그 사람이 유서를 써 놓고 죽어버려요. 유서 내용에는 절대 본인이 한 행동이 아니며 너무 억울하다고 적어뒀어요. 주변에서는 경찰이 억울한 사람을 죽였다고 비난을 하는 경우가 있거든요. 우리는 과학적인 수사를 통해 명백하게 그 사람의 말이 거짓이라고 밝혔음에도 불구하고 유서를 쓰고 죽어버리면 주변의 동료들까지도 죽으면서 거짓말을 하겠느냐고 하는데요. 도대체 이렇게 행동하는 사람들의 심리는 어떤 겁니까?

김윤희 사람마다 자신이 가장 중요하게 여기는 가치가 있어요. 어떤 사람은 자기 생명인 경우도 있겠지만 어떤 사람은 자신이 어떻게 보이느냐를 목숨보다 중요하게 생각하는 사람들이 있거든요. 허세와 관련되어 있는 부분인데 내가 다른 사람에게 어떻게 보이느냐가 그 무엇보다 중요한 사람들이거든요. 자기가 죽으면서까지 남을 속이는 과정이기 때문에 저는 이것도 어떻게 보면 연극성 성격장애의 일부분이라고 생각하거든요. 그 사람들은 일반적으로 한 편의 연극처럼 살아가는 거예요. 그래서 허세가 있고 자기를 사랑해요. 누군가가 자기를 일상적으로 대해도 자기를 무시했다고 생각해서 격하게 반응하고 감정적인 대응을 하는 스타일이 있는데 이것을 성격장애라고는 하는 거죠. 그 유서를 남기고 죽은 사람은 그 행위까지도 하나의 연극이라고 생각하는 거예요. 실제로는 내가 그 사람을 죽였지만 '너희들은 내 연극에 참여하는 거야.'라는 생각을 해요. 자신이 만들어 놓은 세상, 자신이 주인공인 각본 속에서 죽음은 다른 사람들을 속이는 하나의 행위일 뿐이에요. 의심도 받지만 동정심도 받게 되죠. 무엇보다 주목을 받게 되는 것이잖아요.

배상훈 그 사람에게 죽음은 중요한 게 아니에요. 생명이 가장 중요하다는 것은 일반적인 상식이고, 그런 부류의 존재들에게 생명은 하나의 수단일 뿐이죠.

김복준 김선자는 사치가 심했다고 해요. 귀금속으로 치장을 하고 그 모습을 다른 사람들에게 과시하는 행동이 지나쳤던 것 같아요.

김윤희 도박에도 빠졌다고 했잖아요. 이 사람이 살인에도 중독되었다고 했는데 아마도 김선자라는 사람은 '중독'에 잘 빠져드는 특성을 가졌던 것으로 보여요. 현실에 만족하지 못하고 상상과 공상에 빠져서 살아가는 사람들, 그리고 소위 말하는 '한탕'을 노리는 사람들이 중독에 잘 빠지거든요.

배상훈 주목받고 싶었겠죠. 그리고 어떻게 보면 살인을 통해 손쉽게 주목을 받게 되었어요. 혐의를 부인하면서 계속해서 형사들의 주목을 받고 있잖아요. 형사들이 어르고 달래면서 살인을 인정하라고 했을 거예요. 그 상황 속에서 김선자는 어떤 생각을 가졌을까요? 아마도 '잘 되고 있어. 이거 재미있는데?'라고 생각했을 것 같아요. 그 상황에서 자신의 잘못을 인정하는 것은 그 냥 평범한 사람으로 돌아가는 것이라고 생각했을 것 같아요.

김복준 게임에서 진다고 생각했다는 것인가요?

배상훈 그렇죠. 저는 김선자를 연쇄살인범이라고 부르는 것도 바로 그 것 때문이라고 생각해요. 단지 채무 면탈을 위한 살인은 이전 에도 있었어요. 하지만, 김선자 같은 경우는 없었잖아요.

김윤희 처음부터 끝까지 부인으로 일관했기 때문에 자신을 인터뷰 할 때에도 그 부분은 말하지 않았을 거예요. 기록으로 남겨진 것 이 거의 없기 때문에 김선자가 어떻게 연쇄살인범이 되었는지 에 대한 과정이나 어떤 환경에서 허세와 자기애를 갖게 되었는 지에 대한 것도 알 수가 없어요.

배상훈 이 사람을 촉발시킨 것이 무엇인지에 대한 의문을 해결해야 이 와 같은 비극을 막을 수 있다고 생각하거든요. 지금 우리 시대 에도 돈 때문에 사람을 죽이는 사람들은 있어요. 하지만 그 이 후에 중독에 빠져드는 것은 무엇 때문인지, 또 살인에 대한 각 성에 이르게 되는 것은 무엇 때문인지를 밝혀야 하는데 우리에 게는 최소한의 자료도 남아 있지 않아요.

김복준 간접적인 기록이라도 있어야 하는데요. 수감 생활 도중에 가족 이나 지인들이 면회를 오면 교도소 내에서 면회 기록을 작성합 니다. 그 기록이 나중에는 수사자료로도 활용이 되고 추후에는 연구자료로 남게 됩니다. 김선자에게는 자녀들이 있었지만, 자 녀들의 입장에서도 할아버지와 이모, 그리고 친척과 이웃을 살 해한 희대에 살인범이기 때문에 가족의 면회조차 없었던 것 같

습니다. 면회 기록마저도 존재하지 않는 것이 김선자에 대한
자료수집의 한계를 보여주는 것 같습니다.

김윤희 지금까지는 모두 남성 살인범을 다뤘어요. 김선자는 여성 연쇄
살인범이기도 하지만, 동시에 가족까지 살해한 살인범이었기
때문에 살펴보게 됐습니다.

제7장

여성 사이코패스의 대명사,
'엄 여인'

PCLR 검사 40점 만점의 진실

김윤희 지난번에 대한민국 최초의 여성 연쇄살인범 김선자에 대해서 다뤘잖아요. '엄 여인'을 다뤄줬으면 좋겠다는 의견이 많았어요.

김복준 이름 말하죠. 엄인숙입니다.

배상훈 김선자와 '엄 여인'은 세계적으로도 드물 것 같아요.

김윤희 사망자가 세 명이고 부상자가 네 명이잖아요.

김복준 부상자도 그냥 부상자가 아닙니다. 실명입니다.

배상훈 '노예화 시키는 실명'이라는 형태로 표현할 수 있는 정도이기 때문에 이것은 어디가 찢어지거나 부러진 정도는 아닌 거죠.

김윤희 엄인숙이 알려진 계기는 『그것이 알고 싶다』 '사이코패스, 그들은 누구인가?' 편에 나오면서 '저 사람이 누구지?'라는 호기심을 불러일으켰고 관심이 높아졌다는 것인데요. 남편, 가족을 살해하면서 동시에 유래를 찾기 어려운 수법을 사용했던 소위 '희대의 살인마'라고 부를 수 있죠.

배상훈 일반적으로 사이코패스라고 했을 때, 유전적으로 가까운 사람은 공격하지 않는다는 것이 일반적이에요. 엄인숙의 경우에는 오히려 자신의 혈연을 공격했기 때문에 이런 사례는 아주 드물어요.

김복준 그리고 엄인숙에 대한 오해가 있어요. 어느 순간부터 엄인숙이 PCLR 검사, 즉 사이코패스 검사에서 40점 만점에 40점을 받았다는 말이 떠돌기 시작했습니다. 그런데 실질적으로 대한민국에 PCLR 검사가 도입된 것은 2005년 이후일 겁니다. 엄인숙 사건은 2000년에 일어났던 사건이기 때문에 엄인숙은 PCLR 검사를 받지 않았을 겁니다.

김윤희 여기서 PCLR 검사에 대해서 간략하게 설명을 드리자면, 사이코패스를 진단하는 전문적인 검사라고 생각하시면 될 것 같아요. 20개 항목이고, 만점은 40점으로 보시면 됩니다. 일반적으로는 자신이 직접 체크를 하는 심리검사가 많은데 PCLR 검사는 전문가가 면담을 통해서 진단을 하는 검사입니다.

배상훈 조금만 보충해서 말씀드리면, 한림대학교 조은경 교수님이 아마도 PCLR 검사의 대한민국 버전을 만들었고, PCLR 검사를 진행할 수 있는 전문자격을 가진 제자들을 양성하셨어요. 그리고 저희도 2007년 이후에 PCLR 검사를 교육받고 도입했기 때문에 이전 사건에서는 PCLR 검사가 없었다고 봐야 합니다. PCLR 검사가 앙케이트 조사처럼 자기 기입의 방식으로 이루어진다고 생각하시는 것도 착각입니다. 이 검사는 세 번에 걸쳐서 합니다. 전 검사, 본 검사, 후 검사를 하는데 이것도 평가자가 피평가자를 직접 평가하는 방식이기 때문에 엄인숙이 PCLR 검사에서 40점을 받았다는 이야기는 일종의 넌센스입니다.

김복준 옳은 말씀입니다. 모 프로그램에서 나왔던 이야기 같아요. 그래서 어느 순간부터 40점 만점에 40점이라는 이야기가 퍼졌던 것 같습니다. 그리고 PCLR 검사와 관련해서 아주 널리 알려진 오류가 또 하나 있어요. 유영철은 PCLR 검사를 했어요. 40점 만점에 34점이라는 이야기가 있는데 실제로는 28점입니다. 그 당시에 유영철을 수사했던 수사관을 통해 여러 번 확인한 내용이기 때문에 아마 정확할 겁니다.

배상훈 저도 유영철은 28점으로 알고 있습니다.

김윤희 이런 말들이 떠도는 것은 방송을 통해 사이코패스에 관한 이야기가 부각되고, 그 이야기를 사람들이 인상적으로 받아들였기 때문이라는 생각이 들었어요. 사이코패스에 대한 근거 없는 소문들이 떠도는 과정에서 PCLR 검사에 대한 점수가 부풀려진 것 같거든요. 아무튼 엄인숙 사건을 다루면서 사이코패스에 대해서도 자세하게 이야기를 나눠봐야 할 것 같습니다.

배상훈 PCLR 검사와 관련해서 중요한 전제가 있어요. 사이코패스 검사에서 예를 들어 37점을 받았다고 해서 35점을 받은 사람보다 사이코패스에 가깝고, 잔인성도 훨씬 높다고 말할 수 없다는 거죠. 범행수법의 잔인성과 점수는 독립적인 겁니다. 즉 상관성이 없습니다. 흔히 말하는 것처럼 수법이 아주 잔인하면 '사이코패스', 조금 덜 잔인하면 '일반 살인'이라고는 할 수 없습니다. 이 두 가지는 절대적으로 상관성이 없기 때문입니다.

김복준 그리고 일반적인 오류가 하나 더 있죠. 사이코패스 성향을 가지고 있다고 해서 반드시 범죄자가 되는 것은 아니에요.

김윤희 네, 이 부분은 꼭 짚고 넘어가야 할 것 같은데요. 전체 국민의 1%가 반사회성 인격 장애, 즉 사이코패스라고 하는데 그들 모두가 범죄자는 아니에요. 흔히 '양복을 입은 뱀'이라고 표현되는 사이코패스는 사회의 각 부분에서 성공을 거둔 계층에서도 발견되는데 이들은 약자를 밟고 성공한 '착취형 인간'입니다. 아무튼 사이코패스와 범죄자가 동일하지 않다는 것은 이야기하고 넘어가야 할 것 같습니다. 엄인숙 사건에서 사이코패스 이야기를 하는 이유는 엄인숙의 범죄 행위가 그만큼 악랄하고 잔인했기 때문입니다. 이제 본격적으로 엄인숙 사건에 들어가 보겠습니다. 엄인숙의 첫 번째 사건은 상대가 남편이죠.

남편에게 일어나 불행한 사고들과 보험금

김복준 남편 사건으로 들어가기 전에 먼저 엄인숙부터 설명을 하는 것이 좋을 것 같아요. 엄인숙은 당시에 키가 170cm 정도였고 상당한 미인이었다고 합니다. 주변 사람들의 말에 따르면, 용모가 수려하고 성격도 사근사근 했으며 친화력이 좋았다고 해요. 특히 희고 고운 피부를 가졌었다고 합니다.

배상훈 직업이 보험설계사였죠?

김복준 네, 일찍부터 보험설계사를 했어요. 고등학교 졸업한 1997년에 곧바로 보험설계사로 취업을 해서 9개월 정도 일을 했어요. 그해에 집을 나와서 남자를 만나고 동거를 시작합니다. 동거 중이었던 1998년 4월 17일에 혼인신고를 하는데, 당시 엄인숙의 남편은 이삿짐센터의 직원이었습니다. 엄인숙 입장에서 보면 경제적으로 풍요로움을 누리지는 못했던 것 같아요. 엄인숙은 기본적으로 사치 성향이 있었는데 참으면서 살았던 거죠. 이 둘 사이에서 딸이 하나 있었는데, 2000년 2월 17일에 갓 두 살이 된 딸아이가 책상에서 떨어져서 사망하는 사고가 발생했어요. 전하는 이야기에 따르면 이 사건 이후부터 엄인숙의 우울증이 시작됐다고 하는데, 이 부분은 엄인숙 사건에서 굉장히 중요한 이야기에요. 나중에 다시 이야기를 하겠지만, 엄인숙이 우울증에 걸리고 약을 복용하면서 모든 사건이 시작되었기 때문입니다. 아무튼 이때부터 정신과 치료를 받기 시작합니다. 제가 보기에는 범행패턴을 개발했던 시기 같아요. 일부에서는 딸아이도 엄인숙이 살해한 것 아니냐는 의혹도 있습니다.

배상훈 여기서 전제는 우울증과 내재된 폭력성이 발현되는 것은 상관성이 없다는 겁니다. 본인이 '아이가 죽었기 때문에 너무 우울했다. 그래서 약을 먹었는데 그 약 때문에 성격이 폭력적으로 변해서 사람을 죽이게 되었다.'라고 말하는 것은 일종의 변명이죠. 그 지점에서부터 의심을 하면, 본인의 진술은 설득력이 없어요. 오히려 일반적으로 사이코패스가 발현되는 17, 18살 즈음의 청소년기에 엄인숙에게도 어떤 사건이 일어났는데 그때부터 행동에 변화가 생겼다고 말했어야 합리적인 설명이 되는 거죠, 갑자기 딸이 죽어서 살인자가 됐다는 이야기는 일말의 합리성도 없는 설명이라는 겁니다.

김복준 청소년기로 돌아가 보면, 이상한 부분이 있기는 했어요. 고등학교 재학 중에 친구에게 수면제를 먹여서 친구의 신용카드를 절취한 전력이 있어요. 그밖에도 고등학교 때 친구들의 돈을 훔쳤는데 그 일로 쫓겨나다시피 다른 학교로 전학간 적도 있어요. 자기 아버지가 1998년에 사망을 했을 때에도 아버지의 통장에 남아있는 잔액을 모두 인출해서 사용했던 전력이 있어요. 집을 나온 것도 그 즈음이에요.

배상훈 어렸을 때부터 습관적인 범죄력이 드러나는 거죠. 그리고 그 당시에 이미 어떤 종류의 범죄 수법은 터득했다는 거죠. 예를 들면, 수면제를 이용하는 방법 같은 것 말입니다. 금전을 매개로 하는 습관적인 범죄력이 시작된 지점은 알 수 있는데, 그것이 왜 시작되었는지는 아직까지 알 수 없는 부분인 거죠.

김윤희 과거를 이해해야, 즉 엄인숙에 대한 기본적인 정보가 있어야 그 다음 이야기도 이해할 수 있는데요. 딸의 사망에 대한 부분은 아직 명확하지 않다는 것을 말씀드릴게요.

김복준 그럼요, 딸을 살해했다는 이야기는 그런 주장도 있다는 것이지 단정할 수 있는 이야기는 아니에요. 2000년 4월 1일입니다. 엄인숙이 우울증 치료제를 남편에게 투약합니다. 약을 투약해서 몽롱한 상태에 있는 남편을 밀어버리고, 남편이 뇌진탕 증세를 보입니다. 그때부터 남편은 엄인숙의 손아귀에 들어가는 셈인데 이것은 시작에 불과합니다.

김윤희 그 상태에서 보험금을 수령했다고 하더라고요.

김복준 2000년 4월 1일은 보험금 수령의 전 단계입니다. 첫 단계에서 남편이 뇌진탕 증세를 보이게 만들었고, 4월 28일에 다시 밀어버렸어요. 일단 처음 뇌진탕 증세를 보였을 때에는 병원에 입원해서 치료를 했어요. 그런데 20일 후에 다시 밀어버렸어요. 다시 한번 뇌진탕 증세를 보였을 때 보험금을 신청합니다. '우연한 사고로 넘어졌다.'는 식으로 사유서를 작성해서 최초의 보험금 34만 원을 받아요. 엄인숙의 보험금 청구가 시작된 거죠.

배상훈 저는 엄인숙이 처음 남편을 밀쳤을 때 남편을 보면서 어떤 생각을 했을까를 생각해 봤어요. '이것은 분명히 실수야.'라고 생각했을까, 그렇지 않다면 엄인숙이 애초에 남편을 '타깃'이라는 생각으로 동거를 시작했던 것은 아닐까라는 것이죠. 저는 후자라고 보거든요. 엄인숙이 자신의 욕구가 충족되지 않는 상태에서 보험을 통해서 돈을 얻을 수 있다는 사실을 알고 있다는 것을 떠올려보면 결론은 분명해지거든요. 아마 가장 만만한 상대를 선택했을 것이라는 결론인 거죠.

김복준 자기의 가족을, 남편을 말인가요?

배상훈 엄인숙에게 남편은 가족이 아니죠. 이 사람들에게 중요한 것은 혈연밖에 없어요. 흔히 말하는 결혼을 한다거나 성관계를 갖는 것 정도를 가지고는 가족이라고 할 수 없다는 것이에요.

김복준 나중에는 혈연에게도 범행을 저지르잖아요.

배상훈 제가 궁금한 것은 무엇인가 범죄를 저지른 상태에서 남편을 왜 한 번 더 밀었을까 라는 것입니다.

김복준 남편에 대한 첫 번째 범죄와 두 번째 범죄는 동일합니다. 우울증 약을 복용시키고 무력화된 상태에서 남편을 밀었기 때문에 이 부분은 명백하게 고의인 거죠.

김윤희 나중에 나오겠지만 남편에 대한 범죄가 계속 됩니다. 하지만,

엄인숙이 의심을 받지 않았던 이유는 남편도 정신과 치료를 받았던 전력이 있었기 때문이었어요.

김복준 그래서 시댁 쪽에서도 전혀 의심하지 않았어요.

배상훈 저는 엄인숙이 남편을 선택한 것이라고 생각합니다. 그래야 이 상황이 설명되는 것 같아요.

김복준 그 남편은 너무 불행한 것 같아요. 집을 나갔고 어린 나이에 남자를 만나서 동거를 하고, 동거 중에 정식으로 혼인신고를 하고 아이를 낳았잖아요. 아이가 죽자 그때부터 남편에게 우울증약을 먹여서 무력화시키고 두 번에 걸쳐서 뇌진탕으로 쓰러지게 만든 다음에 보험금 받았어요. 이 일련의 행위들이 계획적이라고 보시는 것인가요?

배상훈 네, 저는 그렇게 봅니다.

김윤희 저는 내제되어 있었다고 생각해요. 그리고 '트리거'가 분명히 있었을 거예요. 트리거는 딸이었을 것 같아요. 여기서 주의 깊게 지켜봐야 하는 것은 상호작용입니다. 딸이 죽었을 때 남편분의 내부에서도 변화가 있었을 것이라는 생각이 들어요. 어쨌든 첫 번째 남편은 엄인숙과 가장 오랫동안 살았던 사람이기 때문에 엄인숙에 대해서 아무것도 모르지는 않았을 거예요. 사회생활에서 겉으로 보이는 모습, 그리고 사회생활을 하지 않고 둘이 있었을 때의 모습을 봤기 때문에 엄인숙에 대해서 어느 정도는 알고 있었겠죠. 그래서 일정 정도의 두려움도 있었을 것 같아요. 그것으로부터 시작된 남편 분의 표현에도 변화가 있었을 거예요. 이렇게 변화된 남편과의 상호작용이 있었을 거예요. 딸의 죽음에서도 상호작용이 있었겠죠. 그렇지만 분명한 것은 엄인숙 개인에게 내재되어 있던 어떤 것들이 발현된 것일 뿐, 트리거나 상호작용으로 인해 새롭게 만들어진 것은 아니라는 사실입니다.

배상훈 남편을 타깃으로 삼는 경우는 미국의 여성 살인범들에게서도 가끔 나타나거든요. 자기의 만족을 위해서 처음부터 한 사람을 선정하는 거죠.

김복준 장기적인 계획범죄인가요?

배상훈 그렇죠. 장기적인 계획이라는 것은 이 사람 머릿속에 내재되어 있다는 의미인 거죠.

김윤희 그 계획은 어떤 사건, 또는 체험이나 경험이 계기가 되어서 구체화되고 현실화되는 거죠. 엄인숙의 경우에는 남편에 대한 불만이 상당했을 거예요. 자신의 꿈을 실현시켜 줄 수 있을 것이라고 생각했는데 그렇지 못했잖아요. 그 상황에서는 일반적으로 이 남자의 탓도 있지만, 이 남자를 선택한 내 탓도 있고, 또 어쩔 수 없는 환경적인 부분도 있다고 생각했을 거예요. 하지만 엄인숙에게는 오직 남편이 원흉이었을 거예요. 모든 잘못을 남편의 탓으로 돌리는 거죠. 이것이 사이코패스의 전형적인 특징이기도 해요.

배상훈 시댁에서는 엄인숙이 너무 고마운 거죠. 외모도 수려하고 성격도 좋은데 보험설계사를 했기 때문에 생활력도 있어 보이는 여자가 직업도 변변치 않고 정신 병력까지 있는 아들과 결혼해서 사는 것을 보니까 얼마나 고마웠겠어요? 저는 시댁 식구들이 엄인숙에게 완전히 넘어갔다고 봐요.

김복준 두 번에 걸친 고의적인 사고를 통해 첫 번째 보험금 34만 원을 수령했어요. 엄인숙의 남편이 다시 불행한 사고를 당하는 것은 사고가 있은 지 한 달도 지나지 않은 5월 중순이에요. 이번에는 우울증 약을 먹인 상태에서 자고 있는 남편의 오른 쪽 눈꺼풀을 손으로 들어 올려요. 너무 잔인합니다. 눈꺼풀을 들어 올려서는 손에 들고 있던 옷핀으로 안구를 찔러버립니다. 그래서 남편이 실명을 해요. 오른쪽 눈을 불구로 만들어버린 거죠. 보험에서 사망 다음으로 보상을 많이 받는 것이 실명입니다. 이런 방식으로 위해를 가하는 것은 보험금 수령을 목적으로 했다고 볼 수밖에 없어요. 그리고 2000년 6월 1일는 실명한 남편의 얼굴에 가스레인지에서 끓인 기름을 쏟아버려요. 화상을 입힌 거예요. 패턴은 동일합니다. 우울증 약을 먹이고 잠이 들면 범죄를 저지르는 거죠. 보험금을 가장 많이 받을 수 있는 것은 사망이고 다음이 실명인데, 사망과 실명 다음은 화상입니다. 보험금과 연관시키지 않을 수가 없어요. 그래서 남편은 한쪽 눈을 실명하고 얼굴까지 망가져 버립니다.

배상훈 완전히 돈을 벌어들이는 '도구'라고 생각하는 거죠. 이 상황이 이해가 되지 않으실 수 있어요. '시댁의 식구들과 남편은 왜 그 상황에서 가만히 있었냐?'고 하실 수 있거든요. 엄인숙 같은 사람들은 타인을 심리적으로 무력화시키고 통제하는 것에 능해요. 그렇기 때문에 남편이 도망 나올 수가 없는 거예요.

김복준 그리고 시댁 쪽에서도 넘어졌다고 하거나, 부주의해서 뾰족한

곳에 눈을 찔렸다고 말하면 정신 병력이나 복용하는 약의 부작용과 연결시켜서 자해나 실수로 이해했던 것 같아요.

김윤희 아마 '고립화 전략'을 썼을 거예요. 다른 사람들과의 관계를 차단시켜서 의지할 수밖에 없도록 만들었을 것 같아요.

배상훈 시댁 식구들에게는 '남편이 아들이라면 나는 당신들의 딸이다.'라는 식으로 대응을 했을 것 같아요.

김복준 뇌진탕에서부터 화상까지의 부상이 어떻게 보면 보험금 적립의 과정이라고 할 수도 있죠. 뇌진탕 두 번, 실명, 얼굴에 화상 입힌 것까지 차곡차곡 보험수령액이 쌓여가는 거죠. 그 다음 범행은 9월 9일이에요. 역시 마찬가지예요. 우울증 약을 먹인 다음에 이번에는 주방에서 칼을 들고 와서는 잠 자고 있는 남편의 배를 찔러버립니다. 전치 2주의 진단이 나왔는데, 남편이 우울증 때문에 자해한 것이라고 말했어요. 남편의 정신과 치료 전력 때문에 다들 인정을 한 거예요. 이것이 처음으로 남편을 칼로 찌른 것입니다. 2002년 1월 15일 04시에 똑같은 방법으로 우울증 약을 먹인 상태에서 다시 한 번 남편의 배를 찌릅니다. 이때는 장간막 파열이라는 상해를 입는데 전치 3주의 진단이 나왔어요. 엄인숙의 남편은 수도 없이 공격당하는 겁니다. 그해 2월 3일 밤 10시에 다시 한번 배를 찌릅니다. 이번에는 다발성 장 천공이라는 상해를 입었어요. 장 천공은 장이 뚫렸다는 말입니다. 그때도 자해로 위장이 됩니다. 결과적으로 남편이 세 번이나 칼에 찔렸잖아요. 2002년 3월 25일 엄인숙의 남편은 정신과 치료를 받던 병원에서 사망합니다. 병원에서 밝힌 사망 원인은 사지 봉와직염과 횡문근 융회증입니다. 봉와직염은 결국 감염이 되었다는 것을 의미하고 횡문근 융회증의 원인은 외상입니다. 밀어 넘어뜨려서 뇌진탕 두 번, 눈 찔러서 실명시키고 그 다음에 기름을 끓여서 얼굴에 붓고, 칼로 세 번 공격했으니까 아무리 정상적인 사람이라도 죽을 수밖에 없었던 거죠. 그렇게 해서 엄인숙이 보험사로부터 수령한 보험금이 2억 8,000만 원입니다.

배상훈 2002년, 2003년이라는 것을 감안하면 적지 않은 금액이죠. 여기서도 의문이 드는 것은 이 정도면 보험회사에서 조사를 나왔어야 한다는 거죠. 엄인숙이 보험을 몰랐다면 불가능한 보험금일 겁니다. 보험사기는 내부자와의 공모를 의심을 하게 되는데 이 사건은 잘 모르겠습니다.

김복준 A 보험사에서 28회에 걸쳐서 8,200백만 원, B보험사에서 30회에 걸쳐서 1억 9,000만 원을 받거든요. 그 당시에는 SIU라고 하는 보험사기 전담부서의 활동이 미진했어요.

배상훈 보험사기 전담부서SIU에는 2000년대 중반쯤부터 퇴직한 경찰관들이 채용됐어요. 2000년대 초반에는 별로 없었던 것 같은데 2000년 중반쯤에 S화재보험에 서울경찰청의 모 팀장님이 10억을 받고 스카웃 되었다는 이야기가 화제였어요.

김복준 네, 이 모든 것이 남편 한 사람이 사망하기까지의 범죄에요.

김윤희 마지막 1년의 시간은 남편 분이 계속해서 상처를 입고, 실명당하고, 화상을 입고, 칼에 찔리는 등 엄청난 고통이 반복적으로 가해지는 것이잖아요. 무기력해졌을 것 같고 삶에 대한 의욕도 없었을 것 같아요. 엄청난 불행을 겪고 사망했을 것 같아서 안타까워요.

뮌하우젠 증후군과 영혼 결혼식

배상훈 아무것도 할 수 없었지만, 아마 본인은 알았을 거예요.

김복준 그래서 손아귀에 들어갔다고 하는 거죠.

배상훈 네, 그렇죠. 자기도 알고는 있었겠지만, '내가 악마와 사는구나.'라는 생각에 좌절하고 포기했을 가능성이 높아요.

김윤희 그 상황에서도 겉으로는 병든 남편을 극진히 간호하는 아내의 모습을 엄인숙이 보여줬을 거 아니에요.

배상훈 '가장성 장애'라고 하는 뮌하우젠 증후군Münchausen syndrome으로도 볼 수 있어요. 영화 『미저리』에서 의도적으로 다리를 부러뜨린 다음에 정성스럽게 치료해주는 것과 같은 모습을 시댁 식구들에게 보여주는 거예요. 시부모님은 '우리 며느리는 착해. 우리 아이는 부실한데 며느리는 정말 잘 구했어.'와 같은 방식으로 며느리를 신임하는 거죠.

김복준 시부모의 입장에서는 정신질환을 앓고 있는 내 아들을 지극 정성으로 돌봐주는 착한 며느리였겠네요.

김윤희 네, 바로 그 점이 사이코패스의 특징 중 하나예요. 현실을 조작하고 사람들을 통제하는 것에서 쾌락을 느끼는 것이 사이코패스들이 보이는 특징인데 엄인숙은 전형적인 모습을 보여요.

김복준 그래서 '양복을 입은 뱀'이라고 하나 보네요.

배상훈 이 정도의 단계에 이르면, 어느 정도 수준이 올라왔다고 자기 스스로를 평가하게 되죠.

김복준 여기까지는 서막에 불과합니다. 정말로 불행한 사람이 한 명 더 나옵니다. 엄인숙은 남편의 장례식을 끝내고 곧바로 나이트 클럽으로 갑니다. 그곳에서 임 씨를 만났어요. 나이트클럽에서 만난 임 씨를 사귀다가 2002년 5월부터 동거를 시작합니다. 남편이 사망한 지 불과 한 달 만에 나이트클럽에서 만난 남자와 동거를 시작한 것입니다. 그 과정에서 엄인숙은 자신이 결혼했었다는 사실을 숨깁니다. 아이도 남편도 이미 사망하고 없었기 때문에 문제가 되지 않을 것이라고 생각했겠죠. 그리고 가족관계에 대해서도 철저하게 위장을 합니다. 엄인숙이 자기는 모 대학에서 유아교육과를 전공했다고 소개하면서 임 씨 앞에서 엄청난 부잣집 딸 행세를 하는 거예요. 우리 어머니가 나에게 물려줄 유산 중에서 10억 정도를 따로 관리해주고 있다고 말하면서 임 씨를 유혹해요. 학력 좋고 얼굴도 예쁜데다 유산으로 10억을 물려받을 정도의 부잣집 딸이라고 하니까 어떻게 보면 유혹당하는 것이 너무 당연한 일 아니겠어요. 지금도 그렇지만 당시에 10억이면 엄청나게 큰 돈이지 않습니까? 그리고 엄인숙은 자신의 말을 입증하기 위해서 임 씨에게 수천만 원에 이르는 SUV 자동차를 선물로 줬어요. 엄인숙이 일련의 행동을 통해 임 씨를 속였어요. 임 씨의 입장에서는 나이트클럽에서 신데렐라를 건진 것이라고 생각했을 거예요. 이 경우에는 신데렐라가 아니고 뭐라고 해야 할까요?

김윤희 자기 인생에서 한 번 찾아올까 말까한 행운을 잡은 거죠.

김복준 그렇죠. 조금 전에 동거를 시작했다고 했잖아요. 이들은 노원구 상계동의 집에서 살고 있었는데, 6개월이 지난 11월 중순까지는 잘 살았던 것 같아요. 이 무렵부터 엄인숙이 본색을 드러내는데 임 씨에게도 우울증 약을 먹입니다. 우울증 약은 모든 범행에 공통적으로 나오는 것 같아요. 우울증 약을 먹인 다음부터는 자신의 첫 번째 남편에게 했던 것과 동일한 방법을 사용합니다. 이 사람은 넘어져서 둔부 좌상과 미골 골절, 즉 엉덩이 쪽에 멍이 들고 꼬리뼈가 부러졌다는 것인데 전치 4주가 나왔어요. 이 경우에도 보험금을 적립하는 거죠. 문제는 두 사람이 혼인신고를 하지 않았다는 것이었어요. 혼인신고를 하지 않으면 보험금을 수령할 수가 없잖아요. 동거남 임 씨를 병원에 입원시킨 다음에 바로 구청에 가서 혼인신고를 했어요. 보험금이 목적이었던 거죠.

배상훈 엄인숙이 왜 꼬리뼈를 공격했는지 알 것 같아요. 그리고 앞에서부터 왜 이런 패턴으로 행동했었는지가 이 사건을 통해서 분명해지는 거죠. 우울증 약을 먹여서 무력하게 만들기 위해서는 먼저 상대의 움직임을 봉쇄해야 하기 때문일 겁니다. 또 혼인신고처럼 상대의 허락 없이 인감도장이나 위임장으로 일처리를 하기 위해서도 행동의 제약이 필요했을 겁니다.

김윤희 어디를 어떻게 다칠 것인지 알 수가 있나요?

배상훈 보험 설계사를 하다보면 어디를 얼마나 다쳤을 때 보험금이 얼마나 되는지를 알게 되잖아요.

김복준 예를 들어서 턱이 있는 곳처럼 사람을 밀어 넘어뜨렸을 때처럼 어느 정도 부상의 위험이 있는 장소를 선택했겠죠. 그리고 제 생각에는 우울증 약을 복용하면 정신도 약간 몽롱하고 몸도 제대로 가누기 힘든 상태가 될 것 같은데, 그 상태에서 밀어버리면 부상을 당하는 것은 불가피했을 것 같아요. 사람들은 자기가 발을 헛디뎌서 넘어질 경우에는 무의식적으로 방어행동을 한다고 해요. 하지만, 이 경우에는 무방비 상태로 서 있는 사람을 밀어버렸기 때문에 온전히 나가떨어지게 되는 거예요. 그래서 많이 다쳤겠죠. 아마 4주 진단이 나와서 병원에 입원을 시켜 둔 상태에서 바로 혼인신고를 했던 것 같아요. 임 씨의 입장에서는 이 상황이 감동적일 수도 있었을 거예요. '이 사람이 나를 정말로 사랑하니까 내가 다친 사이에 혼인신고를 했구나.'라고 생각했을 수 있거든요. 아무튼 11월 중순에 꼬리뼈를 다치게 해서 혼인신고를 했습니다. 그리고 12월 14일에 다시 우울증 약을 먹이고는 똑같은 패턴을 반복합니다. 전 남편에게 했던 것처럼 오른쪽 눈꺼풀을 손으로 벌려서 핀으로 찌릅니다. 전 남편과 동일하게 각막 열상으로 실명시켜 버립니다. 그 이후에 임 씨는 수시로 화상을 당하는데 방법은 전 남편 얼굴에 끓는 기름을 부었던 것과 동일해요. 급기야 2003년 2월 12일에 서울대학병원에서 임 씨도 사망합니다. 임 씨는 전남편보다 훨씬 빨리 사망했는데, 사인은 사지 봉와직염이었습니다.

배상훈 사지 봉와직염은 감염되었다는 의미인 거죠. 감염을 일으키는 방법을 사용했을 수도 있겠네요.

김복준 그렇게 자주 다치다보면 자연스럽게 감염이 되었겠죠.

배상훈 그런데 일반적으로 뮌하우젠 증후군의 가해자들이 피해자를 다루는 방식이 있어요. 이를 테면, '너는 지금 열이 나야하는데 왜 열이 안 나지?'라고 하면서 감염을 시키는 거예요. 그리고 실제로 감염이 되고 열이 나서 몸을 부들부들 떨고 있으면 '어, 땀이 나네?'라고 하면서 수건으로 땀을 닦아주는 거예요. 그것을 당하는 피해자의 입장이라는 것은 상상만 해도 소름이 끼치는데요. 피해자들은 자기가 당하고 있으면서도 그 상황을 제대로 인식하지 못한 상태에서 자기도 모르는 사이에 죽게 되거든요. '지금 내가 악마를 보고 있는 건가?'라거나 또는 '네가 날 공격했잖아.'라고 인식하지 못하기 때문이에요. 항상 자기 옆에서 자신을 극진히 보살피는 것처럼 행동하고 계속해서 '독한 약을 먹어서 보이는 환상이야.'라는 식으로 말을 해요. 상황이 반복되면 상대를 믿을 수밖에 없는 거죠.

김복준 임 씨는 운동선수 출신이었다고 해요. 평소에 워낙 건강했기 때문에 갑자기 우울증이 발병했다는 것도 이상하고, 또 이렇게 사망한 것에도 의심스러운 점들이 있었기 때문에 가족들이 임 씨의 부검을 요구합니다. 부검을 했더라면 사인에 대해서 상당한 문제제기가 이루어졌을 것 같은데 중간에 가족들이 부검 요구를 철회합니다. 이유를 들으시면 어이가 없을 겁니다. 지극 정성으로 임 씨를 돌보는 모습을 보여줬다는 것도 있지만, 결정적으로는 두 번째 남편인 임 씨가 죽으니까 울고불고 난리치면서 자기는 이 사람이 죽었어도 결혼식을 하겠다고 나선 겁니다. 영혼결혼식이라도 해야겠다는 주장을 펼친 거죠. 실제로 영혼결혼식을 합니다. 상황이 그 정도까지 진행되면 가족들도 의심을 거두게 되죠. 게다가 가족들의 마지막 의구심까지 거두게 만든 것은 엄인숙이 임신한 상태였다는 사실이었습니다. 두 번째 남편의 아이를 임신한 상태였지만, 임 씨 가족들은 '너는 아직 젊으니까 아이 낳지 말고 새 출발을 해라. 애는 절대로 낳지 말아라.'라고 이야기 했음에도 불구하고 엄인숙이 '난 이 사람을 너무 사랑하기 때문에 영혼결혼식을 하고 아이도 낳아서 키우겠다.'고 우긴 겁니다. 의심할 여지가 없는 거죠. 혼인신고가 되어 있고, 영혼결혼식도 올렸어요. 게다가 임신한 상태였어요. 결국 가족들은 부검도 포기하고 의심을 거둔 거예요. 배 교수님께서는 보험회사에서라도 의심을 했어야 된다고 하셨는데 의심을 할 수 있었을까요?

배상훈   그 상태에서는 의심할 수 없었겠죠. 엄인숙을 보면서 계속해서 걸리는 것이 바로 그 아이입니다. 엄인숙의 행동을 보면 뱃속의 아이는 낳아서 전 남편들과 똑같이 죽이고 보험금을 청구할 수 있다고 생각했을 것 같아요. 그런데 그 아이가 문제라는 거죠. 일반적으로 여성 연쇄살인범에 대해 이야기할 때 혈연인 아이의 존재에 대해서는 여러 가지 이론이 있어요. 대표적으로는 아이를 대상으로 바라본다는 것과 자기가 소유하고 있는 것들을 물려줄 대상으로 바라본다는 두 가지 이론이 있어요. 저는 엄인숙의 경우에는 전자라는 생각이 들어서 더욱 소름끼치는 것 같아요. 어쨌든 가족들이 부검을 하려다가 포기했던 것은 조금 전에 교수님께서 말씀하신 것처럼 우리의 전통적인 관습, 통념 같은 것들이 여전히 남아 있기 때문이고, 또한 여자가 죽은 남편을 사랑해서 같이 죽겠다고 하는데 어떻게 할 수가 없었을 것 같아요.

김복준 결국은 그해 2003년 7월 10일에 사망재해보험을 들었던 두 곳의 보험사로부터 한 곳에서는 3,880만 원을, 다른 한 곳에서는 3,800만 원의 보험금을 수령하게 됩니다.

배상훈 그전에 수령했던 보험금에 비하면 많지 않은 액수네요. 조심했다고 볼 수도 있겠네요.

김윤희 보험금만 수령하고는 연락도 없이 그냥 사라져버렸다면서요.

김복준 보험금을 수령한 이후에는 그쪽 집과 교류할 필요가 없었겠죠.

'분노 폭발형' 사이코패스

김복준 여기서 두 번째 남편과도 일단락이 됩니다. 두 사람을 희생시켰으면 이제라도 범죄를 끝났어야 했는데, 이제부터는 정말 천인공노할 일이 벌어집니다. 보험금을 수령하고 2003년 7월 26일에 두 번째 사건을 모두 정리한 지 16일 만에 엄인숙은 부모가 살았던 종로구 숭인동을 찾아 갑니다. 아버지가 일찍 돌아가셨다고 했잖아요. 엄마 혼자서 살고 있는 집에 가서는 엄마에게도 우울증 약이 섞인 석류주스를 먹입니다. 그리고 엄마가 잠들었잖아요? 어머니의 오른쪽 눈에 주사기를 꽂았습니다. 주사기 용량이 500cc라고 하니까 상당히 큰 거죠. 수법은 동일합니다. 이번에는 자신의 친어머니의 눈에 그 주사기를 꽂았어요. 결국 어머니는 외상성 백내장으로 진단을 받았고 급기야 실명했는데, 이때는 어머니 명의의 보험을 준비했겠죠. 그리고 5개월이 지난 11월 2일 밤 9시, 그때는 엄인숙이 남양주 집에 가 있었는데 오빠가 같이 살았다고 해요. 그날 오빠와 술을 마셨는데 술에 우울증 약을 잔뜩 섞어요. 술과 술에 섞인 우울증 약을 먹고 쓰러진 오빠의 양쪽 눈에다가 염산을 부었어요. 그래서 오빠는 결막 화상으로 완전히 실명, 맹인이 돼버려요. 이것만으로도 잔인함의 끝판왕인데요. 엄인숙은 한발 더 나갑니다. 양쪽 눈에 화상을 입은 오빠가 병원에 입원했을 것 아닙니까? 그때 오빠를 죽여 버릴 생각으로 입원하고 있는 오빠를 찾아가서는 링거에 기관지 확장제를 주입해서 살해를 시도했습니다. 하지만, 사망하지는 않았습니다.

배상훈 엄인숙이 약물이나 인체에 대한 지식이 상당했던 것 같아요.

김복준 네, 너무 잘 알고 있었어요. 기관지 확장제는 두 번째 남편과의 사이에서 아들을 낳았는데 그 아들이 병원에 입원해 있었을 때, 기관지 확장제를 투여하는 방법을 알았다는 거죠.

배상훈 기관지 확장제를 넣으면 기도가 열려있는 상태에서 침이 들어가게 되고 결국 폐렴에 걸리게 되죠. 이렇게 되면 아주 고통스럽게 죽는다는 사실을 잘 알고 있는 거죠.

김복준 오빠의 보험금도 엄인숙이 수급자로 되어 있었나 봐요. 보험설계사였기 때문에 그 내용을 잘 알고 있으니까 수급자를 본인으로 바꿔둔 것이겠죠. 그리고는 보험금으로 엄청나게 사치를 즐기는데 그 와중에 남양주의 아파트까지 팔고 가진 재산의 대부분을 탕진했어요. 숭인동에서 남양주로 이사를 할 때 어머니를 모시고 갔어요. 그런데 아파트까지 팔아서 사치스럽게 즐기고 살다가 이제 아무것도 남은 것이 없었기 때문에 가족들에게는 거짓말을 하죠. '서울에 집을 구해 놨으니까 신경 쓸 필요 없다. 조만간 이사 갈 거다.' 집을 구해놨다고 했는데 이삿날이 다 가오잖아요. 그게 불안했던 거예요. 그래서 가족들을 죽이려고 했던 것 같아요. 2005년 1월 9일에 역시 똑같은 방법으로 석류 주스에 우울증 약을 타서 먹였고 오빠와 남동생이 혼절했어요. 오빠 같은 경우에는 실명 상태였기 때문에 주는 대로 먹었을 것 같고, 남동생도 눈치를 채지 못했겠죠. 두 사람이 혼절하자 성냥으로 이불에 불을 붙였어요. 아예 두 사람을 죽여 버리려고 했던 거죠. 다행히 실명한 오빠가 깨어나서 불을 껐어요. 오빠는 오른손에 화상을 입어서 3주 진단, 동생은 연기를 마셔서 흡입 화상으로 2주 진단이 나올 정도로 다쳤어요. 엄인숙은 범행에 한 번 실패를 합니다.

배상훈 그냥 실내에서 일어난 화재로 넘어갔어요.

김복준 누전에 의한 화제로 정리가 됐죠. 뚜렷한 증거가 없었어요. 그런데 불이 나서 집이 타 버렸으니까 이제 오갈 데가 없어졌잖아요. 그때 새로운 타깃이 나타납니다. 집에서 가사 도우미로 일하는 강 씨라는 여성분이 계셨어요. 엄인숙이 그 여성분을 찾아가서 '우리는 조만간 집을 얻어서 나갈 예정이다. 그런데 사정이 생겨서 얼마 동안은 머물 곳이 필요한데 당신 집에서 기거할 수 있게 해주면 안 되겠느냐? 그동안 밀린 몇 달치의 가사도우미 비용도 내가 집을 구해서 나갈 때 신세진 것까지 더

해서 충분히 보상해줄 테니까 도와 달라.'고 부탁을 했어요. 강 씨는 자기가 가서 일해 주던 부잣집에서 갑자기 오갈 데가 없다고 하니까 사정이 딱하잖아요. 그래서 강 씨의 집으로 가요. 그런데 한 달이 지나도록 아무런 말도 없이 계속 그 집에 머물고 있으니까 불편하지 않았겠어요. 그래서 '1월 말까지는 방을 비워주세요.'라고 통보를 했는데, 이 일로 엄인숙은 자존심이 엄청 상했을 뿐만 아니라, 분노를 느꼈다고 합니다. 그래서 응징을 해야겠다는 마음을 먹고 곧바로 이를 실행합니다. 2005년 2월 1일 새벽 2시에 성냥으로 수건에 불을 붙여요. 전에 남양주 집에서는 이불에 불을 붙였다가 실패했기 때문에 이번에는 수건에 불을 붙여서 거실에 있는 소파에다 던져버려요. 결국 불이 크게 나서 강 씨의 남편은 안면 부위에 2도에 이르는 심한 화상을 입어서 병원에서 치료 중에 사망을 했어요. 엄인숙이 저지른 세 번째 살인 사건입니다. 그리고 강 씨도 유독가스를 흡입해서 병원에 입원했고 강 씨 부부에게 두 명의 자녀가 있었는데 2주 또는 3주 정도의 치료를 요하는 연기 흡입으로 인한 화상을 입었어요. 일가족을 완전히 풍비박산 내는 엄청난 가해행위였는데 이 사건은 보험과는 관련이 없었습니다.

김윤희 이 사건은 엄인숙이 저지른 가장 감정적인 살인이었던 것 같아요. 다른 사건들은 계획적이었고 동시에 사람들을 수단이나 도구로 생각했던 살인이었다고 한다면 이 사건은 자신의 감정을 드러내는 '표출적 살인'이었다고 생각해요. 그렇기 때문에 허점이 많이 드러났고 수사대상에 올랐던 것 같아요.

김복준 엄인숙이 방화와 관련해서 조사를 받고 있는데 경찰에서도 정확하게 엄인숙이 범인이라는 것을 알지 못했기 때문에 불구속 상태에서 수사를 진행하는 중이었던 거예요. 그런데 엄인숙 입장에서는 아무래도 강 씨가 굉장히 불안하게 느껴졌던 것 같아요. 가사도우미인 강 씨의 진술은 경찰 수사에서 자기에게 굉장히 불리하게 작용할 것이라고 생각했기 때문이죠. 엄인숙이 강 씨 집으로 옮기게 된 이유가 뭡니까? 공교롭게도 엄인숙의 집에 불이 나서 강 씨 집으로 왔는데 강 씨 집에서도 불이 났잖아요. 불안했을 거예요. 그래서 강 씨도 병원에 입원해 있을 때 불을 내서 아예 죽여 버리자는 생각을 했던 것 같아요. 불을 지르기 위해서 병원 계단에다 석유를 뿌립니다. 그렇게 해서 불을 붙이려고 하는 장면이 CCTV에 녹화되고 이 CCTV 영상이 결정적인 증거가 되어서 엄인숙이 검거되었던 거죠.

배상훈 병원 전체에 불을 지르려고 했나요?

김복준 그렇죠. 강 씨 사건은 보험과는 아무런 관련성이 없어요. 그리고 방화 혐의로 수사를 받고 있는 와중에도 범죄를 저지르고 다른 범죄를 계획하고 있었어요. 2005년 2월 7일 첫 번째 남편이 병원에 입원했을 때 잠시 사귀었던 사람이 있었다고 해요. 유 씨라는 사람인데 그의 집을 찾아가서는 똑같이 우울증 약을 먹여요. 그리고 가방에서 신용카드와 현금 등을 절취하는 절도 행각까지 벌입니다.

김윤희 후반부로 갈수록 엄인숙이 쫓겼다는 생각이 들어요. 다급해진 부분도 있어 보였고요. 엄인숙이 심리적으로 균형을 잃어버렸다는 것은 검거되기 직전의 범죄들을 보면서 확실해지더라고요.

김복준 강 씨 집에 방화를 저지르기 전이니까 유 씨 집에서 절도를 하기도 전이겠죠. 이것은 나중에 밝혀진 것입니다. 2004년에 자기 아들이 입원해 있던 병실에서 만나서 잠깐 사귀었던 사람의 집에도 찾아 가서 우울증 약을 먹이고 신용카드를 훔쳐서 총 1,800만 원 정도를 절취했던 일이 있었다고 합니다.

배상훈 수법은 기본적으로 항우울제를 이용하는 방법이죠?

김윤희 엄인숙에게 항우울제는 의미가 있는 것 같아요. 남성과 여성을 막론하고 누구나 자신이 가지고 있는 신체적 제약이라는 것은 존재하잖아요. 엄인숙에게는 그 신체적 제약을 극복하고 무너뜨리는 것이 첫 번째 과제였다는 생각이 들어요. 상대가 항거 불능의 상태가 되거나 의식을 잃어버린 상태가 되었을 때 비로소 자신이 활동할 수 있는 범위를 확장할 수 있기 때문이었을 거예요. 항우울제는 그런 상황을 만드는 수단이었던 거죠.

김복준 강 씨 가족과 같은 경우에는 보험금과 관련이 없는 분노라고 하셨잖아요. 사이코패스의 성향을 가진 사람들은 자신이 무시당했다고 생각하면 엄인숙처럼 극단적인 공격성이 발현되나요?

배상훈 네, 그렇죠. 바로, 그리고 폭발적으로!

김윤희 사이코패스에도 종류가 많아요. 일반적으로 사이코패스의 전형을 테드 번디라고 하는데, 조금만 깊이 들어가 보면 매력적이고 지능이 뛰어난 사이코패스만 있는 것은 아니고 여러 유형들로 나누고 있는데요. 이를 테면, 정남규 같은 사이코패스도 있거든요. 그리고 감정을 표출하는 사이코패스가 있는 반면, 감정 표출이 거의 없는 사이코패스들도 있어요. 일반적으로 사이코패스를 규정하는 몇 가지 요소들이 있지만, 공감능력의 결여라든지 도덕관념이 전혀 없다는 것이 가장 중요한 기준이고 특징인 것 같아요. 그 외의 세부적인 것들은 유형별로 나뉘어요. 어쨌든 모든 사이코패스들이 폭발적이지는 않다는 것이죠. 하지만, 엄인숙의 경우에는 제가 봤을 때에도 어느 정도 분노 폭발형에 가까운, 즉 감정을 표출하는 사이코패스라고 생각합니다.

김복준 엄인숙은 병원에 불을 지르려고 해서 적발되잖아요. 일반적으로는 병원 전체에 불을 질러서 강 씨와 그 가족들을 모두 살해하려는 의도였다고 생각하는데 일부에서는 달리 해석하기도 하더라고요. 강 씨의 집에 불을 지르기 전에 먼저 자신의 집에 불을 질렀잖아요? 그리고 이번에도 병원에 불을 지르려고 했기 때문에 경찰 수사를 받고 있었고요. 당시에 엄인숙이 '불꽃을 보면 죽은 자기 딸이 생각난다.'고 이야기하면서 자기는 방화하고 싶은 충동을 느끼는 사람이라는 진술을 했어요. 이것을 심신미약이나 심신장애로 몰고 가기 위해서 두뇌 플레이를 했다고 보는 사람들도 있더라고요.

김윤희 엄인숙이 그렇게 주장을 했기 때문에 수사과정에서 한 달에 걸쳐서 정신감정을 받았다고 해요. 하지만, 엄인숙이 심신미약으로 보이지 않는다는 판단과 함께 일관되지 않고 비전형적인 모습을 보인다는 결과가 나왔어요. 아마 당시에는 사이코패스에 대한 개념이 통용되지 않았기 때문에 엄인숙을 경계성 인격 장애, 저희가 흔히 '보더라인Borderline personality disorder'이라고 하는 것이 의심된다는 결과를 내놨더라고요.

김복준 엄인숙 자신은 방화를 통해 강 씨 일가를 죽이려는 목적보다는 불을 질러서 불꽃이 일어나면 그 속에 딸아이의 모습이 아른거려서 희열을 느낀다는 진술을 했잖아요. 이 진술은 어차피 경찰이 방화에 혐의를 두고 수사를 진행하고 있었기 때문이라고 생각됩니다. 결과적으로 자신은 살인의 목적이 아니라 방화의 충동을 느꼈을 뿐이라는 진술을 통해 심신미약을 주장했던 이유가 이 사건이 발각되기 전에 저질렀던 방화 범죄들을 감추기 위해서라고 생각하시는 것인가요?

김윤희 저는 그 부분이 최우선은 아니었다고 생각해요. 사이코패스든 사이코패스가 아니든 상관없이 최우선은 자신의 범행 계획일 수밖에 없습니다. 엄인숙 역시 강 씨와 그 가족들을 죽이려는 계획으로 병원에 불을 질렀을 것 같아요. 하지만, 범행이 발각된 이후에는 빠져나갈 수 있는 방법을 찾는 과정에서 나온 변명이 '방화 충동'이나 심신미약이었다는 생각이 들어요. 딸의 죽음을 이야기하면 정서적으로 동정심을 갖게 되잖아요. 그래서 나중에는 그 부분을 이용했을 것이라고 생각해요.

배상훈 불을 지를 때의 상태를 살펴볼 수 있었다면 좋았을 것 같아요. 불을 질러서 모두 죽이려고 했는지 아니면 특정 부분에만 불을 지르려고 했는지에 따라 판단이 달라질 수 있을 것 같아요.

김복준 그렇다면 방화를 위장했다는 것인가요?

배상훈 그렇죠. 어떤 형태로 불을 질렀는지 모르는 상태에서 그냥 불을 질렀다고만 나와 있기 때문에 저는 정확한 판단이 어려운 것 같아요. 분명한 것은 영악하다는 거예요. 방화를 위장함으로써 증거를 없앨 수 있다는 것을 빠르게 생각했다는 겁니다. 증거를 제시하자마자 신속하게 '방화광'을 떠올리고, 또 방화를 통한 심신미약을 주장할 정도라면 보통사람은 아니죠.

김복준 결국 그 사건으로 체포가 되지 않았습니까? 계단에 석유를 붓고 불을 붙인 증거를 확보했기 때문에 체포할 수 있었어요. 경찰도 이전의 사건들에 대해서는 뭔가 의심스러운 면이 있었지만, 증거가 명확하지 않았고 이미 시간이 오래 지난 일들이었기 때문에 전전긍긍하고 있었어요. 그때 기가 막힌 일이 하나 생깁니다. 엄인숙이 원래는 동생도 불태워서 죽이려고 했잖아요. 그 남동생이 경찰에 제보를 합니다. 그동안 누나 주변에 있었던 남편 등의 사람들이 차례로 죽었던 사망사건과 엄마와 형 등의 눈이 멀어버린 실명사건 등에 대해서 이야기를 했던 겁니다. 그리고 누나가 보험설계사로 일한 적이 있다는 것도 경찰에 제보를 했어요. 이 사건은 만약 남동생의 제보가 없었다면 경찰이 수사에 착수하기 어려웠을 거예요. 아마 방화 하나만 수사하는 것으로 끝나지 않았을까 싶기도 해요.

'누나 주변에는 항상 좋지 않는 일이 일어나요.'

배상훈 남동생만 잘 통제 했으면 방화와 심신미약으로 빠져나갔을 수도 있었겠죠.

김복준 남동생의 제보가 상당히 구체적이었어요. 누나인 엄인숙이 집을 나가서 첫 번째 남편하고 결혼했는데, 남동생에게는 매형이죠. 매형은 이러저러 하다가 맹인이 되었고 사망했다. 두 번째 남편을 만났는데 공교롭게 그 매형도 눈이 멀어서 죽었다. 얼마 전에는 누나와 같이 살았던 어머니와 형도 맹인이 됐다는 이야기를 했는데, 경찰에서는 이 사건들이 틀림없이 연관관계가 있다고 판단했던 거죠. 그래서 엄인숙을 검거합니다. 체포 이후부터 엄인숙의 행동을 보면 정말로 기가 막힙니다. 일단 자기가 마약중독이라고 말합니다. '나는 마약에 중독된 상태였기 때문에 어쩔 수 없이 마약이 필요했다. 나는 정말 괴로웠고, 엄마와 오빠에게는 정말 미안하다. 하지만, 나는 마약에 중독돼서 마약을 구입해야 했기 때문에 돈이 필요했다.'는 식으로 주장을 했어요. 그리고 엄마와 가족들에 대한 이야기를 통해 동정심을 얻으려고 애를 씁니다. 경찰에서는 마약 검사를 해야 됐겠죠. 그래서 경찰이 마약 검사를 했더니 '금단 현상 및 환각 현상을 겪어본 사실이 없다.'라는 결과가 나왔습니다. 금단현상과 환각현상은 마약 중독의 일반적인 특성이잖아요. 그런 특성이 없었다는 결과를 보고는 엄인숙이 '자신의 몸에서 마약 성분이 검출되지 않은 이유는 마약을 투여할 때마다 이뇨제 먹어서 배출했기 때문이에요.'라는 변명을 합니다. 이것 역시 거짓말이었죠. 결국에는 보험금을 수령해서 사치와 유흥에 필요한 자금을 취득할 목적으로 사람을 살해했다는 사실이 밝혀졌어요.

배상훈 마약이 이뇨제로 어느 정도 해결할 수 있다는 지식은 있었지만, 마약이 어느 정도의 선에서 검출될 수 있는가에 대해서는 정확하게 알지 못했네요.

김복준 기관지 확장제를 투여해서 사람을 죽이려고 하는 등 범행을 준비하는 과정을 보면 상당한 전문지식을 갖췄어요.

배상훈 주사기로 눈을 찔러서 실명을 하게 만들 정도면 아주 정교해야 하고 거침이 없어야 해요. 안구의 한 부분을 정확하게 겨냥하기 위해서는 육체적인 능력과 함께 감정적인 부분을 통제하는 것이 중요했을 거예요. 범행의 대상이 자기의 남편, 그리고 친어머니와 친오빠였기 때문이죠. 이런 정도의 감정적인 통제가 가능한 사람이라면 검사가 필요한 사람이라는 것은 분명하죠.

김복준 당시에는 사이코패스 검사가 없었지만, 실제로 검사를 진행했다면 우리에게 잘못 알려진 것처럼 40점 만점에 40점이 가능했을지도 모르겠네요.

김윤희 실제로 연쇄살인범들을 두려워하는 이유는 불특정다수에 대한 타깃팅 때문이거든요. 그런데 엄인숙은 남편과 가족들을 타깃팅 하잖아요. 보통사람의 심장이나 양심을 가지고는 할 수 없는 일이었기 때문에 훨씬 충격적이었을 겁니다. 엄인숙의 엄마는 '몽롱한 상태였다. 그 상태에서 깨어나 보니까 눈이 보이지 않았다.'라는 말을 해요. 엄인숙의 오빠도 '오랜만에 동생이 술 한 잔 하자고 해서 먹었는데 깨어나 보니 눈이 보이지 않았다.'라고 똑같은 말을 했다고 하더라고요. 가족들의 입장에서는 차마 그 이야기를 할 수 없었을 것 같아요.

김복준 알고 있었을까요?

배상훈 아마도 어머니는 눈치 챘을 수도 있을 것 같아요. 그리고 오빠는 긴가민가했겠지만 몰랐을 것 같아요.

김윤희 의심을 할 수 있는 부분이 있었다고 하더라도 그 사실을 입 밖으로 낼 수 없었겠죠. 어쨌든 동생도 짐작은 하고 있었기 때문에 수사기관에서 진술을 했겠죠. 여기서 더 이상 나가면 안 된다고 생각했기 때문에 수사기관을 찾아가서 이야기했을 거라고 생각해요. 그래서 저는 동생도 '누나 주변에서는 항상 좋지 않은 일이 일어났어요.'라는 식의 이야기를 했을 것 같아요.

김복준 실명, 즉 사람들이 시력을 잃어버린 일에 대해서 자세하게 이야기를 했다고 해요. 첫 번째 매형과 두 번째 매형, 엄마와 형, 동생의 입장에서는 다음 타깃은 본인이에요. 여기서 누나가 풀려나면 다음은 자기라는 생각도 작용했을 것 같아요.

배상훈 일반적으로 뮌하우젠 증후군을 앓고 있는 사람들은 아주 고도의 장애를 갖는 사람들을 통제하는 것에 능해요. 심리적으로 잘 통제하기 때문에 말이 밖으로 퍼져나가지 않도록 만들면서 범죄를 저지르는데요. 엄인숙의 경우 강 씨 가족 때문에 흐트러진 거예요. 자신의 방식대로 행동했다면 그렇게 범죄를 저지를 사람이 아니죠. 쓸데없이 범죄를 저지르는 사람은 절대로 아닌 거예요. 문제는 자신의 집에서 일하던 가사도우미의 가족들이 함께 살면서 뭔가를 건드렸어요. 이것 때문에 자기만의 범죄 방식이 흐트러진 것 같아요.

김복준 그렇죠. 그것이 수사에 착수하는 계기가 되었어요. 엄인숙은 2015년에 딸의 죽음으로 인한 충격으로 범죄가 시작되었다는 것, 그리고 보험금 때문에 범죄에 깊이 빠졌다는 것 등 교화 개선의 여지가 있다고 하면서 법원에서는 무기징역으로 선고합니다. 판단의 근거가 무엇인지는 모르겠습니다만, 저는 판사님들을 도대체 이해할 수가 없어요.

김윤희 당시만 해도 사이코패스에 대한 개념이 일반화되어 있지 않았어요. 그리고 사이코패스 개념이 처음 도입되었을 때에도 사람들 사이에서 '그렇다면 이 사람들은 변할 수 없는 사람들이냐, 사람이 교화될 수 없다는 말이냐'는 등의 논란이 많았어요. 이런 부분들과 관련해서 사이코패스 개념이 도입된 초창기에는 사이코패스에 대한 개념 자체를 부정하는 흐름도 실제로 있었거든요. 왜냐하면 인간은 누구나 변할 수 있다는 것을 믿고 싶어 할 뿐만 아니라, 인간의 변화 가능성에 대해서 열어놓고 싶어 하기 때문인 것 같아요. 당시의 판결은 이런 당시의 분위가 반영된 것으로도 볼 수 있을 것 같아요.

배상훈 당시에는 '인격 장애'와 '정신병'에 대한 구분이 모호했던 것 같아요. 엄인숙은 정확하게 말해서 인격 장애가 있는 것이거든요.

김복준 네, 그렇죠. 인격 장애를 가진 범죄자에요.

배상훈 분명히 그렇죠. 그런데 정신병과 구분하지 못했다는 거죠. 그런데 엄인숙은 계속 정신병을 주장한 것이잖아요.

김복준 자신은 마약 중독이었고, 평생 동안 우울증 치료를 받았다고 말하면서 심신미약을 주장합니다.

배상훈 법정에서도 계속해서 울면서 눈물로 사정했어요. 실제로는 '악어의 눈물'이죠. 엄인숙과 같은 사람들은 눈물 연기를 굉장히 잘 하거든요.

김윤희 엄인숙이 자살했다는 소문이 있었어요.

김복준   아니에요. 지금도 청주교도소에 있습니다.

배상훈   그런데 기면증 이야기는 왜 나온 거죠?

김복준   네, 엄인숙과 관련해서 자살 이야기도 나오고 기면증 이야기도 나왔습니다.

배상훈   한국형사정책연구원에서 엄인숙에게 인터뷰를 신청해서 찾아 갔어요. 그런데 인터뷰를 시작하려고 했더니 그냥 쓰러지더라는 거죠. 사실 이것은 일종의 '쇼'예요. 간단한 검사를 통해 바로 판별할 수 있지만, 실제로 그렇게 행동을 하면 방법이 없잖아요. 결과적으로 형사정책연구원에서 엄인숙에 대한 인터뷰를 진행하지 못하고 나올 수밖에 없었어요. 정말 희한한 인간 유형인 것 같아요. 어떤 유형이라고 해야 맞는 것일까요? 엄인 숙처럼 이렇게 여러 가지가 복합적으로 섞인 유형이 드물죠?

김복준   다른 것에 대해서는 말할 수 없는데, 제 생각에 선천적인 범죄자의 기질은 가지고 태어난 것 같습니다. 어린 고등학생이 친구에게 수면제를 먹여서 돈을 훔쳐가는 것은 형사 생활을 30년 넘게 한 저도 처음 들었어요. 친구들 돈을 훔친 것 때문에 다니던 학교에서 쫓겨나서 전학가고, 아버지가 돌아가셨는데 아버지 통장에 남아있는 잔고를 모두 찾아서 써 버릴 정도라면 알아봤다는 것 아니에요?

김윤희   저는 사이코패스라는 개념을 알기 시작하면서 프로파일러가 범죄 심리를 공부해야 된다는 생각을 했거든요. 제가 범죄 심리학회에 처음으로 갔을 때에는 모든 범죄자가 교화가능하다고 생각하고, 그런 교화 프로그램을 계발해야 된다는 것들이 흐름이었어요. 그때 로버트 헤어Robert Hare 박사가 사이코패스의 개념을 말하면서 뇌 사진을 보여줬어요. 사이코패스는 정신분열자의 뇌와 거의 같다. 일반인의 뇌가 아니다. 그러면서 이 사람들은 절대 변할 수 없다는 주장을 학회에서 했었죠. 저에게는 엄청난 충격이었어요. 저는 그때까지만 해도 성선설을 신뢰하고 있었거든요. 아마 그 부분에 대한 반발 심리로 공부를 더 열심히 했던 것 같아요.

배상훈 그때쯤에 도입이 된 거죠.

김윤희 네, 사이코패스의 개념 자체가 아예 없었던 시절이었어요. 그리고 범죄 심리가 지금처럼 특화되지도 않았고 그냥 범죄학의 일부분쯤으로 여겨졌던 시절이었고요. 아무튼 저도 현장에서 범죄자들을 면담하면서 개념이 많이 바뀌었죠. 그리고 그때 사이코패스의 뇌를 보여주면서 어느 교수님께서 하신 말씀이 아직도 물음표로 남아 있어요. "이 사람들에게는 교화가 필요한가? 아니면 사형제도가 필요한가? 그리고 이와 관련해서 우리의 세금이 어떻게 사용되어야 한다고 생각하는가?"

김복준 사이코패스의 뇌는 자체가 다른 겁니까? 저는 그렇지는 않다고 알고 있어요. 후천적으로 교통사고, 또는 다른 어떤 사고로 인해 뇌의 전두부에 손상이 발생한 사람들이 환경적인 요인 때문에 사이코패스 성향을 드러내는 경우는 있다고 들었어요. 그런 경우에는 뇌 사진이 다를 수 있겠지만, 사이코패스라도 다치지 않는 사람과 일반인의 뇌가 다르다는 말씀인가요?

김윤희 뇌의 기능에 대한 것들이 달라요. 소위 말하는 공감능력을 발휘하고 감성, 정서를 나타내는 부분이 정신분열증 환자와 거의 비슷해요. 일반인이 공감할 수 있고 정서를 느끼는 뇌의 색깔이나 뇌의 구조와는 아주 다르거든요. 그렇기 때문에 사이코패스는 교화될 수 없다고 주장하는 것이죠. 또 다른 한편에서는 뇌의 가소성에 대한 이야기들이 나오면서 뇌가 변할 수 있다는 이론들이 나오고 있어요. 그래서 유전자이론도 나오고 쌍둥이 연구가 나오면서 선천적인 것이냐 후천적인 것이냐에 관한 이야기도 많이 나오고 있어요. 아직도 학회에서는 이 부분과 관련해서 많은 주장과 이론들이 나오고 있고 그 부분은 평생, 아마 죽을 때까지 풀어야 할 숙제가 아닐까 생각합니다.

김복준 저는 기본적으로 선천적인 범죄자라는 것을 믿지는 않습니다. 한동안 경찰 시험에도 나올 정도로 유명했던 이탈리아 범죄학자 롬부로조Cesare Lombroso라는 사람이 선천적 범죄자를 주장했습니다. 롬부로조는 사형수와 전쟁터에서 죽은 범죄자들의 두개골들을 찾아서 연구했는데, 그 두개골에서 발견한 공통점을 '생래적 범죄자'라는 주장의 근거로 사용했습니다. 지금은 그 이론이 맞지 않는 것으로 정리가 됐습니다.

김윤희 정답은 없겠지만, 저도 공부하고 현장에 있으면서 가장 많이 느낀 것 중에 한 가지는 '어떤 사람 옆에 있는 지지세력'에 관한 것이었어요. 어떤 범죄자가 범죄를 계속해서 이어가지 않고 어떤 사소한 것이라도 삶의 이유를 찾고, 또 사랑을 느낄 수 있는 지지세력이 있다는 것은 그 사람이 선천적 범죄자든, 후천적 범죄자든 범죄를 예방할 수 있는 가장 중요한 요소라는 것이었습니다. 그래서 누군가의 말을 들어주고 누군가에게 사랑을 줄 수 있는 사람이 된다면 그것조차도 아주 작은 것이지만 범죄를 예방할 수 있는 방법이 될 수 있다는 생각을 해요.

배상훈 엄인숙이 피하고 있는 거죠? 그래서 연구가 되지 않는 거죠?

김복준 네, 범죄학이나 범죄를 연구하는 사람들의 면담 시도는 꽤 있었어요. 하지만 본인이 피하고 있어요. 사실은 저도 청주교도소에 가서 엄인숙을 만나보고 싶었고, 유영철도 만나려고 시도를 했지만 실패했어요. 그래서 인맥을 동원하는 노력도 해봤는데 불가능하더라고요. 마지막으로 엄인숙이 첫 번째 남편이 사망하고 난 다음에 2억 원을 넘게 받았고, 두 번째 남편이 사망한 다음에 6,000만 원에 가까운 보험금을 수령했잖아요. 그리고 나머지 가족들의 보험금으로 수령한 금액이 5억 9,000만 원, 대략 6억 원 정도 됩니다. 4개의 보험사에서 대략 10억 원에 가까운 보험금을 받았는데 엄인숙은 이 돈을 전부 써버렸습니다.

배상훈 그때는 보험사들이 전산으로 연결이 되지 않았기 때문에 가능한 일이었어요. 또 그때는 보험 관련 특례법이 없었기 때문에 죄명도 그냥 사기였죠. 지금은 보험 관련 특례법이 제정되어 있기 때문에 보험 살인이 별도로 처벌이 되는데 그때는 전체적으로 시스템이 굉장히 허술했던 거죠. 사람을 살해했음에도 불구하고 시스템적으로 이것을 걸러낼 수 있는 방법이 없었기 때문에 오히려 누군가는 이 부분을 이용했다는 거죠.

김윤희 엄인숙이 가장 잔인하다고 느꼈던 이유가 뭐예요?

김복준 어지간히 잔인한 범인이 아니면 사람의 눈은 공격하기 어려워요. 지난 번 사건에서 범죄학에서 강간범을 대략 두 가지 정도 나눈다고 말씀 드렸잖아요. 상대방을 성폭행하면서도 성폭행 당하는 여성이 눈을 똑바로 뜨고 있는 상태에서는 성폭행을 하지 못하는 유형이 있는가 하면, 눈을 뜨고 있거나 뜨지 않고 있거나에 관계없이 강간을 하는 유형의 두 가지 형태가 있습니다. 실제로 더 위험한 것은 상대방이 눈 뜨고 있는 상태에서는 강간을 못하는 범인입니다. 기절을 시키거나 혼절시킨 상태에서 강간을 하기 때문에 훨씬 더 위험하다고 보거든요. 마찬가지로 사람이 눈을 똑바로 뜨고 있을 때 범행을 하는 것은 결코 쉽지 않습니다. 연쇄살인을 연구할 때도 사체를 토막내는 것과 같이 묶이는 것이 눈 가리기에요. 미국의 여러 연쇄살인범들이 실제로 강간하는 과정에서 차마 자기가 가해하는 피해자의 눈을 똑바로 보지 못하기 때문에 눈을 찌르거나 아니면 안대로 눈을 가린 상태에서 범행하는 경우가 있습니다. 눈을 공격한다는 것은 정말 잔인성의 극치라고 할 수 있습니다.

배상훈 자신의 어머니와 오빠의 안구에 주사기를 찔러 넣었다는 것은 실제로 의사가 아닌 이상 그렇게 정교할 수 없어요. 염산을 넣을 때도 주변으로 튀면 얼굴에 화상의 흔적을 남길 위험이 있는데, 얼굴에 아무런 상흔을 남기지 않고 안구에만 염산을 흘려 넣었다는 것은 실제로는 거의 손을 떨지 않고 노련하고 깔끔하게 위해를 가했다는 거예요. 흔히 말하는 것처럼 감정선이 전혀 흔들리지 않았다는 의미인 거죠. 자신의 혈육에게도 이렇게 행동할 수 있다는 것은 굉장히 높은 레벨의 잔인성을 보여준다는 거죠.

김윤희 강 씨의 사례에서 볼 수 있는 것처럼 엄인숙은 자신에게 가해지는 공격이라든지 자신의 자존심을 건드리는 부분에 대해서는 잔인하게 응징하지만, 타인이 느끼는 아픔이나 자기가 공격하는 부분과 관련해서는 전혀 감정적 동요가 없다는 거죠. '엄여인이 사이코패스라고 40점 만점'이라고 말하는 것은 이 부분과 관련이 있는 것 같아요.

배상훈 검사를 하지는 않았지만, 그렇게 줘도 무방한 정도예요.

사이코패스를 피하는 방법

김윤희 제가 정말 많이 받는 질문이 있어요. "그럼 사이코패스는 어떻게 피해? 사이코패스는 어떻게 알아봐?"라는 거죠.

김복준 사이코패스를 구분하는 것이 힘들기 때문에 일본의 범죄학자가 '양복을 입은 뱀'이라고 말하는 것 아닙니까? 우리 이웃의 친절한 아저씨와 비슷하다는 것이죠. 그리고 연쇄살인범들을 검거해서 보면, 이웃들이 말하기로는 더할 수 없이 친절하고 싹싹한 젊은이였다고 하잖아요. 제 상식으로는 사이코패스를 분별하는 방법은 없는 것 같습니다.

김윤희 굉장히 어려워요. 어떤 사람을 구별하라는 것 자체가 사실은 너무나 추상적이에요. 공감 능력이 없는 사람이라든지, 우리나라에서는 거의 통하지 않지만 연인이 계속 바뀐다는 것과 같은 부분들을 말해요. 자기들이 조작한 세상 속에 우리가 실제로 들어가서 같이 살아보는 것이 아니잖아요. 대부분의 경우 겉모습만 보기 때문에 되게 구분하기 어려운 부분이 있어요. 심지어 헤어 박사조차도 예방법을 "피해라."라고만 말해요.

배상훈 어떻게 피하는 것인지 누구를 피하라는 것인지에 대해서는 말하지 않고 있어요. 예를 들면, 하나의 무리 중에서 폭력성이 높은 사람을 찾으라고 하면 어느 정도 찾을 수 있어요. 몇 사람 중에서 성범죄에 친화력이 있고 생각하는 사람을 고르라고 하면 추려낼 수도 있어요. 그런데 사이코패스는 그렇게 해서 추려낼 수 없어요. 평소에는 폭력성이나 성범죄의 친화성을 모두 회피하는 사람들이기 때문이에요. 실제로 어떤 경우에는 폭력적인 사람으로 나타났다가 어떤 경우에는 냉정한 사람으로 나타나기도 해요. 어떻게, 누군지 알고 피하겠어요.

김윤희 그렇기 때문에 사람들이 불안해질 수밖에 없는 것 같아요. 그렇기 때문에 우리 사회 전반에 깔려 있는 불안들이 더 증폭될 수밖에 없는 것 같고요. 그렇기 때문에 요즘에 부쩍 더 '힐링'이라는 단어의 등장이 잦아진 것 같아요. 사회 전체에 내재되어 있는 불안 요소들이 많아졌기 때문에 나타나는 상대적인 현상 같아서 안타깝습니다.

배상훈 일단 갑질 폭행의 양○○ 같은 사람은 무조건 피하면 되죠.

김복준 양○○도 사이코패스 기질이 있죠.

배상훈 성향은 보이지만 정확한 것은 검사를 해 봐야 알 수 있죠. 하지만, 일단 성향은 보인다고 생각해요. 검사를 정교하게 진행하면 피검사자의 성향이 어느 쪽의 영역에 속하는지를 알 수 있겠죠. 실제로 사이코패스인지, 아니면 사이코패스는 아닌데 대단히 폭력적인 성향의 사람인지, 그것도 아니면 아예 사기꾼의 영역에 속하는지를 살펴봐야겠죠.

김복준 사이코패스가 특별히 사는 지역이 있는 것도 아니잖아요.

배상훈 그렇죠. 어디 특정한 지역에만 있는 것도 아니죠. 과거에는 성별에 따른 차이, 즉 '여자 사이코패스는 없다.'는 말도 떠돌았어요. 그리고 미국에서는 '사이코패스는 백인만 있다.'는 이야기도 있었어요.

김복준 연구결과는 대체로 백인이 많다는 거죠.

배상훈 그것은 아마 인구가 더 많기 때문일 거예요. 흑인들은 모여 사는 지역을 보면 대체로 노동시간이 아주 길어요. 24시간 중에서 상당 시간을 일해야 하는 흑인들에 비하면, 백인들은 시간적으로 여유가 있기 때문이죠. 그리고 흑인들은 흔히 말하는 '기회성 범죄'에 많이 노출되어 있는 이유도 있을 거예요. 하지만, 그렇다고 해서 흑인들 중에 사이코패스가 없는 것은 아니에요.

김윤희 저희가 이처럼 아주 잔인한 살인 사건을 다루는 이유는 범행수법의 기발함이나 범행의 잔인성을 말하기 위한 목적보다는 범행 과정에서 있었던 일들을 돌이켜 보면 충분히 예방할 수도 있었는데 예방하지 못했고 결과적으로 이런 사건들이 일어났기 때문에 한편으로는 사람들의 경각심을 일깨우는 계기가 되었으면 하는 목적이 있습니다. 다른 한편으로는 주변에서 일어나는 일들에 조금 더 관심을 가져야 한다는 바람이라고 할 수 있습니다. 저희가 이야기하는 목적과 바람이 간과되지 않았으면 좋겠다는 생각을 합니다. 저희의 이야기가 범죄를 예방할 수 있는 근본적인 해결책을 될 수는 없겠지만, 여러분들께 조금이나마 도움이 될 수 있도록 노력해 보겠습니다.

김복준 분명한 것은 우리가 살인사건을 소개하는 과정에서 당시의 상황이나 이미 공지된 범죄 사실에 대해서는 말할 수밖에 없어요. 이 부분은 불가피한 것입니다. 여기에 대해 어떤 분들은 범행수법을 자세하게 알려주고 있다고 비판하기도 합니다. 저는 그런 비판에 대해서는 겸허하게 받아들여야 한다고 생각하고, 그분들의 생각이나 해석에 대해서는 일리가 있다고 생각합니다. 하지만, 저희 입장에서 말씀 드리고 싶은 것은 범행의 개요와 범행수법을 이야기하지 않고서는 대화를 이어가기 힘든 부분도 존재한다는 것입니다. 저희도 불가피한 측면이 있다는 말씀을 드리고 싶고, 또 한 가지 분명히 말씀 드리고 싶은 것은 공지되지 않는 범죄 기법이나 수법에 대해서 저희가 공개하는 일은 없을 것이라는 사실입니다. 전체적인 내용과 관계없이 단지 범죄 수법을 알려주는 방송이라고 말하는 것은 우리 입장에서 볼 때는 매도당하는 느낌이 있어서 굉장히 불편합니다.

김윤희 범죄 없는 세상을 꿈꾸지만 인간이 사회에서 함께 살고있는 동안에는 어렵겠죠. 하지만 그런 사회를 만들어가는 노력은 해야겠다는 생각을 합니다.

제8장

속옷을 훔친
'바바리맨'의 연쇄살인,
이대영

'속옷도둑인 줄 알았는데 알고 보니 연쇄살인범'

김윤희 오늘 다룰 사건의 피의자는 이름을 먼저 밝힐 건데요. 이대영입니다. 저에게는 잊을 수 없는 이름입니다. 광진구 부녀자 연쇄살인사건으로 유명한 연쇄살인범이라고 이야기하면 될 것 같습니다. 검거 당시에는 이대영의 혐의가 연쇄살인범이 아니었고, 또 검거 이후에도 이 사람이 살인을 저질렀을 것이라고는 생각하지 못했어요.

김복준 오늘 이 시간은 기대를 해도 좋을 것 같아요. 광진구 부녀자 연쇄살인사건의 이대영이 검거된 후에 김윤희 프로파일러께서 면담하고 프로파일링했던 범인이거든요.

김윤희 교수님께서 이대영을 하자고 하셔서 저는 깜짝 놀랐잖아요. 어디까지 이야기를 해야 방송사고가 아닐까에 대해서도 많이 고민했어요.

김복준 유튜브 《사건의뢰》에서는 방송사고를 걱정할 필요가 없어요. 아무 상관없으니까 프로파일링 했던 내용을 우리 시청자분들께 그대로 전달해주시면 될 것 같아요.

김윤희 교수님, 재소자도 명예훼손 소송이 가능하지 않습니까?

김복준 제가 미리 살펴봤는데, 크게 문제가 될 내용은 없어요. 혹시 약간의 문제가 야기될 수 있는 부분은 제가 책임질게요. 이대영 사건은 제가 현직에 있을 때 발생했고, 형사들 사이에서도 상당히 이목이 집중되었던 사건이거든요. 당시의 언론의 헤드라인이 묘했어요. 신문에는 '속옷도둑인 줄 알았는데 알고 보니 연쇄살인범'이라는 제목으로 보도되었어요. 처음에 검거했을 때는 여성 속옷도둑이었던 거예요. 그런데 알고 보니 연쇄살인범이었던 거죠.

김윤희 실제로 피의자 소유의 차량 트렁크에서 다수의 여성 속옷, 즉 팬티와 브레지어가 발견됐어요.

김복준 그리고 순서대로 이야기하겠지만 첫 번째 범행은 1995년이었거든요. 그리고 경찰이 1995년 사건을 해결하지 못하는 사이에 여러 건의 '퍽치기' 강도상해사건 등이 있었어요. 그 와중에 중요한 것은 2006년에 세 차례에 걸친 '바바리맨' 행각으로 공연음란죄로 처벌받은 전력이 있다는 것이에요. 그래서 연쇄살인과 성범죄가 결합된 형태의 범죄로 아주 특이한 성향을 가진 범인입니다.

김윤희 대한민국의 살인사건에 관심이 많은 분들이라고 해도 이대영이라는 이름은 잘 모르실 거예요. 왜냐하면, 광진구 부녀자 연쇄살인사건 정도로 알려져 있지만, 자세한 사건의 내용은 거의 알려지지 않았기 때문입니다. 아마 오늘은 '와, 이런 사건이 있었어?'라는 반응이 많을 것 같아요.

김복준 먼저, 편의상 검거 경위부터 이야기 할게요. 그래야 잘 풀릴 것 같거든요. 2009년 9월 26일 새벽 4시경에 광진구 화양지구대에 근무하는 정○○ 경사가 주택가를 배회하는 이대영을 발견합니다. 골목길을 돌아다니는 수상한 사람이었기 때문에 아마 절도범 정도로 인식하고 검문을 했을 거예요. 그래서 신분증을 제시하라고 했는데 다른 사람의 신분증을 보여준 거예요. 경찰 입장에선 '이건 뭔가 있는 놈이다.'라는 생각이 드는 거죠. 새벽 시간대에 주택가를 서성거리는 것만 해도 범죄혐의가 있는데, 검문을 했더니 타인의 신분증을 보여준다면 분명히 뭔가 문제가 있다는 거예요. 그래서 망설이지 않고 지구대로 임의동행을 요구했던 것 같아요. 임의동행을 한 다음에 여러 가지 조사를 했지만, 지구대에서는 뚜렷한 혐의점을 발견하지 못했어요. 제 생각에는 수사기법 때문이었을 것 같아요. 그때 형사가 나타났어요. 추석이나 명절 전후에는 형사들도 형사기동대에 있으면서 계속 순찰을 합니다. 그 과정에서 이대영을 수상하게 봤던 거예요. 그때 담당이었던 강력 5팀의 팀장인 권○○ 경위 등이 형사계로 데려갔습니다. '뭔가 있다'는 형사들의 본능, 우리가 흔히 말하는 '촉'이 발동한 거예요. 형사계에서 이대영 본인 소유의 차량을 찾아서 수색했는데, 김윤희 프로파일러께서 앞에서 말씀하신 트렁크에 보관 중이던 USB를 찾아내게 됩니다. 그리고 여러 사람들의 신분증과 여성의 신체와 속옷 등을 촬영한 사진을 발견했는데, 그 사진 중에는 본인이 여성 속옷을 입고 찍은 사진도 다수가 포함되어 있었어요. 그래서 신문기사의 헤

드라인에 나왔던 것처럼 바바리맨이나 여성속옷 전문절도범, 또는 성도착증 환자 정도로 생각하고 수사를 시작했던 겁니다.

김윤희 처음에는 차량 트렁크에서 주민등록증, 운전면허증, 학생증, 심지어 인감증명서 같은 것들이 나온 거예요. 여성의 팬티와 브래지어가 20벌 정도 있었어요. 그리고 휴대폰과 칼, 조금 전에 말씀하신 결정적인 증거물 외장하드가 발견되면서 속옷 절도범이나 성범죄자라는 의심을 받게 되었어요.

김복준 전과조회를 했더니 2006년에 공연음란죄로 세 번이나 처벌받은 전력이 있는 바바리맨이었던 거예요.

김윤희 이 사건은 아니지만, 제가 바바리맨으로 검거된 사람을 면담한 적이 있어요. 흔히 사람들은 바바리맨이 속옷을 입지 않은 알몸 상태에 코트만 입고 다닌다고 생각하잖아요. 그런데 실제로는 그렇지 않아요. 그 사람 말에 따르면, 셔츠와 바지를 잘라서 고무줄을 달아서 팔 토시나 다리 토시처럼 만든다고 해요. 그냥 보면 바지와 셔츠를 입고 있는 것처럼 보이지만, 코트를 벗으면 자신의 성기가 드러나도록 세팅이 되어 있다고 해요.

김복준 잠깐 바바리맨 이야기를 하자면, 바바리맨은 두 가지 형태밖에 없어요. 첫 번째 유형은 조금 전에 말씀하신 것처럼 코트를 입고 있다가 성기를 노출하면 이를 본 여성이 놀라는 것을 즐기는 사람입니다. 그리고 두 번째 유형은 아무것도 입지 않은 상태로 있다가 여성을 향해 자위행위를 보여주면서 만족감을 느끼는 사람입니다. 바바리맨은 이렇게 두 가지 형태가 있는데, 이들이 만족감을 얻는 심리과정은 거의 비슷합니다. 집에서 성적인 상상을 하다가 밖으로 뛰쳐나가서 누군가에게 알몸이나 자위행위를 보여주고, 그 행위를 본 누군가가 놀라는 것을 보면서 만족감을 얻은 다음에 집으로 돌아오는 과정을 거치는 것입니다. 바바리맨의 치명적인 단점은 밀폐된 공간에서 노출하는 것은 의미가 없고, 반드시 개방된 장소에서 노출을 해야 만족감을 느낀다는 것입니다. 그것 때문에 검거되는 거죠.

김윤희 그래서 주로 공연음란죄에 해당됩니다. 바바리맨들은 신체적인 접촉을 하지 않아요. 접촉하지 않고 보여주는 것, 즉 '쇼잉 showing' 자체에서 쾌감을 느끼고 자신의 성적환상을 충족하는 것이기 때문에 적용할 수 있는 법률이 공연음란죄 정도인 거죠.

김복준 바바리맨에게 공연음란죄를 의율한 것에는 저도 일조했다고 생각합니다. 제가 1982년에 경찰에 들어왔는데 바바리맨이 많았어요. 특히 여고, 여대 부근에는 바바리맨 서너 '마리'가 꼭 있었어요. 심지어 바바리맨이 인근에 없으면 '명문'학교가 아니라는 말까지 있을 정도였어요. 그런데 말씀 드린 것처럼 개방된 곳에서 변태적인 행위를 했기 때문에 검거를 해도 처벌조항이 없었어요. 주로 경범죄 처벌법으로 처리했고, 대부분 벌금 삼만 원에서 오만 원을 내는 것이 전부였어요. 당연히 나가서는 또 그 짓거리를 반복하는 거죠. 자랑 같지만, 도저히 안 되겠다는 생각에 형법 책을 꼼꼼하게 살펴봤어요. 아마 제 기억에는 1989년이었던 것 같아요. 그 전에도 다른 곳에서 바바리맨을 공연음란죄로 의율했는지에 대해서는 모르겠지만, 적어도 우리 경찰서에서는 제가 최초였던 것 같아요. 그래서 처음으로 바바리맨을 형사입건 했어요. 서너 번 즉결심판에 넘겼던 사람이 계속해서 잡혀오는 것 때문에 형사입건 할 수 있는 근거조항을 찾아서 공연음란죄로 한번 의율을 했는데 그게 되더라고요. 그것 때문에 상도 받고 그랬는데, 바바리맨을 공연음란죄로 정식으로 의율한 역사가 그렇게 길지는 않습니다.

김윤희 제가 최근에 본 기사에서는 여성이 혼자 사는 원룸에 들어가서 성기를 노출한 사건이었는데 무죄가 된 것 같더라고요. 공연음란죄는 공공장소여야 하고, 성추행은 접촉이 있어야 했기 때문에 무죄가 됐다고 해요. 주거침입이 될 수도 있는데, 화장실을 잠깐 사용하겠다는 허락을 받은 상황이었기 때문에 그것도 적용할 수 없었다고 합니다. 그래서 법률은 어떻게 적용하느냐도 아주 중요한데 교수님께서 그것을 하신 것이군요.

김복준 가끔 의사나 변호사, 검사 같은 분들이 음란행위를 하기도 하는데 그들은 곧 제자리로 복귀하는 경우가 많더라고요. 잘못된 행동들이 아무런 걸림돌이 되지 않는 것 같아요. 우리 같은 서민들은 작은 실수 하나로도 인생을 망치고 매장당하기도 하는데 가진 사람들은 여전히 잘 살아가더라고요. 이렇게 파렴치한 사람들은 의사나 변호사 자격을 박탈해야 한다고 생각해요. 공연음란죄는 그 정도로 하고 다시 원점으로 돌아가시죠.

김윤희 바바리맨에서 여기까지 왔습니다. 아무튼 형사 분들이 '촉'이 있잖아요. 남의 신분증을 가지고 있어서 외장하드를 봤는데 폴더 이름이 심상치 않은 거예요. 말해도 될까요? 폴더 이름이 '강간당한 년들' '내 XX' 등 모두 성적인 것들로 되어 있어요.

'강간당한 년들'이라는 폴더에는 실물로 가지고 있는 신분증 외에 다른 신분증들이 촬영되어 있었던 거예요.

김복준 나중에 이대영의 집에서는 700~800MB 크기의 포르노 동영상 CD가 967장, 그리고 본인이 여성의 속옷을 입고 찍은 사진 등 이 발견되었어요. 조금 전에 말씀드린 것처럼 폴더 이름에 여 성의 성기를 적나라하게 그대로 썼다는 거죠.

김윤희 그런데 지금 말씀 드린 것은 그나마 수위가 약한 것이고 정말 입에 담기 힘든 말들을 폴더 이름으로 썼더라고요. 그런 것이 한두 개가 아니에요. 나중에 "도대체 왜 폴더 이름을 이렇게 했 냐?"고 물어봤어요. 폴더를 여는 순간 그것들을 보면서 성적 만 족을 느낀 데요. 자기도 모르게 폴더 이름을 보는 순간 어떤 쾌 감이 느껴진다는 거죠. 거리에서 불특정 다수의 여성분들을 촬 영한 것이 있었는데, 거기에는 '카메라 등 이용 촬영죄'를 적용 했어요.

형사를 사랑했던 범인의 자백과 부인

김복준 결국 권○○ 경위 등 강력 5팀에서 이대영에 대한 수사를 진행 했어요. 수사진행 과정에서 자백을 유도하는 방법은 형사들이 대상을 관찰하고 판단해서 선택해요. 다소 위압적으로 자백을 유도할 수 있는 사람인가를 보고, 안 된다고 판단되면 바로 회 유에 들어갑니다. 회유하면서 잘 대해 주는 거죠. 물론 '굿캅', '배드캅'이 있는데, 그것도 수사기법 중 하나예요. 이대영은 겁 을 줘서 자백을 받는 것이 불가능했던 것 같습니다. 그래서 김윤희 프로파일러가 불편할 수 있는 부분이지만, 먼저 말할게요. 이대영이 자기는 '사건을 저지르고 다니면서 불을 지르는 등의 방법으로 현장증거를 모두 없앴다. 그래서 나를 기소할 수 없다는 것도 알고 있다. 그렇지만 이 세상에 태어나서 처음으로 나를 이해해주는 사람을 만나고 보니 진심으로 내 행동이 잘못됐다는 것을 깨달았다. 마음의 짐을 덜고 싶다.'라고 하면서 이제까지의 범행을 모두 자백했어요. 그때 '이 세상에 태어나서 처음으로 나를 이해해준 사람'은 형사였어요. 이대영도 남성이고 그 형사도 남성이었지만, 이해해주는 차원을 넘어서 이대형은 그 형사를 사랑했다고 합니다.

김윤희 본인도 '나는 정상적인 방법으로는 성적 만족을 느낄 수 없는 사람'이라는 이야기를 했어요. 그래서 자기는 '정상적인 성적 관계에서는 만족을 느끼지 못하고, 여성보다는 여성의 팬티나 브래지어 같은 물건이나 자신의 성기를 찍은 사진 등을 통해서 자신만의 성적 만족과 환상을 키운다.'고도 했어요.

김복준 물품음란증이라고 하는 성도착증이 있는 거죠.

김윤희 본인 스스로 성도착증이 있다고 이야기해요. 이와 관련해서는 본인이 그렇게 말했고, 또 성도착증의 정확한 경위도 알고 있었어요.

김복준 그럼 스스로 자신에 대해서 공부를 한 건가요?

김윤희 자기에 대해서 스스로 판단을 했어요. 이 부분도 언론에 보도된 적이 있는데 자기가 성도착증을 갖게 된 이유에 대해서는 어린 시절의 트라우마 때문이라고 말했어요. 나중에 다시 나오겠지만, 자기 진단을 했기 때문에 속옷 절도 혐의를 받고 있었을 때에도 카메라 등 이용 촬영 혐의를 받고 있을 때에도 '나는 성도착증이라서 이런 것들을 가지고 있다.'고 말했고, 절도 혐의에 대해서도 '나는 훔친 적이 없다. 모두 주운 것일 뿐이다.'라고 말했다는 거예요. 아직도 기억이 나는 형사 분의 말이 있어요. '남들은 일 년, 아니 몇 십 년에 한 번 주울 물건을 너는 어떻게 그렇게 많이 주웠냐.'고 했었어요.

김복준 옆길로 조금 빠지는 것 같은데요 자기를 잘 대해준 형사에 대해서 애정을 느꼈다고 했잖아요. 형사들은 다들 그런 경험이 있어요. 저같이 우락부락한 사람에게도 그런 생각과 느낌으로 교도소에서 편지를 보내와서 괴롭고 힘들었던 기억이 있거든요. 언젠가 제가 절도범을 검거했어요. 형사들 말로 '턴다.'고 하거든요. 원래 절도범은 직업이 절도기 때문에 현장에서 걸린 사건 말고도 여죄가 있기 마련이어서 형사들의 입장에서는 여죄를 추궁하잖아요. 제가 설렁탕도 사주고 했더니 잘 진술해서 모두 26건의 여죄를 밝혔어요. 실제로 자기가 도둑질을 했던 집들을 같이 갔는데, 이렇게 저렇게 해서 들어갔고 이 집에서는 뭘 훔쳤다고 말해요. 기억도 정말 잘 해요. 절도범들은 아무리 여러 개를 훔쳤어도 '이 집에서는 현금 오천 원, 이 집은 금반지 하나밖에 없었어요.'라는 것을 모두 기억하거든요. 역시 절도범은 자기들의 범행과 관련해서는 특화된 부분이 있는 것 같아요.

김윤희 지리를 기억하는 공간지각능력 같은 것도 뛰어나죠.

김복준 그 부분은 기가 막혀요. 본인이 찾아가는 장소를 따라가면서도 '어떻게 이런 길을 기억할까?'라고 생각할 정도예요. 같이 다니니까 잘해주죠. 도망가면 안 되니까 같이 수갑 차고 다니면서 짬짬이 맛있는 것도 먹고, 한 여름에 파라솔 밑에 앉아서 맥주도 마시고 그랬어요. 그렇게 잘해줬더니 저에게 이상한 마음을 품었었나봐요. 교도소에서 매일같이 편지지로 20, 30장씩 쓴 편지가 오는데, 진짜 죽는 줄 알았어요. 동성인데도 애정을 느꼈다는 둥, 같이 수갑을 차고 현장을 나갔을 때 땀 냄새가 향수보다 좋았다는 둥 어처구니가 없었어요. 사람 사는 세상에는 희한한 일들이 있다고 생각했지만 아주 불쾌한 경험이었어요.

김윤희 그 피의자들에게는 형사 분이나 교수님이 아마 아이돌 같이 느껴졌을 거예요.

김복준 그게 무슨 경우냐고요. 인격적으로 모욕당하는 기분도 들었지만, 크게 공부 한 번 했죠.

김윤희 저는 교수님을 통해서 새삼 많이 배워요. 저는 이론적으로 공부를 하거나 면담을 통해서 이야기를 듣는 것이잖아요. 그런데 교수님께서는 현장에서 리얼하게 경험한 것들이잖아요. 제가 면담할 때도 그렇지만, 시청자분들도 '왜 이런 일이 일어날까?'라고 생각할 수 있는데 실제로 범인들이 형사 분들께 애정을 느껴요. 유착관계라고 할 수도 있겠죠. 이론적으로 말하자면 경찰서라는 공간이 불편한 공간이잖아요. 경찰서는 두려움과 공포의 공간인데 그곳에서 누군가가 잘 대해주잖아요. 그리고 그 사람이 자기가 예상치 못했던 사람, 즉 자기를 잡아온 형사잖아요. 제가 면담했던 사람들의 대부분은 살면서 자기 이야기를 제대로 해본 적이 없었어요. 그래서 자기 이야기를 들어주는 것만으로도 그들은 '굉장히 나를 좋아한다.'는 느낌을 갖게 된다고 해요. 바깥에서도 이런 경험을 한 번도 못했던 사람들이기 때문에 자기도 모르게 뭉클해지는 것이 있다고 해요. 실제로 면담했을 때 들었던 이야기입니다.

김복준 저는 솔직히 말해서 건성으로 대답했고, 속옷이 너무 더러워서 몇 벌 넣어서 교도소에 보냈을 뿐이에요. 치약, 칫솔이나 담요도 그래서 사서 보낸 거예요. 당시에는 보급이 제대로 안 됐잖아요. 말씀을 듣고 보니, 건성으로 했던 행동들에 대해 미안한 생각이 듭니다. 반성하겠습니다. 아무튼 이 경우는 세상에 태어나서 처음으로 자기에게 잘해주는 사람을 만나서 증거가 모두 인멸되었다는 것을 알면서도 모든 범행을 자백했다는 거죠.

김윤희 결정적 계기는 이 형사님이 만든 것이라고 할 수 있습니다. 이대영이 '퍽치기' 절도도 많이 했는데, 신분증을 모두 스캔해서 저장해뒀기 때문에 여죄가 있다고 생각해서 신분증이 있는 피해자들에게 일일이 전화를 합니다. 그 과정에서 폴더 안에 있는 살인사건 피해자의 신분증을 발견합니다. 그래서 형사님이 추궁을 시작합니다.

김복준 이 사건이 연쇄살인사건이라는 것이 드러난 계기였네요. 오늘은 검거 경위부터 말씀을 드렸는데, 지금부터는 상징적인 사건이 무엇인지를 밝히면서 시기와는 관계없이 진행하는 것이 좋을 것 같아요. 본인이 말했듯이 범행을 저지른 이후에 불을 질렀기 때문에 증거가 전혀 없음에도 불구하고 사랑하는 형사님이기 때문에 자백했던 사건은 2001년 9월 4일 새벽 3시경에 광진구 화양동에서 발생했고, 피해자는 31세의 정 씨로 회사원이었어요. 여성이 혼자 자고 있는 집에 이대영이 침입합니다. 그리고는 자고 있는 정 씨의 가슴을 만지다가 여성이 깨어나서 반항하니까 목을 졸라서 살해하게 됩니다. 살해한 다음에는 현금 이만 원과 핸드백, 속옷 등 훔치고 주민등록증도 들고 가는데 아마 수집의 목적이 있었던 것 같아요. 바로 그 주민등록증이 발견되었기 때문에 이 사건의 전모가 드러나게 됩니다. 그래서 현금 이만 원과 속옷, 핸드백 그리고 정 씨의 주민등록증을 가져가고 목을 졸라 살해했다고 했는데, 결정적으로는 음부에 화장품 병을 삽입해 놓았다고 합니다.

김윤희 제가 담당했던 사건이어서 정확하게 말씀 드리자면, 화장품 병이 음부에 꽂혀 있었다고 잘못 알려져 있는데 꽂혀 있는 상태는 아니었고 그냥 빠져나온 상태였어요. 피해자 분은 침실에 반듯하게 누워 있었고, 화재로 모두 불 탄 것이 아니라 타다가 꺼져서 그을음이 난 정도였어요. 그을음이 바닥에 내려앉아 있었고, 방은 정말 미친 듯이 혼란스럽게 가구와 서랍을 모두 뒤져놓은 상태였어요. 나중에 자백을 들어보면, 강도, 강간살인으로 위장하기 위해서 음부에다 화장품 병을 넣었다고 해요. 피해자분께는 정말 죄송하지만, 저희가 음부를 살펴봤을 때 어느 정도 손상이 있었어요.

김복준 나중에 국과수 감정결과에서도 화장품 병으로 장난했던 것은 밝혀지게 됩니다.

김윤희 그래서 강간으로 의심했었고, 어쨌든 핸드백이 없어졌던 부분은 강도일 수 있겠다고 생각했던 부분이었어요. 그리고 옷은 하의만 가져갔어요. 팬티와 하의만 가져갔기 때문에 강도 강간범이라고 생각했었는데, 이대영은 혹시라도 증거가 남을 것 같아서 가지고 갔다고 진술했어요. 이대영의 진술에 일관성이 있는 것은 아니에요. 그런데 자신이 성도착증이기 때문에 음부에 넣은 것이 아니냐는 것에 대해서는 강하게 부인하고, 단지 위장하기 위해서였다는 것에 대해서만큼은 일관되게 주장했습니다. 그 형사님이 질문했기 때문일지도 모르지만 그 부분에 대해서는 계속 부인했습니다.

김복준 형사에 대해서 애정을 느끼는 경우에 성관계나 성범죄에 관련된 진술을 받는 것은 효율적이지 못해요.

김윤희 저도 그렇게 생각합니다. 그리고 저는 위장을 할 때에도 사람들이 생각하는 패턴들이 있거든요. 그런데 나중에 살펴볼 사건에서도 나오겠지만, 이대영은 피해자의 음부에 무언가를 넣는 행위를 실행하는 패턴을 가지고 있거든요. 강도나 강간을 위장할 때에는 하의만 벗겨놓거나 서랍만 뒤져놓는 상태로 방치하는 것이 일반적이에요. 그런데 이대영처럼 무언가를 삽입했다는 것은 그와 관련된 성적 환상이 분명히 있다는 거예요. 그래서 저는 위장목적이라고 볼 수 없다고 생각해요.

김복준 아무튼 현장에서 증거를 인멸하려고 방화까지 저질렀기 때문에 죄가 더욱 무거워진 거예요. 신분증이 발견되었기 때문에

2001년 9월 4일에 발생했던 피해자 정 씨 사건은 해결이 되었어요. 그리고 여죄가 나오기 시작하죠. 그 이후에는 이대영이 이른바 '퍽치기' 강도 성향이 강했기 때문에 강도 관련 사건이나 '퍽치기' 관련 사건을 집중적으로 조사하게 됩니다. 그래서 광진, 성동, 강동 중랑구 관내에서 발생했던 강도 살인사건을 살펴보게 됩니다. 아마 상당히 많은 범죄를 저질렀을 것 같은데, 그중에 이대영에게 당한 불운한 사람이 또 있어요. 자영업자였고 30세의 김○○ 씨예요. 이분은 이대영이 휘두른 둔기에 맞아서 현금 70만원 갈취당하면서 굉장히 위험한 지경에 이르렀다고 합니다. 그리고 아주 오래된 사건 하나를 해결하는 결정적인 계기가 발견됩니다. 김윤희 프로파일러께서는 화장품 병이 음부에 삽입되어 있었던 것은 아니라고 했지만, 물건을 여성의 성기에 삽입하려고 했다는 수법과 유사한 사건들을 경찰들이 찾습니다. 그 과정에서 한참 전인 1995년으로 거슬러 올라갑니다. 1995년 10월 18일에 발생했던 ○○산 약수터 살인사건이 도출된 거예요.

김윤희 제가 미제사건 파일에서 이 사건을 유심히 봤거든요. 프로파일러에게는 굉장히 흥미로운 사건이었어요. 시체의 상태라든지 여러 가지 주변 요건들 때문에 굉장히 관심을 가지고 있었던 사건이었는데 이 사건의 범인이 이대영이었습니다.

김복준 결국 연관관계 때문에 풀리게 돼요. 광진구 화양동 사건과 유사한 점은 음부에 약 40cm 정도의 나무막대기를 삽입시켜 놨던 것이에요. 화장품 병을 삽입하려고 했던 것과 유사했기 때문에 이 사건과 연관관계가 있을 것이라고 판단했던 거죠. 1995년 사건이니까 아주 오래된 사건이었지만, 추궁을 하다보니 결국 이대영이 그 사건의 범인이었던 거죠.

김윤희 이대영이 스스로 본인의 시그니처에 대해서 말한 거예요. 정 씨가 살해된 곳은 다세대 주택이고 아차산 약수터는 야외잖아요. 어떻게 보면 연관성을 찾기 힘든 사건이었는데 자신이 '화장품 병을 넣었다.'는 진술을 했기 때문에, 즉 자신의 시그니처를 말했기 때문에 형사 입장에선 단서를 찾기가 쉬웠던 거예요.

김복준 이대영이 1995년 2월에 군에서 만기제대를 합니다. 그 사이에 어떤 변화가 있었는지는 모르겠지만, 제대하고 8개월 후인 10월 18일에 중곡동에 있는 ○○산 약수터에서 이대영이 세수를 했던 모양이에요. 약숫물에 세수를 하니까 그 당시 피해자인 58세의 주부인 김 씨가 옆에서 뭐라고 했던 모양입니다. 뭐라고 책망하는 것에 화가 나서 돌로 머리를 쳐서 살해하고 숲 속으로 끌고 가서 사체를 유기했고 주변에 있는 나뭇가지를 잘라서 그것을 음부에 삽입했다고 합니다. 저는 이 부분에 의문이 있습니다. 어차피 피해자는 사망했고 피의자인 이대영의 진술일 뿐이잖아요. 세수를 하는데 뭐라고 해서 살해를 한 것인지, 또는 성폭행을 하려고 했는데 반항해서 살해한 것인지는 단정 지을 수 없는 것 같아요.

김윤희 이대영의 말에 따르면, '어린놈의 새끼'라는 말이 듣기 싫었다고 해요. '요즘 것들은 버릇이 없어.'라는 식의 말투를 했던 것 같다고 하는데 그 이후의 상황은 기억이 나지 않는다고 해요.

피해자분이 돌에 맞아서 사망했다고 하는데 그 부분도 정확하게 기억이 나지는 않는다고 해요. 교수님 말씀처럼 이대영의 진술일 뿐, 알 수 없는 부분은 있어요. 숲에서 나체 상태의 피해자가 발견되었는데 이때도 하의와 속옷을 가지고 가거든요. 그리고 똑같은 이야기를 합니다. 자기는 변태 성욕자의 행위로 위장하고 싶었고 수사가 그렇게 진행되도록 만들고 싶었기 때문에 그렇게 했다는 거죠. 이대영은 계획적이라는 부분은 모두 부정해요. 자기는 충동적이었고 우발적이었다는 거죠. 살해한 것도 우발적이었고, 시체를 유기한 부분에 있어도 순간적으로 생각이 났기 때문에 그렇게 행동했다는 거예요. 하지만, 현장과 사체는 거짓말을 하지 않는다고 하잖아요. 저희가 음부에 나뭇가지를 삽입한 것에 대해서도 물었고, 시체를 끌고 오는 과정에서 찰과상이 생길 수 있는데 유두부분에만 찰과상이 있다는 이야기를 했어요. 그런데 이대영은 이 부분에 대해서는 모두 위장이라고만 했고 성적인 부분에 대해서는 모두 부인하는 상황이었어요. 면담을 할 때에도 이 부분에 대해서 다른 말은 하지 않았어요.

김복준 경찰청 보고서에는 김 씨가 발견된 것은 다음날 12시 20분경에 용마산 팔부능선 쪽인데 그곳에 ○○천 약수터가 있다고 해요. 약수터 옆에 있는 숲에서 나체 상태로 발견되었고, 두정부에 돌에 의한 7개의 자창, 즉 돌로 7번을 내리찍었다는 말이에요. 아마 그곳에서 살해했을 것으로 보입니다. 그리고 유두부위와 복부에 찰과상이 있다는 것은 엎어진 상태에서 끌었던 것 같아요.

김윤희 그것조차도 기억이 나지 않는다고 했어요. 그래서 자기가 업었는지 안고 왔는지를 모르겠다고 하지만 저는 끌고 왔다고 봐요.

김복준 이 부분은 아마 본인이 말하는 것이 틀릴 수도 있어요. 사체의 상황이 말해주잖아요. ○○산 약수터에서 살해한 것은 분명해요. 돌로 때려서 살해하고 거기서 가까운 숲으로 끌고 갔던 것 같아요. 고시준비생이 사체를 발견해서 경찰에 신고했는데, 수사전담반이 설치가 됐었어요. 결국은 해결을 못했죠.

김윤희 그때에도 면식범 수사가 우선했던 거예요. 살해 수법이 너무 잔인했기 때문에 원한이나 증오에 의한 것이라고 봤어요. 이것은 논외일 수도 있는데 전에는 피해자와 피해자 유족에 대한 트라우마만 생각했었는데 최근에는 목격자에 대한 트라우마를 생각하게 돼요. 고시를 준비하던 이분은 약수터 갔는데 비린 냄새가 났다고 해요. 그래서 위로 올라갔는데 사체를 발견한 것이잖아요. 저는 현장사진을 봤는데 굉장히 충격적이었어요. 아마 이 목격자분도 한참동안 트라우마에 시달렸을 거예요. 그래서 최근에는 범죄가 미치는 영향이 어마어마할 것이라는 생각을 하게 되었어요. 실종신고가 이미 돼 있었다고 하더라고요. 남편분이 실종신고를 했고, 수사는 광범위하게 진행되었다고 해요. 탐문수사부터 시작해서 변태성욕자, 전과자 등 수사를 진행했지만 결국은 성과가 없었던 거죠.

김복준 사람을 돌로 쳐서 살해하고 성기에 이물질을 삽입하는 사건이 발생하면 형사들이 추정하는 것들이 있어요. 먼저, 치정 관련된 것을 집중적으로 살펴봅니다. 그리고 원한이 있기 때문에 성기를 훼손했다고 생각해요. 심한 경우 사체오욕이라고 사체훼손이 있잖아요. 사체오욕의 경우에는 살해한 사람 몸에 소변을 본다든지 하는 거죠. 저는 배변한 사람도 봤어요. 원한이 사무쳐서 저지른 사건이었는데 그것도 치정이에요. 일반적인 채권채무보다는 치정이 범행수법이 잔인하거든요.

김윤희 제가 봤던 사건은 여자 분의 얼굴을 삐에로로 만들어 놨어요.

김복준 화장을 했다는 거예요?

김윤희 아니요. 범행도구로 얼굴을 훼손했어요. 아직도 기억이 나는데 피의자가 암 선고를 받은 할아버지셨는데 죄의식 없이 죽일만한 사람을 죽였다고 했는데, 치정문제였거든요.

김복준 치정이 잔인해요. 이 사건도 수사전담반이 설치됐다면 그 당시의 기준으로 보면 치정관계에 의한 사체오욕, 즉 나뭇가지를 삽입하거나 돌로 머리를 내려친 것도 아주 잔인하잖아요. 사람을 돌로 때려서 죽인다는 것이 굉장히 극단적인 감정의 폭발이거든요. 경찰에서는 그렇게 접근했을 것 같은데 그 당시에는 실패했었죠. 그래서 1995년에 발생했던 사건해결에는 실패했지만, 2009년에 검문검색을 통해서 2001년 정 씨 살인사건과 빽치기 사건을 해결하면서 그 연결선상에서 이 사건도 해결할 수 있었던 거죠. 그런데 주민등록증을 찍어둔 사진이 23명 정도 나왔기 때문에 경찰에서는 아주 긴장했을 거예요. 23명이 모두 살해당했나, 그렇지 않으면 23명이 퍽치기를 당했다고 생각했던 것 같아요.

김윤희 나중에는 본인의 절도사건에서 신분증만 가지고 있는 일종의 수집광적인 면모를 보여요. 동영상을 수집한 것도 그렇고 신분증만 모았거든요. 은행카드나 지갑, 핸드백은 모두 버렸어요. 신분증만 컬렉팅을 하고 있는 것에 대해서 제가 물어봤어요. '도대체 이것들은 왜 버렸냐?'고 했더니 '나한테 필요가 없으니까.', 즉 은행카드나 지갑 같은 것은 필요가 없다는 거예요. 필요한 건 신분증과 속옷인 거죠. 자기만의 컬렉팅이 있는 거예요. 그런데 특이한 것은 속옷이나 동영상은 성적 컬렉팅이잖아요. 그렇다고 한다면 신분증이라는 것은 하나의 '전리품' 같다는 생각이 들었어요. 모아둔 신분증을 보면서 '내가 이 정도의 일을 했어.'라는 거죠. 동영상 보면서 아니면 팬티나 브레지어를 보면서도 만족감을 느끼지만, 신분증을 보면서는 실적이나 전리품을 보는 것 같은 다른 종류의 만족감을 느끼는 거죠.

김복준 나중에 집에서도 추가로 여성 팬티 14벌과 브레지어 1벌, 딜도 4점, 등산용 칼과 흰색 고무장갑 4켤레가 나왔어요. 결국 본인이 자신의 범행을 직접 수집해 놓았기 때문에 어떤 면에서는 사건해결이 쉬웠어요.

김윤희 이대영이라는 사람을 특정하는 것은 어려웠지만, 본인의 범죄기록은 모두 가지고 있었어요. '집에 두면 되지 왜 트렁크에 가지고 다니냐?'고 했더니 같이 사는 가족들이 컴퓨터를 건드리기 때문에 자기가 따로 관리했는데 결국 그것 때문에 잡힌 거예요.

김복준 검거 당시에 동거를 하고 있었잖아요. 2004년부터 39세의 조

씨라는 여성하고 동거를 하고 있었기 때문에 컬렉팅했던 물건들을 집에 두지 않았던 것 같아요. 결국 약수터에서 살해한 김씨, 그리고 집에 침입해서 살해하고 방화까지 했던 정 씨까지 모두 두 명의 여성을 살해했어요. 그리고 6건 정도의 뻑치기 강도를 했는데 70만 원을 빼앗겼던 자영업자는 지금도 불구상태라고 합니다.

범행의 시작은 '관음'이라는 호기심에서부터

김윤희 굉장히 폭력성이 짙은 사람이에요. 아직도 기억이 나는데 면담 들어갔을 때 제가 주 면담자였고 다른 분들이 보조 면담자였는데, 보조 면담자는 쳐다보지도 않더라고요. '너네 여기 있을 필요 있어? 나가.'라는 식의 태도였고 한참동안 의심도 풀지 않았어요. 프로파일러마다 면담의 기법이 다른데 저는 맞춰주는 편이거든요. 저는 피의자를 거의 파악하지 못한 상태에서 들어갔어요. 사건이 발생하면 담당형사를 만나서 어떤 특성이 있냐고 물어보고 들어가면 면담이 수월한데 그렇지 못한 경우가 많아요. 이대영도 자세한 내용은 알지 못한 상태에서 피의자 신문조서 정도를 읽고 들어갔었어요. 그래서 파악하는데 시간이 조금 걸렸어요. 경계심이 아주 강했고, 굉장히 충동적인 성향을 지닌 사람이었던 것으로 기억해요. 그랬기 때문에 이런 범죄가 가능했다는 생각이 들어요.

김복준 예를 들어서 어떻게 충동적이었습니까?

김윤희 구체적인 행동에서 느꼈던 것이 아니라, 이 사람의 살아온 과정, 환경을 들으면서 느꼈던 것입니다. 면담하는 동안에는 충동적이기보다는 경계를 많이 했어요. 보조 면담자를 내 쫓았거든요. 아마 바깥으로 나가지는 않고 구석에 있었는데 저만 보는 것이 아니라, 무시하면서도 흘겨보면서 계속해서 보조면담자의 행동을 관찰했어요. 일반적으로 피의자들은 제가 신분을 밝히는 것으로 마무리 되거든요. '어떻게 불러야 해요? 형사님이라고 불러요? 아니면 프로파일러? 프로파일러라고 부르면 되나요?'라는 정도예요. 그런데 이대영은 저에게 명함을 요구했어요. 제가 명함을 안 가지고 왔다고 했더니 담당형사에게 명함을 맡겨 놓고 가라고 했어요. 그래서 제가 명함을 맡겨놓고 왔어요.

김복준 그것을 맡겨 놓지 않으면 협조를 하지 않아요.

김윤희 그래서 명함을 맡겨놓고 왔는데, 그 명함에 있는 주소로 편지가 왔어요. 그리고 거짓말을 많이 하는 타입이었어요. 나중에 자료를 정리하면서 제가 면담한 것과 자료의 시기가 일치하지 않거나 교묘하게 속인 데이터가 있어서 아차 싶었던 부분들이 있었어요.

김복준 성도착증은 스스로 말했던 모양이에요. 조사받을 때 본인의 성적 취향을 말했는데, 형사가 못 알아 듣는 부분에서는 '그런 것도 모르냐. 공부를 좀 해야 하는 거 아니냐.'라고 하면서 무시한 적도 있었다고 해요. 무척 불쾌한 범인이었던 거죠.

김윤희 머리가 굉장히 좋았어요. 제가 기억하기로는 중학교 졸업하고 검정고시에 합격했던 것 같아요.

김복준 맞아요. 아주 특징적인 것이 있었는데, 본인이 말한 것인지는 모르겠지만 초등학교 2학년 때 ○○산에서 성인 남성에게 성폭행을 당한 경험이 있다고 해요. 경찰에서 확인하지 못한 사항이죠.

김윤희 절도나 자기가 저지른 다른 범죄, 그리고 성과 관련된 것을 이야기할 때 이 이야기를 굉장히 많이 했어요. 자기가 당한 경험에 대해서 '내가 이렇게 된 데는 이것이 결정적인 이유였다.'라고 계속해서 말하는 것이거든요. 처음에는 자기가 당한 것을 강간이라는 것을 인지하지 못했다고 말했는데, 유아시절에 성폭행을 당한 피해자 대부분은 인지하지 못했다고 말하거든요. 나중에 비디오를 보면서 깨달았다고 해요. 이 부분에 대해서는 '아, 내가 얼마나 무시를 당했으면 이런 일까지 당했지.'라고 이야기를 했어요. 그리고 금전적인 것에 대해서 집착한다는 말도 했는데, 자기 스스로 돈이 없었기 때문에 무시를 당했고 성적으로 약했기 때문에 무시를 당했다고 생각하는 부분이 있었어요. 자신을 무시하는 것에 대해서 경계를 많이 했어요. 제가 말하는 한마디 한마디에 꼬투리를 잡았던 기억이 나거든요.

김복준 형사를 향해 '이런 것도 몰라.'라며 빈정거리고 무시하는 범인들이 꽤 있어요. 경제 사범처럼 전문적인 영역은 형사들도 공부해 가면서 조사하기 때문에 한계가 있어요. 이대영은 자신이 애정을 느꼈던 형사를 제외하고는 굉장히 멸시하는 투로 시종일관 조사에 임했던 것 같아요. 이대영은 어린 시절에 가족 6명이 단칸방에서 같이 살았다고 하면서 아버지가 몸이 편찮으셔서 집안 형편은 어려웠다고 합니다. 1995년 2월에 만기제대를 하고 2008년에 검거되기 직전까지는 을지로에 있는 인쇄소에서 일용직 직원으로 일을 하면서 집에서는 인터넷으로 꽃 배달 사업을 준비하고 있었다고 합니다. 2004년도부터 조 씨라는 여성과 동거를 하고 있었고 2007년부터 보증금 100만 원에 월세 20만 원의 10평 반지하에서 살고 있었던 것으로 미루어서 형편이 풍족하지는 않았던 것 같아요.

김윤희 그래서 돈에 대해서 욕구가 강하다는 것을 말했었고, 어떤 형사는 좋아하고 어떤 형사는 무시한다고 했잖아요. 이분법적 사고가 강했던 기억이 있어요. 좋은 것과 나쁜 것이 명확하고 약간의 강박증이 있었어요. 수집광들이 강박의 특징이 있잖아요. 그래서 사람을 대할 때도 좋아하는 사람과 싫어하는 사람이 극단적으로 나뉘는 거예요. 쾌와 불쾌가 너무 확고한 거예요.

김복준 아주 특별한 유형이에요.

김윤희 이대영에게는 중간 단계가 없는 거예요. 좁은 방 안에서 주로 살았잖아요. 이대영은 환상 속에서 만족을 얻었을 것이라고 생각해요. 연쇄범죄자들 환상에 대해서 이야기를 많이 하는데 자기 현실에 만족하지 못하는 사람들이 환상에 집착하게 되는 것이잖아요. 결론적으로 이대영은 성적 환상을 통해서 현실에서 충족되지 못하는 것을 하나하나 이어갔던 거죠. 그런데 전과와 범죄를 제외하면 안정적인 생활을 했던 것 같아요. 오랫동안 한군데서 일을 했거든요. 사이코패스나 연쇄살인범들은 안정적인 생활을 못하고, 이직이 잦은 편인데, 이대영은 이직도 하지 않고 한 분야에서 오랫동안 일을 했던 이력이 있어요. 그런데 그 이유를 저는 이렇게 생각했어요. 앞에서 나왔던 바바리맨이라든지 브래지어와 팬티 등 속옷 수집하는 것을 통해서 조금씩은 환상이 충족되고 욕망도 분출할 수 있었던 것이죠. 그리고 다른 사람들을 살해할 수 있었던 기회도 분명히 있었을 거예요. 하지만, 주변에 누가 있거나 자기만의 공간이 주어지지 않은 상태에서는 할 수 없었을 거예요. 조건만 갖추어졌더라면, 더 많은 살인도 저지를 수 있는 상황이었던 거죠. 그리고 잡히지 않았다면, 더 많은 사건이 일어났을 거라고 생각해요.

김복준 그렇죠. 그래서 이대영을 연쇄살인범이라고 분류할 수밖에 없는 거예요. 공식적으로 이대영의 키는 172cm라고 나와 있어요. 남자로서 키가 큰 편은 아니었고, 온몸에 문신을 하고 있었다고 하는데 그 문신이 조금 특이하죠.

김윤희 아주 특이해요. 공식자료에도 장미문신이라고 나와 있어요. 그것도 모두 자신이 새긴 거예요. 과거에 전과자들이 어떻게 문신하는지 아시죠? 칫솔을 이용하잖아요.

김복준 칫솔 손잡이의 플라스틱을 뾰족하게 갈아서 찌른 다음에 먹물을 바르는 거예요. 이대영은 온몸에 장미문신을 세겼다고 하는데, 남자가 온몸에 장미문신을 하는 것은 흔치 않아요.

김윤희 그리고 저희가 검사를 하는데 지필 검사를 거부할 때는 HTP 그림검사House-Tree-Person test를 해요. 그 검사에서 그림을 못 그린다고 거부를 하면, 그림은 못 그려도 상관없다. 집만 그려보라고 부탁을 해요. 제가 아직도 분명히 기억하는 이대영의 모습이 있어요. 이대영 역시 '저는 그림을 못 그려요.'라고 말했어요. 그냥 집만 그리면 되고, 사람만 그리면 된다고 말했더니 '아니요. 저는 아예 그림을 못 그린다니까요.'라고 하는 거예요. '그림을 한 번도 안 그려봤어요?'라고 했더니 '아니오.'라고 해서 '그릴 수 있는 것이 있어요?'라고 다시 물었더니 자기는 장미밖에 못 그린다는 거예요. 아직도 분명히 기억하는데 장미를 너무 예쁘게 그렸어요. 제가 백지를 주면서 장미를 그려보라고 했어요. 장미를 너무 아름답게 그렸는데, 놀랍게도 그 그림에는 활짝 만개한 장미가 한 송이도 없었어요. 저에게만 보여주지 않았던 것인지는 모르겠지만, 제 기억에 제가 봤던 장미는 모두 봉오리 장미였어요.

김복준 몸에 있는 것도 거의 같아요. 만개한 장미가 없어요.

김윤희 제가 본 게 맞군요. 모든 사건현장에 프로파일러가 투입되는 것은 아니에요. 이대영처럼 범죄자들의 성적 특징이라든지 정신적, 심리적 요인이 드러나는 사건의 경우에 프로파일러들이 투입되거든요. 이대영의 경우에는 '정신적 질환'이라고도 할 수 있을 정도의 특징들이 많았고, 그런 부분들이 현장에서도 상징적인 방식으로 많이 드러났던 것 같아요. 저는 아무리 변태성욕자의 범죄행위로 위장하고 싶었다고 하더라도 자신이 그 사건을 실행하는 입장이기 때문에 행동으로 노출될 수밖에 없다고 생각해요. 제가 첫 번째 피해자분의 사체상태는 봤을 때 굉장히 안타까운 마음이 들었어요. 아주 수치스럽게 느껴지는 자세를 취한 상태에서 사망해 있었는데 아마 이대영 본인이 그렇게 만들었을 것이라고 생각해요. 기억을 하든 못하든 이대영이 그렇게 만든 것이 분명해 보였어요. 그때 저는 이대영에게는 성적 수치심을 느낀다는 것이 가혹행위나 고문행위를 가하는 것이라는 생각이 들었어요. 자기를 향해서 어떤 행동을 했기 때문에 피해자를 죽이는데 성적 수치심을 주면서, 즉 가혹행위나 고문행위를 하면서 복수를 하는 거죠. 그래서 장미는 이대영 본인을 나타내는 거라고 봐요. HTP 그림검사에서는 '자화상'을 보기 위해서 나무, 집, 사람을 그리게 하는 거예요. 그림을 그리면서 그 사람의 많은 부분이 드러난다는 것인데, 장미만 그릴 수 있다는 것은 장미를 자기 자신으로 생각했다는 의미가 되는 거죠. 본인은 스스로를 장미처럼 차갑고 아름다운 존재라고 생각하고 있었을 거예요. 그리고 활짝 피어서 만개한 것이 아니라 항상 봉오리일 수밖에 없는 미완의 상태라는 것으로 자신을 인지했다기보다는 무의식적으로 느끼고 있었다고 생각해요. 이대영이 그린 장미는 색칠이 되어 있지 않았는데 저에게는 피처럼 붉게 색이 칠해진 장미처럼 느껴졌거든요. 그래서 저는 아마 죽을 때까지 이대영을 잊지 못할 것 같아요. '이대영 = 장미'라고 생각할 것 같아요.

김복준 이대영이 꽃 배달 사업을 준비했는데, 아마 주종이 장미였을 가능성이 많아요. 아무튼 사실 여부와 관계없이 이대영이라는 사람의 진술만 놓고 보면, 어려서 성폭행 피해를 경험했고, 부정적인 인식을 갖고 세상을 살았다는 거예요. 그리고 폐쇄공간에서 폭력성이 발현되는 성향의 사람으로 보입니다.

김윤희 진술 녹화실에서 조사받거나 면담을 촬영하는 것에 대해서 거부감을 표현했다고 들었거든요. 진술 녹화실이 폐쇄된 공간이어서 형사 사무실에서 조사받기를 원했다고 들었던 기억이 있어요.

김복준 네, 이대영은 갇혀있는 공간이나 폐쇄공간에 민감했던 것으로 보입니다. 그리고 몇 가지 칭찬을 해야 할 것 같아요. 먼저, 화양지구대에 있던 경찰이 골목길에서 배회하는 피의자를 검거했고, 그리고 나중에 회유하고 설득해서 그동안의 범행 전부를 자백 받아서 사건을 해결했잖아요. 여기 교훈이 하나 있어요. 형사들의 세계에 대해서 아시는 분보다는 잘 모르시는 분들이 더 많겠죠. 피의자를 오랫동안 조사하다 보면 신뢰관계가 형성되고, 심지어 이성의 경우는 범인인 여성이 조사하는 과정에서 남성형사에게 애정을 느껴서 자기가 하지도 않은 범행까지 이야기하는 경우도 있어요. 물론 수사에서 엄청난 혼란을 겪게 되죠. 이대영의 경우에는 동성임에도 불구하고 형사에 대해 애정을 느꼈던 것 같아요.

김윤희 본인 스스로가 자신을 성도착증이라고 말했잖아요. 정상적인 성적 관계에서 만족을 느끼지 못한다고 했고, 저는 그것이 정상적인 남녀관계라고 말했거든요. 저는 다른 성적인 부분, 즉 성별에 대한 것들이 포함되어 있을 것이라는 생각을 했어요.

김복준 그리고 집에서 딜도 4개가 발견됐는데, 일반적으로 남성들이 남성성기 모형을 수집하지는 않아요. 특별한 케이스에 속하는 것은 맞아요. 범행방법을 보면 엄청나게 잔인하거든요. 돌로 사람을 때려죽이거나 방화를 하는 살해과정은 굉장히 잔인해요.

김윤희 그리고 첫 번째 범죄인 살인을 저질렀을 때 이대영이 불과 23세였어요. 일반적으로 연쇄살인범의 성향이 발현되는 시기가 30대 중후반이거든요. 굉장히 빠른 거죠. 이 부분은 아마 어린 시절부터 자기에게는 사람들과 다른 성적인 문제가 있다는 것을 본인이 느끼고 있었는데, 아마 성인이 되면서 제어장치가 풀려버린 것 같아요. 왜냐하면, 그때부터 경제적인 문제를 자신이 해결할 수 있었기 때문에 남들보다 일찍 풀렸다고 볼 수 있을 것 같아요. 그리고 지지 세력이나 인정 세력 같은 기반이 없었기 때문에 일탈로 빠지는 것에 제한이 없었던 것도 이유라고 할 수 있겠죠. 그리고 아주 특징적인 것은 제가 강박이라고 생각했던 이유 중에 하나인데 광진구를 벗어나지 않았어요. 강박적 특징을 가진 사람들은 자기들에게 익숙하지 않은 장소나 불안을 유발할 수 있는 장소에는 가지 않는데 이대영이 그런 케이스였어요. 그리고 연쇄강도, 강간범을 면담했을 때, 한 번은 제가 여죄를 자백 받은 적이 있어요. 그때 첫 번째 범죄를 왜 저지르게 되는지, 그리고 범행과정과 실제 범행에서 자신이 느끼는 성적 흥분에 대해서 자세히 들었는데요. 첫 번째 시작이 '관음'인데, 이 관음이 '여자를 보고 싶다.'가 아니라 '남들은 어떻게 살지?'라는 퀘스천 마크였다는 거예요. 이대영도 자기의 성적인 문제가 처음 발생한 것은 사람들이 어떻게 사는지 보고 싶은 관음증에서 시작됐다는 그 이야기를 했어요. 그래서 광진구 주변을 돌아다니면서 그냥 보는 거예요. 그래서 두 번째 피해자분도 문틈 사이로 피해자를 봤고 자기는 열린 문으로 그냥 들어갔다고 주장을 하거든요. 물론 자신의 주장일 뿐이에요.

김복준 아마 그렇게 지켜보는 과정에서 범행이 있었는데 절도도 4건이 있어요. 물색하고 살피는 과정에서 절도행각도 있었던 것으로 보여요. 관음증으로 범행이 시작된 사람이라고 하면 첫 번째로 떠오르는 인물이 테드 번디입니다. 첫 번째 범행을 시작한 계기가 이웃집 여인의 실루엣을 본 거죠. 옷을 벗는 실루엣을 본 테드 번디에게 관음증이 생겼고, 이후에 성범죄로 진화하거든요. 이대영의 경우에도 관련이 있는 것 같아요. 4건의 절도는 타인들의 삶을 엿보는 과정에서 절취행각이 생겼을 가능성이 다분하죠.

김윤희 관음을 한다는 것은 내가 누군가를 지켜보는 것이잖아요. 발각될 수 있다는 생각을 하게 되면 긴장감이 상승하는데, 긴장감과 함께 쾌감도 상승하게 되거든요. 긴장감과 쾌감 사이에서 느껴지는 만족감 때문에 범행을 이어가는 것이잖아요. 흔히들 긴장을 하면 불쾌라고 생각하는데 그렇지 않거든요. 극도의 긴장감이 해소됐을 때 거기서 느끼는 카타르시스가 엄청나요. 그렇기 때문에 계속해서 범죄를 저지르는 거예요.

성도착증을 가진 연쇄살인범

김복준 이대영과 같은 범죄자는 전무후무해요. 앞으로도 이와 유사한 범인은 없을 것 같은데, 이 사건을 계기로 해서 교훈이라고 할 수 있는 이야기가 형사들 사이에서 있었어요. 형사를 굉장히 좋아하거나 지나치게 신뢰하는 사람은 자백을 받는 과정에 참여한 다음에는 사건에서 손을 때야한다는 겁니다. 그 사건에는 다른 형사가 투입되는 것이 맞습니다. 성범죄와 관련된 범죄자들은 좋아하는 형사가 있으면 본인의 범죄를 다른 방향으로 호도하거나 숨겨요. 범행과정에서 다른 대상을 성관계를 가졌다는 사실을 좋아하는 사람 앞에서 말하고 싶지 않기 때문일 거예요. 범인들이 형사에게 애정을 느끼기도 하지만, 형사가 범인에게 애정을 느끼기도 합니다. 한 번은 이런 일이 있었어요. 지금은 폐지됐지만, 당시에는 간통죄가 있었어요. 제가 조사 1반장을 할 때, 간통죄의 달인이 있었어요. 간통죄 사건이 배당되면 3, 4일 이내에 당사자들이 화해하고 나가는 거예요. 그래서 우리 경찰서에 간통죄가 배당되면 무조건 ○형사에게 가는 거예요. 그랬는데 하루는 제가 술을 한 잔 마시고 집에 있는데 ○○경찰서에서 전화가 왔어요. 직원 중에 ○형사를 여관에서 검거를 했다는 거예요. 여관에서 검거됐으면 답이 나오잖아요. 이른바 우리 때는 간통을 '물총사건'이라고 했어요. 간통의 달인인 형사가 간통 현행범으로 체포된 상황이잖아요. 그래서 제가 ○○○경찰서로 갔는데 상대편 여성을 보고 기절할 뻔 했어요. 불과 얼마 전에 ○형사에게 배당돼서 합의하고 나갔던 여성과 간통으로 걸린 거예요. 아마 간통죄는 친고죄여서 합의했을 거예요. 제가 이 이야기를 한 것은 범인도 형사에게 애정을 느끼지만, 형사도 범인에게 애정을 느낀다는 겁니다.

김윤희 저도 이 사건으로 고정관념 하나가 깨졌어요. 바바리맨이나 컬렉터들을 소심하다고 생각했거든요. 실제로 그렇게 프로파일링이 되어 있고요. 그런데 이대영은 그렇지 않았다는 거죠. 만약에 이 사람을 단순하게 컬렉터라고 생각하거나 바바리맨이라고 생각했다면 나머지 사건들과의 관련성을 찾기 어려웠을 것 같아요. 제가 봤을 때는 이대영이 머리가 좋아요. 처음 지구대에 잡혀 와서는 순종적으로 행동했을 것 같고, 임의동행에도 순순히 응했을 거예요. 기본적인 조사를 마쳤을 때에도 본인이 자발적으로 남았던 것으로 알고 있어요. 귀가하지 않고 조사를 받겠다고 했던 거죠. 어차피 다시 불려 나와야 하기 때문에 여기서 끝내겠다고 하면서 협조적인 태도를 보이면서 마음을 얻으려고 했다는 거죠. 전과 3범이지만, 한 번도 수감된 적이 없어요. 범죄적으로 머리가 좋았던 사람이고 그렇기 때문에 범죄 수법도 진화했을 것이라는 생각을 했어요. 이대영이 가진 충동성이나 즉흥성 때문에 범죄가 정교해지기 힘든 부분이 있었지만, 즉흥적으로 판단하는 능력은 뛰어났다고 생각해요. 첫 번째 범죄에서는 변태성욕자로 위장했어요. 그런데 두 번째 범죄에서는 화장품 케이스를 빼는데, 이것은 자기의 시그니처를 없앤 것이에요. 세 번째 네 번째 범죄의 기회가 있었다면 더욱 진화했을 것 같다는 거죠.

김복준 초기에 검거하지 못했으면, 아마 광진구 자양동 일대에서 얼마든지 이와 유사한 살인사건을 일으킬 수 있는 성향의 소유자였던 것은 분명해 보여요.

김윤희 이대영이 37세, 38세에 검거됐어요. 그 무렵에 연쇄살인범들은 범행을 시작하거나 숙련화하거든요. 20대의 범죄자들을 비체계적 범죄자라고 하는데, 사회적 경험이 부족하기 때문에 범죄가 체계화 될 수 없는 거예요. 이를 감안하면 이대영은 체계를 어느 정도 갖추고 있었어요.

김복준 그렇죠. 1995년에 살인을 했는데 그때까지 못 잡을 정도면 상당히 치밀한 거예요.

김윤희 어쨌든 자기가 수습을 한 것이잖아요. 충동적으로 우발적으로 살인을 했다고 하더라도 사체를 훼손하고 유기함으로써 수사방향을 혼란스럽게 만들었잖아요. 그리고 말이 조금 이상하지만 살인, 픽치기, 절도 등 자기의 범죄 성향을 다양하게 펼쳤다고 볼 수도 있거든요.

김복준 살인, 픽치기, 절도 등을 저질렀는데 한 번도 잡히지 않았는데 우연히 검문에서 걸린 거예요. 그리고 제가 봤을 때, 이 사건은 본인의 자백이 거의 전부라고 할 수 있어요. 그렇지 않았으면 이 사건에 대해 우리가 이야기할 수 있는 내용이 없었을 거예요. 그리고 이대영은 결국 징역 22년 6월의 형을 받았어요. 두 명이나 살해했음에도 불구하고 이 정도의 형량이 과연 타당한가는 의문이에요. 사형부터 시작해서 보면 상당한 감형이 있었거든요.

김윤희 제가 《사건의뢰》를 하면서 이대영사건을 다시 볼 줄은 몰랐어요. 얼마나 고민을 했는지 제가 알고 있는 사실의 10분의 1정만 이야기 했거든요. 왜냐하면 개인적인 것도 섞여 있기 때문이에요. 그래서 주로 보여지는 특징들을 위주로 이야기했어요. 제가 아직도 이대영을 기억하는 이유는 장미도 있지만, 다른 이유도 있어요. 일반적으로 피면담자를 보면 감정상태가 느껴져요. '이 사람이 긴장하고 있다.'거나 '이 내용을 말할 때 슬프고 이 말을 할 때는 기쁘구나.'라는 감정이 느껴지거든요. 그런데 이대영은 그런 감정이 느껴지지 않았어요. 어떤 내용에서도 그 감정을 느끼지를 못했어요. 아마 자신이 감정을 배제한 상태에서 팩트만 기억하고 있거나, 또는 순간적으로 느껴지는 감정만 가지고 있는 사람일 수도 있다는 거예요. 무감각하다는 표현이 맞을 것 같아요. 사이코패스라고 알려진 사람들을 직접 면담하지는 못했지만 녹화를 봤거든요. 어쨌든 순간적으로 자기표현을 할 때에는 감정이 느껴지는데 저는 이대영에게서 만큼은 아무것도 느끼지 못했어요. 사이코패스 진단을 하지는 않았지만, '무감정'이라고 생각했던 피의자였고 그래서 기억에 남는 피면담자에요.

김복준 형사들이 느끼는 것, 피의자와 조사자 간에 왔다 갔다 하는 미묘한 것들이 있거든요. 이 사건은 제가 현직에 있을 때도 특이한 성향의 범인이라고 해서 굉장히 화제가 되었던 사건이었어요. 형사에 대해 애착을 느낀 성도착증 환자의 범행, 또 여리고 누가 봐도 범죄자의 냄새가 잘 나지 않는 그런 사람이 범행 수법은 잔인하고, 또 여성의 음부에 이물질을 삽입하는 사체 오욕의 비정함까지 보여준 사건이었습니다.

김윤희 이대영 사건은 현직 프로파일러들이 다시 면담을 해도 좋을 것 같다는 생각이 들어요. 수형생활을 한 번도 하지 않아서 지금 어떻게 하고 있는지도 궁금해요. 사이코패스를 선천적, 후천적으로 나누기도 있지만, 저는 양쪽 모두 영향이 있다고 생각하거든요. 어떤 변화를 거쳐서 사이코패스가 되고, 또 어떻게 범죄에 능숙해지는지에 대해서 당시에는 충분한 시간동안 면담을 진행하지 못했어요. 조금 더 면밀한 조사가 이루어졌으면 좋겠다는 생각이 들어요. 특히, 성도착증을 가진 살인범은 희귀한 케이스라서 현직에 계신 분들이 면담을 진행해 주시면 좋을 것 같습니다.

김복준 사실 할 이야기가 남아 있지만 방송이라 다할 수는 없을 것 같아요.

김윤희 시청자분들 정신건강에도 좋지 않기 때문에 여기서 마무리 하겠습니다.

제9장

대한민국에 등장한 테드 번디Ted Bundy 유형의 연쇄살인범, 강호순

'용모 단정'하고 성실했던 학창시절

김윤희 드디어 또 올 것이 왔습니다. 유명한, 이름만 들어도 모두가 아는 살인범 강호순입니다. 강호순은 모두 열 명의 여성을 살해를 했어요. 유영철이나 정남규와는 살인패턴이 다르기 때문에 이 부분에 대해서도 사람들의 관심이 집중되었어요.

김복준 강호순도 엄밀하게 따지면 쾌락살인입니다. 테드 번디Ted Bundy 유형이죠. 호감형의 외모와 차량을 이용해서 여성들을 납치한 후에 강간하고 살해하는 범행패턴을 보였습니다.

김윤희 쾌락살인인데 유영철이나 정남규 등 기존의 연쇄살인범들과 다른 점 중의 하나는 강호순은 불우한 환경에서 생활한 적이 없다는 겁니다. 유영철이나 정남규는 개인적인 원한, 또는 사회에 대한 불만 때문에 사회지도층이나 윤락여성을 살해를 하겠다는 목적이 분명했어요. 하지만 강호순은 전혀 그렇지 않았어요. 단지 '개인적 목적', 자기 스스로 살인을 하고 싶다는 충동에 때문에 살인을 저질렀던 살인범입니다.

김복준 강호순에 대해 간략하게 설명해 드리겠습니다. 강호순의 범행기간은 2006년 9월부터 2008년 12월에 검거될 때까지 대략 2년 남짓이죠. 물론 2006년 9월 이전에도 범죄행각이 있기는 합니다. 그 부분은 나중에 설명 드리겠습니다. 2006년~2008년, 바로 그 2년 사이에 경기도 수원, 안산, 용인, 평택, 의왕, 시흥, 오산, 군포 등 경기도 서남부 지역에서 열 명의 여성을 납치, 강간, 살해했던 연쇄살인범이 강호순입니다. 그런데 이 열 명 중에서 본인이 자백한 것은 일곱 명이에요. 장모와 자기의 처, 그리고 강원도 정선군청 공무원까지 나머지 세 명은 나중에 밝혀졌는데 경찰에서 검거하고 조사했을 때까지는 일곱 명이었어요.

김윤희 정선의 공무원은 자기가 살해했다고 인정했어요. 하지만 장모와 처에 대해서는 아직까지도 범행을 부인하고 있습니다.

김복준 네, 장모와 네 번째 처입니다. 먼저, 피해를 당한 일곱 명의 여성을 직업별로 설명해 보면 노래방 도우미가 세 명, 회사원이 한 명, 가정주부가 한 명, 여대생이 두 명입니다.

김윤희 마지막 사건이 여대생이었어요. 이 마지막 사건 때문에 강호순이 검거됐는데요. 교수님, 검거했을 때부터 시작할까요?

김복준 일단 강호순의 이력부터 살펴봅시다. 강호순은 충남 서천군에서 출생했습니다. 5남매 중의 셋째라고 합니다. 5남매 맞죠?

김윤희 네, 3남 2녀였습니다.

김복준 그리고 1989년에 ○○농고를 졸업했어요. 생활기록부를 보면, "용모가 단정하고 성실하다."라고 기록되어 있어요. 성적은 중상위권이었다고 합니다. 고등학교를 졸업한 다음에 진학하지 않고, 군에 부사관으로 입대했습니다. 그런데 휴가 기간 중에 남의 집 소를 훔친 혐의로 불명예제대를 합니다. 정말 어이없는 일입니다. 휴가를 나온 육군 하사관이 소 도둑질을 하다가 잡혀서 군대에서 제대를 했다는 거예요. 그리고 특이한 사실은 당시 22살에 불과했던 강호순이 이미 결혼을 한 상태였다는 거예요.

김윤희 상당히 일찍 결혼을 했더라고요.

김복준 제가 확인한 바로는 부사관으로 생활할 때 만났던 여성과 이미 동거를 하고 있었던 것 같아요. 그리고 22살 때 결혼을 해서 혼인신고까지 했어요. 1998년에 이혼을 했는데, 강호순이 검거될 당시에 16세, 14세의 아들 둘은 모두 이 여성과의 첫 번째 결혼에서 태어난 자녀들이었어요.

김윤희 두 사람은 5년 정도 혼인생활을 지속했던 것으로 나와 있습니다. 그런데 강호순은 모두 4번의 결혼을 했어요.

김복준 맞습니다. 모두 4번의 결혼을 했습니다. 솔직히 말씀드려서 강호순은 인물이 멀쩡해요.

강호순의 숨겨진 '두 번째 얼굴'

김윤희 처음 검거됐을 당시에는 얼굴을 공개하지 않았어요. 나중에 신문이나 방송 등을 통해 여론이 들끓었기 때문에 결국 얼굴을 공개했는데 한눈에 봐도 잘 생겼다고 할 정도였어요. 강호순을 직접 면담한 것은 아닌데, 강호순을 면담했던 프로파일러들로부터 아주 호감 형의 외모를 가졌다는 말을 전해 들었어요.

김복준 연쇄살인범의 결혼생활까지 말할 필요는 없겠지만, 이왕 조사해온 부분이니까 설명을 드릴게요. 하사관 시절에 동거를 시작했고, 1993년에 혼인신고를 하고 아들 둘을 뒀어요. 5년 만인 1998년에 이혼을 했습니다. 이혼사유는 강호순이 폭력을 휘둘렀기 때문이라고 합니다. 한 마디로 가정폭력 때문에 이혼을 했다는 것이죠. 이혼 후에 아들 둘은 강호순이 서천에 있는 부모님께 맡깁니다. 강호순은 첫 번째 부인과 이혼하기 전에 이미 다른 여성과 동거를 하고 있었다고 해요. 첫 번째 부인과 이혼을 한 후에 곧바로 그 여성과 혼인신고를 합니다. 그런데 놀라운 사실은 강호순과 두 번째로 혼인신고를 했던 여성은 강호순에게 성폭행을 당한 후에 동거를 시작했다는 겁니다.

김윤희 합의를 했기 때문에 강간으로 기록되지는 않았어요.

김복준 당시에는 강간이 친고죄였습니다. 첫 번째 부인과의 결혼기간 중에 다른 여성을 성폭행하고 합의를 했어요. 그리고 이혼한 다음에 바로 자신이 성폭행했던 여성과 혼인신고를 했지만, 7개월 만에 다시 이혼을 합니다. 두 번째 부인이었던 여성과의 사이에서도 아들이 있어요. 그리고 2003년에 다시 혼인신고를 하는데, 이 여성과는 불과 두 달만에 이혼을 합니다. 이혼사유는 성격차이였다고 합니다. 첫 번째 결혼은 5년, 다음에는 7개월, 그리고 그 다음에는 두 달이었습니다. 네 번째 혼인신고는 2003년 12월이었는데, 강호순이 예전부터 교제를 했던 여성이라고 합니다. 강호순이 네 번째 처와 안산시 상록구 팔곡동에서 거주했던 시기에는 부모님께 맡겼던 두 아들을 데리고 왔습니다. 네 번째 처를 만나면서 아들 둘까지 데려와서 모두 같이 살게 된 거죠.

김윤희 대략 4년 정도를 살았어요. 첫 번째 부인을 제외하면 가장 오래 살았는데, 아이들이 네 번째 처를 아주 잘 따랐기 때문이라고 해요. 네 번째 처가 아이들에게 잘 해줬다는 것이겠죠.

김복준 그렇습니다. 기소장이나 판결문 그리고 수사 결과를 보면, 강호순이 이 네 번째 처를 살해한 것으로 나와 있습니다.

김윤희 방화치사로 나와 있어요.

김복준 네, 불을 질러서 죽인 것으로 나와 있어요.

김윤희 강호순이 연쇄살인범으로 밝혀지기 전에는 화재로 인한 사망, 즉 '사고사'로 판단했어요. 이 부분과 관련해서는 검찰과 경찰의 조사 결과가 달랐기 때문에 서로 간에 많은 말들이 오갔던 사건이기도 합니다. 실제로 강호순은 말씀드렸던 것처럼 그렇게 가난한 집에서 성장했던 것이 아니에요. 가정형편이 어느 정도 윤택한 집안이었다는 거죠. 농사를 꽤 크게 지었다고 해요.

김복준 네, 아버지가 제법 부자였다고 해요

김윤희 간단하게 말하자면, 가난한 집 아들도 아니었고요. 아버지가 약간의 폭력적인 성향이 있었다고는 하지만, 자녀들에게 폭력을 행사하지도 않았다고 해요.

김복준 판결문에는 조금 다른 내용이 있어요. 판결문을 보면, 아버지가 음주를 한 상태에서 어머니에게 폭력을 행사했다는 내용이 나오거든요. 하지만, 강호순의 아버지가 자식들은 비교적 잘 대해줬던 것 같아요. 강호순과 형제들을 가난으로 고생시키지도 않았고, 또 자녀들을 학대하거나 폭력을 행사하지도 않았던 것 같아요. 다만 술을 마시면 자녀들 앞에서 어머니, 즉 자신의 아내를 구타하는 일은 자주 있었던 것 같아요. 그것 때문에 강호순이 아버지에 대해 적개심을 갖게 되었다는 표현이 있습니다.

김윤희 그런데 강호순이 1969년생이잖아요. 이렇게 이야기하면 이상할 수도 있지만, 그때까지만 하더라도 대부분의 아버지들이 어느 정도 폭력적인 존재였지 않았나요?

김복준 대부분은 아닙니다. 과거에는 우리나라의 가장들이 가부장적인 성향을 띠었고, 또 집안에서 남성들이 어느 정도 군림했던 것도 사실입니다. 하지만, 가부장적이었고 군림했다는 것과 여성을 구타하거나 폭력을 행사하는 것은 별개의 문제입니다. 그 부분은 구분할 필요가 있어 보입니다.

김윤희 제가 면담한 사람들이나 케이스의 대부분이 그랬기 때문에…….

김복준 그렇죠. 김윤희 프로파일러가 면담하는 과정에서 만나는 사람들은 주로 그런 사람들이었기 때문에 그렇게 생각했을 수도 있어요. 1969년생 정도의 자녀를 두고 있는 세대에 포함되는 대한민국의 평범한 아버지들의 대부분은 근엄했어요. 저 역시 주변에서 그런 아버지들을 보면서 성장했던 것 같아요. 그들은 가정에서 권위적이고 가부장적인 상황을 연출했어요. 그렇게 행동하는 것이 권리라고 생각했을 수도 있겠지만, 한편으로는 당연한 행동으로 여겨지는 분위기도 있었어요. 그렇지만 우리가 반드시 구분해야 할 것은 있어요. 권위적이고 가부장적인 아버지들은 많았지만, 자기 아내를 구타하고 폭력을 행사했던 아버지들은 그렇게 많지 않았어요. 가부장적인 아버지를 폭력적인 아버지로 등치시킬 수는 없어요.

김윤희 그 부분은 제가 주의하도록 하겠습니다. 저희가 강호순의 범죄경력, 즉 전과를 살펴보았는데 특수절도, 도로교통법, 그리고 폭력과 관련된 전과는 있었지만, 성폭행과 관련된 전과는 없었거든요. 강호순은 성적인 매력이라는 부분에서 프라이드가 강했다고 해요. 웬만한 여성들은 자신이 반하게 만들 수 있다는 자신감을 가지고 있었다고 하더라고요. 그래서 여성들과의 관계도 복잡했다고 해요. 검거될 당시에도 애인이 있었어요. 물론 그 애인의 진술 때문에 알리바이가 깨지면서 강호순의 범죄행위가 증명되었지만, 어쨌든 여성들을 향한 매력에 대해서는 자신감을 가지고 있었어요. 또 주변에서는 "성실하다." 또는 "친절하다."는 평가가 많았다고 하더라고요.

김복준 강호순이 두 얼굴을 갖고 있었던 거예요. 이웃주민들은 강호순에 대해서 호감을 가지고 있었는데, 일반적으로 싹싹하고 친절하고 예의 바른 청년이라고 인식하고 있었다고 해요. 강호순의 다른 얼굴을 보지 못했던 거예요. 그리고 학창시절 역시 일반적으로 알려진 것처럼 완전한 모범생은 아니었던 것 같아요. 강호순이 중학생이었을 때 학교 매점에서 빵을 훔쳐 먹었다는 기록이 있어요. 일종의 절도라고 할 수 있죠. 강호순의 어머니가 변상했다는 전력이 있는 것으로 미루어봤을 때, 어려서부터 도벽이 있었던 것 같아요. 그리고 무단으로 학교에 가지 않고 집에 있다가 어머니에게 혼나는 모습을 봤다는 주민들도 많았어요.

김윤희 어렸을 때 절도를 했다는 것은 중요한 의미가 있어요. 절도가 반사회적인 행동의 출발점인 경우가 많거든요. 우리는 물건을 훔치면 안 된다는 것을 교육을 통해 알게 됩니다. 그런데 절도는 그 부분에 대한 충동을 이기지 못하고 남의 물건을 훔치는 것이잖아요. 물론 다수의 사람들이 어렸을 때 한두 번씩은 남의 물건에 손을 댄 경험이 있어요. 하지만 실제로 느끼는 불안감이나 처벌을 받는 것에 대한 두려움 때문에 그 행위를 지속하지는 않거든요. 그런데 절도 행위를 반복한다는 것은 자기 스스로 충동을 조절하지 못하는 반사회적 성향이 있다고 볼 수 있는 부분입니다.

끝까지 부인한 첫 번째 방화사건

김복준 이제 강호순의 범행을 정리해 보겠습니다. 아홉 차례의 범행을 일자별로 살펴보겠습니다. 첫 번째 사건의 피해자는 장모와 네 번째 처인데, 네 번째 처는 당시에 29세였습니다. 김윤희 프로파일러께서 강호순의 자녀들을 잘 보살폈다고 했던 그 사람입니다.

김윤희 강호순과 4년 동안 살았는데 아이들이 잘 따랐다고 해요.

김복준 첫 번째 사건이 발생했던 2005년 10월 30일에 강호순은 안산시 본오동의 처가에 있었습니다. 처가에서 머물렀다가 불을 질렀는데 네 번째 처와 장모가 사망합니다. 이 사건은 경찰에서 수사를 했는데 결과적으로 무혐의 처리됩니다. 강호순은 이 사건으로 4억 원의 보험금을 수령하게 됩니다.

김윤희 당시 처가에는 장모와 처만 있었던 것이 아니라, 아들들과 본인이 함께 있었어요. 장모는 안방에 있었고 본인과 아들들은 작은방에서 자고 있었던 상황이었어요. 불이 나자 강호순과 아들은 탈출했지만 장모와 처는 가스 질식으로 사망한 사건이었어요. 이 사건에서 문제가 되었던 것이 모기향이었어요. 이때가 겨울이었잖아요?

김복준 10월 30일이 겨울은 아니지만…….

김윤희 10월 30일이면 쌀쌀했을 것 같은데 왜 굳이 모기향을 피웠느냐는 것과 관련해서 논란이 있었어요. 검찰에서는 왜 이 부분을 간과했느냐고 경찰 쪽에 물었고, 경찰에서는 주변에 벌레들이 많았기 때문에 그때까지 모기향을 피우는 사람들이 꽤 있었다는 답변을 합니다. 경찰에서도 미심쩍었기 때문에 실제로 거짓말 탐지기 조사를 했어요. 그럼에도 불구하고 직접적인 증거가 나오지 않는 상황이었던 거예요.

김복준 당시에 경찰에서는 3일 동안 수사를 진행했고 결국 단순화재로 처리했어요. 그렇게 단순화재라고 정리가 되었던 사건을 네 번째 처의 여동생 즉, 강호순의 처제가 이 사건에 대해 재수사를 요구했어요. 결국 2009년에는 재수사까지 했던 사건입니다. 대략 4년 정도의 시간이 흐른 다음에 사건을 다시 수사했음에도 결과적으로 혐의점을 찾지 못했어요. 결과적으로 네 번째 처와 장모가 죽은 사건은 묻힐 뻔했던 사건이었어요. 경찰에서는 강호순의 범행 일곱 건을 적발해서 검찰로 넘겼는데, 검찰에서 이 사건을 재수사했어요. 그 과정에서 강호순이 보험금으로 받은 4억 원이 드러났고, 정밀수사에 나섰어요. 강호순은 끝까지 부인했음에도 불구하고, 검찰에서 근거를 제시함으로써 두 사람에 대한 방화치사죄를 적용했어요. 이 사건은 대법원에서 확정 판결을 받았습니다.

김윤희 실제로 조금 애매한 부분이 있는 것 같아요. 강호순이 다른 사건은 인정을 했어요. 그때까지 미제사건이었던 정선 공무원 사건 역시 본인이 자백함으로써 밝혀졌잖아요. 처와 장모가 관련된 이 사건의 경우에는 자신도 피해자라고 생각하기 때문일 수도 있는데, 아무튼 계속해서 부인하고 있는 상황입니다.

김복준 강호순이 그럴 수밖에 없었던 이유가 있어요. '당신은 왜 그런 방식으로 살인을 저질렀나? 연쇄살인을 했던 이유는 무엇인가?'라고 물었을 때, 이 사건을 제외한 나머지 일곱 번, 또는 여덟 번에 걸친 살인사건에 대해서 강호순이 "나는 사랑하는 아내와 장모를 한꺼번에 화재로 잃고 마음이 바뀌었다. 세상에 복수를 하고 싶었기 때문에 범행을 하게 됐다."라고 이야기했거든요. 그래서 이 사건에 대해서는 끝까지 부인하는 것입니다. 그리고 분명한 사실은 아내와 장모의 사망보험금 4억 원으로 강호순이 마사지업소를 차렸다는 것입니다.

김윤희 하사관이었다가 불명예제대를 한 후에는 화물차 운전을 했어요. 그 후에는 장사를 하려고 개업했는데 화재가 발생했어요. 그렇게 여러 가지 일을 하다가 강호순이 마지막으로 했던 일이 마사지업소를 운영했던 것이었어요.

김복준 그 부분도 간단하게 정리하겠습니다. 강호순이 불명예제대를 한 다음에 노점상을 했는데, 장사가 안 되니까 경기도 인근에서 골제를 실어 나르는 트럭을 운전했어요. 그 시점에 IMF 외환위기가 발생합니다. 갑자기 일이 끊겨서 수입이 없어졌을 때, 트럭에 불을 지르고는 이를 사고로 위장해서 보험금을 받아냅니다. 그렇게 보험사기를 통해 모은 돈으로 2000년에는 순댓국집을 차리는데, 이번에는 자신이 운영하는 식당에 불을 질러서 보험금을 받습니다. 뿐만 아니라, 소형차인 티코를 운전하면서 고의로 사고를 내는 방식으로도 보험금을 받아냅니다. 그렇게 받은 보험금으로 SUV 차량인 무쏘를 구입합니다. 소형차 티코를 타고 다니다가 보험사기를 통해서 SUV 차량인 무쏘를 구입한 것입니다. 그렇게 해서 2003년 11월에 안산에서 개와 오리를 기르는 농장을 시작하는 겁니다.

김윤희 농장이라기보다는 도축장이죠.

김복준 네, 농장이라고 할 수도 있고 도축장이라고 할 수도 있는데 이 부분은 굉장히 중요합니다. 2003년 11월에 스스로 선택했던 직업이 강호순 자신의 운명을 결정하는 계기가 되었기 때문입니다. 안산에서 개와 오리 농장을 하는데, 일반적으로 농장이라고 하면 개와 오리를 사육하는 것으로 인식하잖아요. 그런데 강호순은 그곳에서 도축을 합니다. 본인이 직접 올가미를 거는 방법으로 개를 도축했다고 하는데, 이것은 법적으로 금지된 도축방법입니다. 그렇게 개를 도축해서 개고기를 파는 형식으로 농장을 운영했어요. 쉽게 말하자면, 개를 사육하는 것이 아니라

개를 도축했다는 거예요. 강호순 사건을 담당했던 형사의 말에 따르면, 주민들을 대상으로 탐문 수사를 했는데 2003년 11월에 농장을 시작하고 개를 도축하면서부터 강호순의 눈동자가 이상하게 바뀐 것을 주변에 있는 사람들 대부분이 느꼈다는 거예요. 눈빛이 바뀌었다는 거죠.

김윤희 살인은 아니지만, 동물의 목숨을 빼앗는 도축을 하면서 본인이 쾌락을 느꼈던 거죠

김복준 그렇죠. 그것도 아주 잔인한 방법, 즉 올가미로 목을 졸라 죽이면서 쾌감을 느꼈던 것 같습니다.

김윤희 강호순의 범행에서 이와 관련된 부분이 있어요. 강호순이 처음으로 살인을 했을 때에는 사체의 훼손이 없었어요. 그런데 살인을 거듭하면서 사체 훼손이 나타나거든요. 살인에서 쾌락을 얻기 위해서 살해방법이 더욱 잔혹해지는 것인데, 아마 동물을 죽이는 과정에서 자각이 이루어졌을 것입니다.

김복준 개를 도축하면서 눈동자가 이상해졌다는 주변사람들의 이야기가 있었는데, 개 농장도 제대로 운영되지도 않았다고 해요. 2005년에 개고기 가격이 폭락합니다. 아마 그 즈음에 장모와 네 번째 처를 방화 살해했던 것 같아요. 그리고 보험금을 수령하기까지 상당한 시간이 걸렸잖아요. 보험금 수령이 결정된 다음에는 농장을 폐쇄하고 다시 화물차 운전을 합니다. 경찰이 수사를 계속했기 때문이었을 겁니다. 그 사건은 2007년에 내사 종결 되었어요. 그때 보험금으로 4억 8천만 원을 수령했어요. 수령한 보험금으로 에쿠스 승용차를 구입한 다음, 수원시 권선

구 당수동에 있는 축사를 임대해서 이번에는 소와 돼지를 기릅니다. 그곳에서 소와 돼지를 기르는 축사를 운영했던 이유는 그 인근이 개발될 것이라는 정보를 듣고 토지보상금을 노렸기 때문이라고 합니다. 축사가 일종의 투자였던 것입니다. 그리고 군포시 쪽에는 양봉장을 차렸어요. 양봉장을 차려둔 곳 역시 개발예정 지역이었다고 해요. 아무튼 강호순이 이재에 밝은 사람이었다는 것은 분명합니다.

호의동승, 성폭행, 살인, 그리고 암매장

김윤희 어쨌든 불을 지르는 방식으로 화재보험금을 수령하고, 자동차 사고를 내면서 자동차보험금을 수령하고, 마지막에는 자신의 아내와 장모를 살해해서 그 보험금을 수령한 것이잖아요.

김복준 아내와 장모를 살해한 첫 번째 살인사건이 강호순에게는 아주 중요한 사건이라는 생각이 들어요. 첫 번째 사건을 저지른 날이 2005년 10월 30일인데, 두 번째 사건은 2006년 12월 13일입니다. 피해자는 군포시 산본동에 살았던 배 씨라는 45세의 노래방 도우미에요. 이 여성을 화성시의 도로변에서 차로 유인해서 성관계를 한 다음에 스타킹으로 목을 졸라서 살해합니다.

김윤희 교수님, 그럼 ○○군청 공무원은 나중에 할까요?

김복준 그 사건은 마지막에 하려고 했는데, 여기에서 ○○군청 공무원 이야기를 먼저 할까요? 뒤늦게 밝혀진 것이지만 2006년 9월 7일에도 사건이 있었어요. 사건이 일어난 곳은 강원도 정선입니다. 피해자는 강원도 ○○군청에서 근무하던 공무원으로 23세의 임 씨라는 여성입니다. 그런데 이 여성의 사체는 2009년 2월 18일, 즉 3년이 지난 뒤에 발견되었습니다. 강호순은 이 여성을 노래방 도우미 배 씨와 같은 방법으로 납치해서 강간하고 살해했습니다. 이 사건은 송치된 다음에 검찰에서 밝혀냈고, 영월의 동강 주변의 절벽에 유기했던 사체를 살해당한 지 3년이 지난 시점에 찾아낸 것입니다.

김윤희 강호순이 이후의 사건에서는 모든 사체를 암매장합니다. 그런데 이 사건의 경우에는 절벽 아래로 밀어버린 거죠.

김복준 네, 절벽 아래로 밀어서 유기했던 것입니다. 이 사건과 관련해서 조금 말씀을 드리면, 피해자인 임 씨의 오빠는 이 사건 때문에 경찰이 됐습니다. 지금도 현직 경찰관입니다. 동생이 비참한 주검으로 발견된 이후에 오빠는 '동생의 사건파일을 직접 보고 싶다.'는 바람으로 경찰이 됐는데, 경찰이 되고 난 다음에 "강호순을 만나게 된다면 딱 이 한 마디를 전하고 싶어요. 너는 아무 죄도 없고 알지도 못하는 내 동생을 죽였지만, 나는 경찰이 되어서 너의 가족을 지키고 있다."는 말을 남겼어요. 이 사건은 검찰에 의해서 뒤늦게 밝혀졌지만, 시간적으로는 정선군청 공무원 임 씨 사건이 두 번째 사건이 됩니다. 그리고 2006년 12월 13일에 살해당한 노래방 도우미 배 씨 사건은 세 번째 사건이 됩니다. 앞서 말씀 드린 것처럼 화성시의 도로변에서 차량으로 납치한 다음 강간하고 스타킹으로 교살했어요. 피해자의 소지품을 이용했다는 점에서는 이춘재 연쇄살인사건과 비슷해요.

김윤희 당시에는 강호순이 이춘재 연쇄살인사건과 연관이 있는 것 아니냐는 말도 있었어요.

김복준 이춘재 연쇄살인사건은 1986년 9월부터 1991년 4월 사이에 화성 일원에서 발생했어요. 그 사건에서 나타난 피해자들의 특징이 있는데 두 번째 살인사건에서만 범행도구로 드라이버를 사용했고, 나머지 사건들은 모두 피해자의 브래지어, 스타킹, 목도리 또는 블라우스나 내복을 꼬아서 만든 끈 같은 것으로 목을 졸라서 교살했다는 것입니다. 강호순도 경찰에서 밝혀낸 일곱 건의 사건을 살펴보면, 범행도구로 가장 많이 사용했던 것이 피해자의 스타킹이었어요. 그래서 한때 강호순이 이춘재 연쇄살인사건의 범인이라는 말도 있었어요.

김윤희 피해자의 소지품을 이용해서 살해한다는 것은 중요한 의미가 있어요. 보통은 흉기를 사용하는 경우가 많아요. 왜냐하면, 흉기라는 것이 범인에게는 상대방을 제압하기 위한 일종의 무기로 여겨지기 때문이에요. 그런데 흉기를 사용하지 않고 피해자의 소지품을 이용한다는 것은 본인이 상황을 컨트롤할 수 있다는 자신감의 표현이라고 볼 수 있어요. 또한 피해자의 소지품을 이용한다는 것은 증거를 남기지 않으려는 범인의 심리가 드러난 것이라고 볼 수도 있어요. 자신이 드러날 수 있는 증거가 될 만한 것을 전혀 남기지 않기 때문이에요. 이를 고려했을 때, 첫 번째 범행에서 피해자의 소지품을 범행도구로 사용한다는 것은 거의 있을 수 없는 일이에요. 범행에 대한 상상이나 시뮬레이션을 아주 많이 했거나, 그와 같은 방식에 익숙한 사람만 할 수 있는 행동이거든요. 강호순의 특징은 확실한 자신감을 가지고 있을 뿐만 아니라, 상황을 완벽하게 컨트롤 할 수 있다고 생각하는 것인데, 한 마디로 스스로를 신뢰한다는 거예요. 이 부분은 아마 교수님께서 말씀하신 '도축'과 관련이 있을 것 같아요.

김복준 강호순의 범행수법에서 찾을 수 있는 특징은 대부분 호의동승이라는 거예요. 실제로 낯선 남성이 길가에 차를 세우면서 '태워줄게요.', '타세요.'라고 한다고 해서 덥석 그 차에 승차하는 여성은 거의 없을 거예요. 그런데 강호순의 차에는 여성들이 승차를 했다는 것이잖아요. 우선 '태워줄게요.'라고 말하면서 차에서 내리는데 꽃미남까지는 아니라고 하더라도 아주 호감이 가는 얼굴이에요. 그리고 일부러 차의 실내등을 환하게 켜두는 거예요. 대시보드 앞에 붙여놓은 가족사진이나 시베리안허스키를 다정하게 껴안고 찍은 사진이 잘 보이도록 해서 여성들의 경계심을 순간적으로 풀어버리는 거죠. 아주 호감이 가는 선량한 얼굴, 화목해 보이는 가족사진, 그리고 강아지와 함께 찍은 사진 등이 '미끼' 또는 여성들을 유인하는 수단이 되는 것인데 일단 차에 타고나면 강간, 살해당하는 거죠. 조금 전에 말씀 드린 사건이 2006년 12월 13일에 발생했잖아요. 다음 사건은 2006년 12월 24일, 크리스마스이브에 이번에는 수원시 화서동에서 범행을 저지릅니다. 이때까지는 노래방 도우미들을 집중적으로 노렸던 것 같아요. 노래방 도우미들이 일을 마치는 늦은 시간까지 기다렸다가 차량을 이용해서 범행을 저질렀던 것으로 보이는데, 이 사건의 피해자 역시 노래방 도우미였고 37세의 여성 박 씨였습니다. 강호순이 화성의 도로변에서 유인한 다음에 성관계를 하고 살해했던 배 씨를 비봉IC 근처에 있는 터널 부근에 묻었거든요. 이번에는 노래방 도우미인 박 씨를 바로 그 근처인 화성시 비봉면으로 끌고 간 다음에 역시 스타킹을 이용해서 살해합니다. 박 씨의 사체는 그 이듬해에 진행된 수사과정에서 안산시 상록구 사사동의 야산에서 발견됐습니다.

김윤희 강호순이 살해하고 유기했던 사체 중에서 처음으로 발견된 것이 안산시 상록구 사사동의 야산에서 발견된 사체였어요. 이 사체는 비교적 깊지 않게 묻혀 있었기 때문에 공사를 하던 인부가 발견했어요. 발견 당시에 사체는 동물들에 의한 훼손도 심했고, 부패도 많이 진행된 상황이었다고 해요. 그리고 스타킹으로 목이 졸려 있는 상태였어요.

김복준 그래서 타살이라고 했던 거예요.

김윤희 곧바로 피해자의 신원이 밝혀졌고 수사가 본격화됐죠.

김복준 2006년 12월 24일 크리스마스이브에 노래방 도우미 박 씨를 살해한 후에 다음 사건은 이듬해로 넘어갑니다. 2007년 1월 3일이에요. 화성시 신남면의 버스정류장에서 여성을 유인합니다. 이 여성분은 52세의 박 씨인데, 인근에 있는 공장에 다니고 있었습니다. 이 여성분을 무쏘에 태운 다음에 역시 같은 방법으로 강간을 하고 스타킹을 이용해서 살해합니다. 이 여성의 경우에는 화성시 비봉면 삼화리에 있는 야산에 사체를 묻었는데, 2009년 1월 30일에 다른 사체들과 함께 발굴되었어요.

강호순 이 사체를 유기했던 장소를 이야기했기 때문에 사체를 발굴할 수 있었어요. 다음 사건이 2007년 1월 6일이니까 불과 3일 후입니다. 이번에는 안양시 관양동이에요. 이곳에서도 노래방 도우미를 노립니다. 37세의 여성 김 씨입니다. 이 여성의 경우에도 무쏘에 태운 다음에 강간을 하고 넥타이를 이용해서 살해합니다. 안양에서 살해했는데, 사체를 유기할 때는 꼭 화성시로 갑니다. 화성시 마도면 고모리의 공터에 사체를 묻었는데, 지금 그곳은 골프장이 들어서 있습니다. 그리고 다음 사건은 바로 다음날이에요. 2007년 1월 6일에 노래방 도우미 김 씨를 넥타이로 목을 졸라서 살해하고 화성시 마도면 고모리에 사체를 묻은 바로 다음날인 2007년 1월 7일에 다시 범행에 나서는 거예요. 이번에는 수원시 권선구 금곡동의 버스정류장입니다. 강호순이 버스정류장을 옮겨 다녔던 것 같아요. 금곡동의 버스정류장에서 20세의 여대생 연 씨입니다.

김윤희 저는 피해자가 너무 어리고 앳되어 보여서 깜짝 놀랐어요.

김복준 여대생 연 씨는 무쏘에 태운 다음에 스타킹이 아니라 타이즈로 목을 졸라 살해합니다. 연 씨가 타이즈를 신고 있었던 것 같습니다. 그리고 사체는 금곡동의 황구천에 묻었습니다. 이분의 사체도 2009년 1월 30일 사체 발굴을 하면서 찾았습니다.

"죽이려고 마음먹은 날은 반드시 죽였다."

김복준 다음 사건은 시간적 공백이 조금 있습니다. 제가 보기에는 한참 동안의 냉각기가 있었던 것 같아요.

김윤희 2008년 11월 9일이니까 거의 2년입니다.

김복준 2년 가까이 시간이 흐른 다음인 2008년 11월 9일 수원시 권선구 당수동의 버스정류장입니다. 피해자는 48세의 김 씨로 주부였어요. 이분은 에쿠스에 태웠는데, 손으로 목을 졸라서 살해했기 때문에 액살입니다. 그리고 사체를 안산시 성포공원 인근의 야산에 묻었습니다. 이 분의 사체 역시 2009년 1월 30일에 발굴하게 됩니다. 다음 사건은 2008년 12월 19일입니다. 이것이 마지막 사건입니다. 대략 40일 만인데, 군포시 대아미동에 있는 버스정류장입니다. 이곳은 군포보건소 앞인데, 피해자는 20세의 여대생 안 씨입니다. 안 씨를 에쿠스에 태운 다음에 역시 성폭행합니다. 그리고 피해자의 스타킹으로 목을 졸라 살해한 다음에 화성시 매송면 원리에 있는 공터로 가서 그곳에 묻었습니다. 여대생 안 씨의 시체는 2009년 1월 25일에 찾습니다. 다른 분들의 사체는 모두 1월 30일에 발굴되었는데, 이분의 사체는 그보다 5일 먼저 찾았습니다. 강호순이 가장 나중에 저질렀던 이 사건부터 이야기했던 거예요. 그런데 강호순을 검거하는데 결정적인 역할을 했던 것이 바로 이 마지막 사건이에요. 이 사건에서 강호순은 여대생의 현금 70만원과 카드를 훔칩니다. 그리고 훔친 카드로 현금을 인출하죠.

김윤희 강호순은 이전의 사건들에서 피해자들의 소지품을 훔치지 않았어요. 모두 소각하거나 유기했거든요. 그런데 마지막 사건에서는 피해자의 카드를 훔쳐서 현금을 인출했던 거예요. 교수님 보셨어요? 강호순이 현금을 인출하러 갈 때, 가발과 마스크를 착용하고 있었는데 그 모습이 정말 해괴망측하잖아요.

김복준 제가 강호순 사건을 설명하면서 가능하면 피해자들을 강간하고 스타킹으로 목을 졸라서 살해한 다음에 암매장했다고 이야기했는데, 강호순의 특별한 수법이 하나 있었어요. 이런 경우는 처음이고 진화하는 과정이었을 거예요. 어느 순간부터는 피해자를 완전 나체로 만듭니다. 그리고 신체의 일부를 불태운 다음에 암매장을 했거든요. 이것이 강호순의 특별한 수법인데, 이렇게 바뀌어가는 과정에 검거됐어요. 그리고 강호순을 검거할 수 있었던 계기는 여대생 안 씨가 실종된 시점에 안 씨의 카드로 현금이 인출된 은행 지점을 포착한 것이었어요. 실종된 장소가 군포보건소 앞에 있는 버스정류장이었잖아요. 이곳에서부터 현금을 인출한 은행 지점 사이에는 길가에 CCTV가 촘촘하게 있었는데, 이 CCTV를 일일이 판독했던 거예요.

김윤희 제가 수사기록을 살펴봤는데, 어마어마한 양의 CCTV를 판독했고 거의 몇 날 며칠을 새웠더라고요.

김복준 실종 지점과 현금이 인출된 지점 사이를 통과했던 모든 차량의 소유주를 전부 확인했다고 해요. 그래서 강호순을 특정하게 됩니다. 에쿠스 차량이 특정이 되었던 거예요.

김윤희 처음에는 차량을 특정했어요. 에쿠스 차량을 특정했는데 에쿠스의 소유주가 강호순이 아니라 강호순의 어머니로 되어 있었어요. 그런데 실제 운전자를 확인했더니 소유주인 어머니가 아니라 강호순이었던 거죠.

김복준 맞습니다. 차량 소유주로 강호순의 어머니가 나왔고, 강호순의 어머니를 대상으로 수사를 진행했어요. 그런데 강호순의 어머니가 에쿠스는 자신의 아들이 타고 다닌다고 진술을 했어요. 자신의 아들이 끔찍한 살인범이라는 것을 상상도 못했던 거예요. 그래서 강호순이 특정됐고, 경찰은 당연히 강호순의 주거지로 가서 차와 주거지를 수색했겠죠. 경찰이 수색하기 직전인 2009년 1월 24일 새벽 05시에 강호순은 에쿠스와 무쏘에 불을 질러버려요. 증거를 인멸하려는 의도가 명백하잖아요. 그래서 2009년 1월 24일 오후 5시에 강호순을 긴급체포했던 거예요.

김윤희 그런데 경찰이 의문을 가졌어요. 분명히 사건이 하나밖에 없었다면 에쿠스 차량에만 불을 질렀어야 하잖아요.

김복준 그렇죠. 무쏘에도 불을 질렀기 때문에 뭔가 이상했던 거죠.

김윤희 '어쩌면 강호순이 저지른 범죄가 이 사건 하나가 아닐 수 있겠다.'는 생각을 했던 겁니다. 실제로 이 사건처럼 호의동승이나 버스정류장에서 여성들을 납치해서 살해한 케이스들이 경기 서남부 일대에서 일어나고 있었고, 또 조사를 진행하고 있었잖아요. 그리고 마지막 피해자가 암매장된 상태를 봤는데, 스타킹으로 목을 조른 것까지 동일한 수법이잖아요. 그때부터 '아, 연쇄살인범이구나.'라는 생각으로 수사를 했던 거죠.

김복준 강호순은 특수절도 등 전과 9범이었지 않습니까? 2009년에 군포, 안산, 상록경찰서와 경기지방경찰청까지 협력해서 수사본부가 설치되어 있었어요. 그때는 경기지방경찰청이 경기 북부와 경기 남부로 나눠지기 전이었어요.

김윤희 이 사건이 일어났을 때에는 저도 경찰 초년생이었잖아요. 범

인 잡히기 직전에 일어났던 2008년 사건을 제외하고 2005~
2007년까지의 사건에 대해서는 저희도 자료를 받았고, 분석
도 했었거든요. 그때 저희들은 범인이 피해자를 유인해서 납치
한 방법, 그리고 체형과 외모, 나이, 옷차림 같은 피해자들의 특
징으로 범인의 선호도를 파악하려 했고, 휴대폰의 전원이 꺼진
지점 등에 대해 프로파일링을 했던 기억이 있어요.

김복준 그렇게 해서 결국 검거가 됐어요. 강호순은 다수의 사람을 살
해했기 때문에 살인, 그리고 네 번째 처와 장모를 방화로 살해
했기 때문에 현주건조물 방화치사인데, 현주건조물 방화치사
는 살인보다 형량이 무겁습니다. 그리고 장모를 살해했기 때문
에 존속살인, 여성들을 강간했기 때문에 성폭력 처벌 등에 관
한 특례법 등 죄명도 많았던 거고요. 그리고 강호순 사건은 개
농장과 관련된 이야기들이 꽤 있어요. 개 농장을 운영하면서
이미지 메이킹을 위해서 개와 함께 있는 사진을 찍었다는 거예
요. 충격적인 사실이 있어요. 일반적으로 시베리안 허스키가 도
축용 개는 아니잖아요. 그럼에도 불구하고 시베리안 허스키 같
은 경우도 사진을 찍은 다음에 바로 잡아먹었다는 거예요. 에
쿠스나 무쏘의 대시보드에 시베리안 허스키와 껴안고 있는 사
진이 있었잖아요. 나중에 경찰이 수사하는 과정에서 사진의 출
처를 찾으면서 그 개가 어디에 있는지를 확인했다고 해요. 그
랬더니 이미 도축을 해서 잡아먹은 상태였다는 거죠. 당시에
강호순은 시베리안 허스키를 비롯해서 여러 마리의 개를 길렀
다고 해요. 그런데 겨울에 먹이도 주지 않고 방치하는 바람에

전부 굶어죽고 얼어 죽은 상태로 발견이 됐다고 합니다.

김윤희 범행을 저지르는 동안에는 강호순이 개들을 돌보지 않았다는 거죠. 당시에 언론에서 강호순과 시베리안 허스키를 껴안고 있는 사진을 많이 보도했잖아요. 사람들이 그 사진을 보면서 '멀쩡하게 생겼는데……'라는 말을 했던 기억이 나요.

김복준 개 농장 주변사람들에게는 좋은 인상을 심어줬다는 면에서는 주변사람들을 상대로 보험사기를 쳤던 '엄 여인'과도 유사해요.

김윤희 피디님도 이 사건을 봤을 때 엄 여인이 생각났다고 합니다.

김복준 엄 여인이 생각나죠. 주변사람들에게 좋은 인상을 심어준 다음에 결과적으로 뒤에서 하는 짓은 정말 어이가 없어요. 개 도축을 하면서 개와 다정하게 사진을 찍어요. 그리고 사진을 찍은 다음에 바로 잡아먹어 버려요. 그리고 강호순은 자신의 자녀들과 관련해서도 정말 어이없는 이야기를 남겼어요. 얼굴을 공개하려고 했더니 "내 얼굴이 공개되면 자식들은 어쩌라고?"라며 항의를 했습니다. 마치 자식교육도 잘 시키고 자식들에게 관심도 많은 것처럼 보였지만, 알고 보면 용돈이나 주면서 거의 방치하다시피 했다고 해요. 결국 강호순은 모든 면에서 이중적인 얼굴을 가지고 있었던 것입니다. 강호순의 범행수법은 간단해요. 잘 생긴 외모에 차 안에다 개 사진과 가족사진을 붙여두고, 그것을 이용해서 여성들의 호의동승을 유도한 다음에 여성들을 제압하는 거예요. 여성들을 차에 태우면 잠시 뒤에 휴대폰의 전원이 꺼졌어요. 아주 빠른 속도로 여성들을 제압해서 휴대폰의 전원을 껐기 때문이겠죠. 마지막으로 강호순이 자신의 입으로 이야기 했던 것 중에 가장 충격적인 말이 있어요. "죽이려고 내가 마음먹은 날은 반드시 죽였다. 다른 이유는 없다. 내가 오늘 죽여 버리고 싶다고 마음을 먹고 나갔을 때는 일단 걸리면 죽였다. 그 여자들 중에는 나를 싫어하지 않았던 여자들도 많다. 나 역시 긴 시간동안 대화를 하면서 진짜 친밀감이 느껴지고 호감이 가는 여성들도 있었다." 열 명의 피해자 중에서 장모와 네 번째 처를 제외하면 여덟 명이 되겠네요. 그 중에는 호감이 가는 여성이 있었다는 거예요. '장시간 이야기하면서 호감이 가는 여성들도 있었지만, 그래도 내가 그 날 죽이기로 했기 때문에 죽일 수밖에 없었다.'라는 강호순의 말이 강호순의 가장 전형적인 모습을 보여주는 것 같아요.

"사람을 죽여도 죄책감이 들지 않아요."

김윤희 강호순은 합의 하에 성관계를 가졌던 피해자도 있다고 주장을 하고 있거든요. 실제로 노래방 도우미 분들 같은 피해자의 경우에는 어느 정도 시간이 지난 다음에 휴대폰 전원이 꺼졌어요. 그 상황에서 대화를 했을 수는 있겠죠. 하지만, 도로변이나 버스정류장에서 태웠던 피해자 분들의 핸드폰은 빠르게 꺼졌다고 합니다. 어떤 경우든 관계없이 피해자 분들이 원하는 방향과 다르게 진행되었을 경우에는 반항을 했을 것 같아요.

김복준 여성들이 반항을 하면, 힘으로 제압한 다음에 휴대폰의 전원을 꺼버리는 거죠.

김윤희 아무튼 상황은 그렇게 진행되었을 것 같아요. 그런데 저는 범행동기에 대해 물었을 때, 강호순이 '죽이고 싶어서 죽였고, 순간순간 살인 충동을 참을 수 없었다.'고 이야기하면서 피해자들에 대해서는 '그 사람들이 순순히 차에 올랐고 그래서 태웠을 뿐이다. 그것을 내가 슬퍼해야 하나. 안 탔으면 되는 것 아니냐.'는 식으로 이야기했던 부분이 기억에 남더라고요.

김복준 책임을 피해자에게 전가하는 거죠.

김윤희 그리고 자신의 범행목적에 대해서도 '성폭행도 아니었고 돈이 필요한 것도 아니어서 딱히 한 마디로 정리할 수는 없는데, 난 내 자신을 제어하지 못해서 그렇게 행동했을 뿐이다.'라는 식의 이야기를 했다고 하더라고요.

김복준 조사과정의 태도는 불량하기가 이를 데 없었다고 합니다.

김윤희 강호순을 면담했던 프로파일러 분께 들은 이야기가 있어요. 강호순은 항상 눈을 똑바로 마주하면서 능글능글한 말투로 이야기했다는 거예요. 만약에 범죄자라는 생각을 하지 않고 바깥에서 그냥 남자와 여자로 만났더라면 넘어갈 수도 있을 정도로 능수능란했고 자신감에 찬 눈빛이었다고 하더라고요.

김복준 제가 통화를 했던 담당형사는 조사하는 과정에서 만난 강호순은 그냥 패 죽이고 싶을 정도로 불량하고 괘씸한 태도로 일관했다고 해요. 경찰에 검거되고 조사를 받는 과정에서도 몸에 좋다는 음식만 골라서 먹었다고 합니다. 유치장에 입감되면 '관식'이 있고 '사식'이 있어요. 유치장에서 지급하는 것은 관식이라고 해서 세금으로 충당하는 겁니다. 관식은 단무지 몇 개에 약간의 보리밥이 전부입니다. 그런데 사식이라는 것이 있어요. 사식은 본인이 돈을 내고 사먹는 밥이에요. 일단 경찰서 유치장에 입감되면 사식도 경찰서 내에 있는 구내식당에서 공급을 해요. 외부에서 구입해 왔을 때 발생하는 문제에 대해서 책임질 수가 없기 때문에 경찰서 자체에 있는 구내식당에서 판매하는 밥을 사식이라고 합니다. 그런데 강호순은 이 사식을 먹으면서 건강에 좋은 음식만 골라서 먹었다는 거예요. 그리고 조사를 받을 때에도 친절하게 대해주는 형사를 선택했다고 합니다. 자신을 추궁하거나 질책하는 형사 앞에서는 아예 입을 닫고 진술을 거부했다는 겁니다. 그래서 굉장히 싫은 범인 중 하나였다고 해요. 그런데 강호순이 여자 이야기를 할 때는 눈이 반짝반짝 빛났다고 합니다.

김윤희 그 이야기는 저도 들었어요.

김복준 눈이 반짝반짝 빛나면서 자랑을 하는데, '나는 이 세상에 어떤 여자든지 꼬실 수 있다.'고 큰소리를 쳤대요.

김윤희 자신의 외모가 괜찮은 수준이라는 것을 본인이 잘 알고 있었다는 거죠. 강호순이 테드 번디와 계속해서 비교가 되는 이유는 두 사람 모두 호남형의 외모를 가지고 있었기 때문이에요. 그래서 여성들에게 쉽게 접근할 수 있었고, 교묘한 말솜씨를 이용해서 여러 명의 여성들을 꼬드긴 거죠. 자신의 성적 매력에 대해서도 엄청난 자신감을 가지고 있었기 때문에 여성들을 강간한 다음에도 강간이 아니라 스스로 자신의 '실력'을 발휘했다는 정도로밖에 생각을 하지 않았던 거예요.

김복준 테드 번디의 경우에는 여성의 신체를 물어뜯었는데, 그때 남은 치아 자국 때문에 검거되었습니다. 그리고 범행을 저지르기 위해서 깁스까지 했던 일화는 유명하죠. 테드 번디나 제프리 다머에 대해서 《사건 의뢰》에서 다룰 기회가 있겠죠.

김윤희 저희가 외국 범죄자들을 이야기를 하는 이유가 있습니다. 미국에서도 연쇄살인범들이 생기기 시작하면서 FBI에서 프로파일링을 시작했고, 또 이를 통해서 연쇄살인범을 다시 한 번 생각하는 계기가 됐거든요. 대한민국에서는 실제로 FBI에서 했던 프로파일링을 참고하고 있습니다. 강호순 사건을 살펴보면서, 개인적으로 정말 안타까웠던 것이 노래방 도우미 분들이었어요. 피해자 분들 중에 회사원이나 학생의 경우에는 사건 당일 또는 바로 다음날 가족들이 실종신고를 했어요. 그런데 도우미 분들은 빠르게 해도 일주일이 지난 다음에 실종신고가 접수되었어요. 또 실종신고가 경찰에 접수된 후에도 이분들의 경우에는 대체로 범죄적인 상황보다는 단순 가출로 의심했다고 합니다. 직업적 특성 때문에 간과했던 부분이 있었다고 하더라고요.

김복준 그린리버 사건의 범인인 게리 리지웨이 역시 가출했던 청소년들이나 윤락 여성들을 대상으로 범행을 했습니다. 그들을 범행 대상으로 선택했던 이유는 갑자기 사라져도 찾는 사람이 별로 없고, 사회에서도 크게 관심을 갖지 않는다는 사실 때문이었거든요. 강호순에게 희생당한 노래방 도우미 분의 경우도 우리 사회가 지닌 아쉽고 아픈 단면이에요. 피해자들 중에서 노래방 도우미 세 분은 길게는 한 달 동안 실종신고가 접수되지 않았어요. 갑자기 주변에서 누군가가 사라졌음에도 아무도 찾지 않고 관심도 없었다는 것은 우리 사회의 아픈 단면이라고 해야겠죠.

김윤희 네, 저는 그 부분이 가장 안타까웠습니다.

김복준 맞습니다. 그리고 강호순은 스스로 '나는 사이코패스다.'라고 했답니다. 그래서 '왜 사이코패스냐?'고 물었더니, '죄책감이 없잖아요. 사람을 죽여도 죄책감이 들지 않아요. 나는 죄책감 같은 게 없어요.'라고 말하면서 자기에게는 사이코패스의 특징이 많다는 말을 형사들에게 스스럼없이 했다고 해요. 그 이야기를 들은 형사들은 정말로 기가 막혔다고 합니다. 검거됐을 때 강호순이 그때까지 보유하고 있던 재산은 11억 원입니다. 부자였어요. 이 11억 원은 아마 보험사기를 통해 모았던 것으로 생각됩니다. 그리고 "내 얼굴 공개되면 자식들은 어쩌라고?"라는 말을 강호순이 했잖아요. 실제로 강호순 때문에 특정 강력범죄의 처벌에 관한 특례법 피의자의 신상공개 조항이 생긴 겁니다. 당시에는 법이 미비했기 때문에 강호순의 얼굴을 공개하지 못했어요. 국가인권위원회에서도 강호순의 얼굴 공개를 반대했었죠. 그럼에도 불구하고 일부 언론에서는 강호순의 얼굴을 공개했습니다. 그 상황에서 강호순이 '내 얼굴이 공개되면 내 자식들은 어떻게 살라고 공개하느냐?'고 항의를 했어요. 자녀들이 살인자의 자식으로 살아가서는 안 된다고 주장했던 겁니다. 그 이후에는 언론에서도 자제를 했어요. 강호순은 수감 생활을 하면서 조각을 배웠답니다. 실력이 전문가 수준이라고 합니다. 강호순과 같은 무기수들은 강제 노역을 하지 않거든요. 교도소에서 조각이나 하면서 평온하게 지내고 있다는 말을 전해 들었습니다. 정말 어이없는 상황입니다.

김윤희 실제로 면담할 때에는 12명의 여성과 결혼을 하는 것이 목표였다고 이야기했다고 합니다.

김복준 네, 12명 맞습니다.

김윤희 '강간 후에는 어떤 기분이었냐?'는 물음에는 "내 스타일 잘 알지 않아?"라고 대답을 했다고 합니다. '내 스타일 잘 알지 않냐?'는 것은 내가 그 정도에 만족하겠느냐는 의미일 수도 있고요. '나에게 이 정도는 기본이지.'라는 의미로 이해할 수도 있을 것 같아요.

김복준 분명히 "내 스타일 잘 알지 않아?"라고 말했다고 해요.

김윤희 자신은 아무런 죄책감도 느끼지 않고, 또 자신의 성적인 매력 부분에 대해서 굉장한 만족감과 자신감을 가지고 있다는 것 같아요.

김복준 조사과정에서도 여성과 관련된 이야기에 대해서는 적극적으로 반응하고 협조했다고 합니다. 실제로 아무 말도 하지 않고 진술을 거부할 때에는 형사들이 여성 이야기를 꺼내면서 접근했다고 해요. 그것도 심문기법 중의 하나거든요. 강호순의 관심사인 여성과 관련된 이야기를 마음껏 하게 하면서 하나씩 질문을 해서 접근하는 형태를 취했다는 것입니다. 강호순이 여성에 대한 집착이 있었던 것은 분명한 것 같아요. 또, 그 부분에 대한 자부심도 있었던 것 같고요. 그리고 얼굴 공개와 관련해서 당시에 조선일보와 중앙일보에서는 지면과 홈페이지에 강호순의 얼굴을 전격적으로 공개했어요. 그런데 국가인권위원회에서 피의자의 얼굴은 비공개로 해야 한다는 권고를 합니다. 그 이후로 언론들도 강호순의 얼굴을 공개하지 않았습니다. 이미 얼굴이 공개되었음에도 불구하고 그 다음부터는 얼굴을 가렸던 겁니다.

김윤희 강호순 사건을 아주 간략하게 알아봤지만, 사건 하나하나를 들여다보면 스토리들이 있어요. 강호순은 범행수법에서도 자기만의 패턴을 분명히 가지고 있습니다. 범행 패턴은 거의 동일했고, 피해자를 선정하는 부분에서도 공통점이 있어요. 그리고 범행수법이 진화해가는 과정에 있었던 것 같아요. 전체적으로 냉각기가 굉장히 짧았어요. 특히 초기 사건에서는 냉각기가 아주 짧고, 긴 공백기를 지난 다음에는 냉각기가 다시 짧아지는 형태를 보였습니다.

희대의 살인범 강호순의 범죄수법

김복준 사실 김윤희 프로파일러나 제가 범죄수법을 자세하게 묘사하는 것이 피해자분들 때문에 부담스러웠어요. 그래서 우리가 적나라한 표현보다는 '살해하고 은닉하고 유기했다.'는 정도의 순화된 표현을 사용했잖아요. 그러다보니 제대로 전달이 되지 않는 부분이 있다는 생각이 들어요. 범죄수법을 보면 강호순이라는 인간은 희대의 살인범인데, 저희가 10명의 피해자에 대해 이야기 하면서 '성폭행하고 살해, 은닉, 유기했다.'는 식으로 진행을 했더니 와 닿지를 않는 거죠. 시청하시는 분들이 '강호순이 희대의 살인범이라더니 이거 뭐야?'라는 반응이 많았던 것 같아요. 저희 프로그램이 유튜브라는 것을 감안해서 범죄수법을 조금만 더 다루어 볼까 합니다. 첫 번째 사건부터 제가 조금 정리를 해 왔어요. 첫 번째가 2006년 9월 7일인데 피해자는 정선군청 공무원입니다. 공무원인 이분이 출근하는 길에 강호순이 차를 갖다 대면서 길을 물었다고 합니다. 하필 ○○군청에서 근무하는 공무원에게 군청으로 가는 길을 물었던 거죠. '어, 제가 그곳에 근무하는 공무원인데……'라고 하니까 '타셔서 안내해주세요.'라고 해서 탔단 말이에요. 그렇게 이분이 차에 승차를 했는데 강호순은 행선지인 군청이 아니라 전혀 다른 방향으로 갑니다. 그리고 폭행, 강간, 살해한 사건입니다. 이때는 본인이 착용하고 있던 넥타이로 목을 졸라서 살해를 했고, 현금을 강취했다고 합니다. 지갑이나 핸드백은 모두 소각을 했습니다. 나머지는 앞에서 설명해 드린 것과 동일합니다. 두 번째 사건은 2006년 12월 14일인데, 피해자는 45세의 노래방 도우미 배 씨입니다. 강호순이 군포시에 있는 어느 먹자골목의 노래방에 가서 도우미를 부른 겁니다. 사실은 이미 살해를 하겠다는 목적을 가지고 노래방에 갔던 거예요. 피해자가 왔고 한 시간 정도 노래를 부르면서 대화를 나눴어요. 그리고 '나와 바닷가로 바람 쐬러 가자. 돈은 내가 충분히 주겠다.'고 꼬여서 배 씨를 차에 태우고 가서 성관계를 한 다음에 피해자의 스타킹으로 교살했던 사건입니다. 이때도 현금을 강취하고 피해자의 소지품은 모두 소각했다고 합니다. 첫 번째와 두 번째 범행은 SUV 차량인 무쏘를 이용했습니다. 세 번째 사건은 2006년 12월

24일입니다. 이때도 노래방 도우미였고 36세의 박 씨입니다. 수원 장안구에 있는 노래방에서 한 시간 정도를 노래방에서 같이 놀았어요. 그리고 '대부도에 가자.'고 유인을 했고, 차를 타고 가다가 갓길에 주차한 상태에서 성관계를 하고는 엎드려 있는 피해자를 뒤에서 스타킹으로 목을 졸라서 살해한 다음에 야산에 은닉을 했는데 이때도 SUV 차량인 무쏘를 이용했습니다. 역시 현금은 빼앗고 나머지 소지품은 소각했어요. 네 번째 사건은 2007년 1월 3일이고 피해자는 회사원인 50세의 박 씨입니다. 이분 같은 경우는 화성시 신남동 ○○기업 앞 버스정류장에서 버스를 기다리고 있었는데, 강호순이 피해자의 행선지를 물어보면서 친절하게 태웠어요. 한 시간 정도 운전을 하고 가다가 갓길에 정차시켜 놓고 강간, 살해했습니다. SUV 차량인 무쏘를 이용했습니다. 현금을 빼앗았고 소지품은 모두 소각했으며 사체는 야산에 은닉했어요. 다섯 번째는 2007년 1월 6일이고 역시 노래방 도우미입니다. 39세의 김 씨인데, 이분은 사체를 찾지 못했습니다. 사체를 매립지에 은닉했기 때문에 찾지 못했는데 이분도 안양시 관양동 소재의 노래방으로 불렀고 결국 살해한 것입니다. 강호순의 수법은 유영철이 출장마사지 여성들을 모텔로 불렀던 것과 유사한 부분이 있어요. 노래방에서 한 시간 정도 놀고 대화하다가 바닷가에 가자고 유인을 합니다. 그런데 이 여성의 경우에는 조금 다른 부분이 있어요, 바닷가로 가자고 유인해서 실제로 바닷가에 갔어요. 그리고 모텔에 투숙해서 거기서 성관계를 합니다. 다음날에는 차에서도 성관계를 해요. 이 부분은 성매매처럼 보입니다. 노래방 도우미인 김 씨가 자발적으로 모텔로 갔기 때문입니다. 차량에서 성관계를 한 다음에 결국 스타킹으로 살해하고 매립지에 묻었어요. 이때도 현금을 빼앗았고 역시 SUV 차량인 무쏘를 이용했습니다. 그런데 이분의 사체는 매립지에 묻었는데 아마 매립지를 개발하는 과정에서 유실된 것으로 보입니다. 여섯 번째는 2007년도 1월 7일이고 피해자는 20세의 대학생 연 씨입니다. 수원시 권선구에 있는 금곡동 버스정류장에서 버스를 기다리고 있었는데 강호순이 '어디까지 가요?'라며 행선지를 물어봐요. 승차한 다음에는 농로로 갑니다. 농로에서 스타킹으로 교살했는데, 황구천이라는 개울가에 구덩이를 파고 은닉했어요. 이때도 '경기 91로'로 시작하는, 무쏘입니다. 정말 잊어버리지도 않아요. 아주 지긋지긋해요. 지금도 머릿속에 '경기 91로'가 박혀 있는데, 아마 그 당시의 수사관들은 거의 다 그럴 거예요. 다음 사건은 2008년 11월 9일입니다. 48세의 회사원 김 씨입니다.

김윤희 이 사건은 한참 뒤인 22개월 후에 일어난 사건입니다.

김복준 시간적으로 상당한 공백이 있어요. 수원시 권선구 당수동 버스정류장 앞이에요. 버스를 기다리던 피해자를 발견하고 강호순이 차를 가지고 왔는데 피해자가 '안산 방향으로 가는 길이면 태워주세요.'라고 부탁을 했다는 거예요. 강호순은 범행대상을 물색하고 있었는데, 태워 달라고 했기 때문에 당연히 태웠겠죠. 농로를 따라 차량을 운행하다가 강간을 시도하는데, 성공하지 못했어요. 미수에 그친 거죠. 그곳에서 바로 스타킹으로 살해한 다음에 풀숲에 구덩이를 파고 은닉했는데, 이때 이용한 차량은 에쿠스입니다. 귀금속과 현금 등은 모두 빼앗았어요.

김윤희 22개월이 지났잖아요. 차량이 무쏘에서 에쿠스로 바뀌었네요.

김복준 8번째 사건은 2008년 12월 19일이고 21세의 대학생 안 씨입니다. 이 사건으로 인해 강호순이 검거됩니다. 군포시 보건소 앞에 있는 버스정류장에서 버스를 기다리던 피해자에게 행선지를 물어봐요. 수법이 거의 똑같아요. 물어보고는 '어, 같은 방향이네. 타요.'라고 하면서 자동차 문을 열어줬는데 대시보드에 개와 함께 찍은 사진과 가족사진이 크게 붙어있었다고 합니다. 그렇게 태워서는 갓길에 정차하고 강간을 시도했지만 여기서도 미수에 그칩니다.

김윤희 마지막에 나온 세 개의 사건들은 호의동승을 했고 강간을 시도했지만 모두 실패했네요.

김복준 맞습니다. 강간을 시도하고는 스타킹으로 교살한 다음에 축사 쪽으로 가서 구덩이를 파고 사체를 묻었어요. 이때 빼앗은 카드로 현금을 인출하는데, 그 과정에서 강호순을 검거하게 되는 결정적인 증거를 찾아낸 거죠. 이때 사용했던 차량은 에쿠스입니다. 범죄수법에 대해서 조금 자세하게 설명을 하도록 하겠습니다. 이후의 사건에서는 피해자 분들이 당했던 잔인한 수법은 생략하도록 하겠습니다.

김윤희 2008년 사건부터는 변화된 부분이 있어요. 차량이 무쏘에서 에쿠스로 바뀌었고요. 두 번째는 DNA를 남기지 않기 위해서 손톱 부분을 모두 절단합니다. 절단이라는 표현이 적절한지는 모르겠지만, 그 정도로 치밀하게 증거를 인멸했습니다.

형사의 '촉', 쭈뼛 곤두선 머리카락

김복준 《사건의뢰》를 오래 진행하다보니 피해자분들께 너무 미안하고
실례라는 생각이 들었어요. 그래서 가능하면 피해과정을 적나
라하게 표현하는 것을 자제했는데, 그렇게 했더니 이번에는 범
죄수법이 생략되는 문제가 생기는 것 같아요. 난감합니다. 그래
서 약간 보충설명을 했습니다. 김윤희 프로파일러의 말씀처럼
피해자들의 특성이 있습니다. 일단은 노래방 도우미처럼 쉽게
접근이 가능한 사람들이죠.

김윤희 피해자들은 두 부류로 나뉘는 것 같아요. 한 부류는 노래방 도
우미 분들이었고, 다른 부류는 호의동승을 했던 분들입니다.

김복준 그렇죠. 두 그룹입니다.

김윤희 여기서 짚고 넘어갈 부분은 범행의 시점이 계절적으로 모두 겨
울이라는 것이에요. 겨울이기 때문에 밖에 서 있으면 추워요.
특히, 군포나 수원 등의 지역에서는 배차 간격이 긴 버스들이
많아요. 그래서 호의동승이 쉬웠을 것 같아요.

김복준 대부분 혼자 있었다고 합니다. 버스정류장에서 호의동승 했다
가 피해를 당한 사람들은 한적한 버스정류장에서 추운 날씨에
혼자 버스를 기다리고 있었다는 겁니다. 그때 강호순이 접근했
던 것이에요.

김윤희 호감형이었고 차량의 문을 열었을 때 가족사진이 있었기 때문
에 평범한 가장이라고 생각했을 거예요. 추운데 같은 방향이니

까 타라고 하면 대부분 그냥 승차하잖아요. 강호순이 그 부분을 노렸던 것 같아요.

김복준 피해자의 특성은 강호순이 접근가능한 사람이었던 겁니다. 노래방 도우미는 부르니까 당연히 노래방에 왔고, 바닷가에 가자고 하거나 바람 쐬러 가자고 하니까 따라 나섰던 겁니다. 그래서 살해되었습니다. 다른 피해자들은 추운 겨울 한적한 버스정류장에서 혼자 추위에 떨고 있을 때, 인상 좋게 생긴 남자가 자동차의 문을 열어주는데 가족사진과 개와 함께 찍은 사진이 보이는 거예요. 누가 봐도 좋은 사람으로 생각했기 때문에 호의동승했고, 그래서 살해당했던 거죠. 여기까지가 피해자의 특성이고요. 범죄수법과 범인의 인적 사항을 추정해볼 수 있을 것 같습니다. 범행이 발생했던 장소는 도우미를 비롯해서 유흥업에 종사하는 분들이 늦은 시간에 버스나 택시를 타기 위해 기다리는 정류장 부근이었다고 합니다. 그리고 2차로 노래를 부르거나 혹은 다른 유흥을 즐기기 위해서 사람들이 모이는 장소라는 지역적인 특성도 있습니다.

김윤희 강호순은 이사를 굉장히 많이 다녔어요. 범행기간 동안에만 일곱 번 정도 이사를 했을 거예요. 강호순이라는 사람 자체가 떠돌아다니는 것을 좋아했다고 합니다. 그래서 이동을 자주 많이 했지만, 여행성 범죄는 아니라고 합니다. 단지, 유영철이 피해자들을 자신의 집으로 유인했다고 한다면, 강호순에게는 자동차가 유영철의 집과 같은 역할을 했던 거죠.

김복준 범행장소가 자동차 안인 경우가 많았어요.

김윤희 이동이 용이해서 쉽게 도주할 수 있고, 또 사람들을 쉽게 유인할 수도 있고, 더욱이 범행을 저지르기에도 적당한 폐쇄적인 공간이잖아요. 강호순에게 차량은 범행에 있어서 아주 중요한 부분이었을 것입니다. 실제로 강호순은 검거 당시에 차량을 세 대나 가지고 있었어요. 어머니의 명의로 되어 있는 에쿠스와 무쏘, 그리고 리베라까지 있었다고 하더라고요.

김복준 리베라는 범죄에 이용되지는 않았죠?

김윤희 네, 리베라는 주로 축사에서 사용했던 것 같아요. 그리고 이동을 많이 하다 보니 곳곳에 숨겨진 장소나 사체 등을 은닉하기 좋은 위치에 대해서도 잘 알고 있었던 거죠. 이동을 많이 하고 이동 자체를 좋아하는 사람이었기 때문에 가능한 일이었던 것 같아요. 유영철의 경우에는 사체를 유기할 때 같은 장소를 이용했어요. 거의 한 군데에 유기했고, 사체를 유기한 장소도 두 군데에 불과해요. 하지만 강호순은 그렇지 않아요. 사체를 유기했던 장소가 모두 달라요. 그와 관련해서는 본인이 사체를 어디에 유기해야 하는지, 어디가 사람들을 유인하기 편한 장소인지, 어느 시간대에 가면 버스정류장에 사람이 한두 명밖에 없는지를 모두 알았던 것 같아요.

김복준 강호순은 지리적 조건이나 환경, 그리고 지리적 특성을 잘 알고 있었던 것입니다. 거기에 신뢰를 주는 호감형의 외모와 고급 승용차, 무엇보다 언변이 아주 뛰어났다고 해요.

김윤희 말을 잘 했다고 하더라고요.

김복준 강호순은 정말 말을 잘 한다고 합니다. 아무튼 이런 여러 가지 요소들이 융합되면서 호의동승을 유도할 수 있었던 거예요. 처음 보는 여성들이 의심 없이 자동차에 승차했던 겁니다. 유영철과는 전혀 다른 강호순의 특징이 여기에서 드러납니다. 검거 경위를 한 번만 더 말씀드릴게요. 마지막 사건 때문에 검거되는데, 신용카드로 현금을 인출한 CCTV에 얼굴이 흐릿하게 잡혔습니다. 그래서 CCTV에서 현금 인출하는 것을 확인한 다음에 경찰에서는 예상 이동로를 추렸어요. 그렇게 해서 CCTV를 분석했습니다. 예상 이동로를 지나가는 7,000대 정도의 차량을 선정한 다음 차량 번호판을 이용해서 차량의 소유자를 일일이 확인했는데, 그 과정에서 나온 것이 강호순이었어요. 처음에는 강호순이 아니고, 차량의 소유주인 강호순의 어머니 김 씨였어요. 아마 그때 20, 30대의 남성이 운전한 차, 그리고 전과가 있는 사람을 우선순위로 7,000대를 분석했기 때문에 수사과정이 상당히 힘들었을 겁니다. CCTV를 분석해서 12월 19일 오후 3시 22분경에 그곳을 통과한 검정색 에쿠스 한 대를 특정했어요. 그리고 차량의 차적 조회를 했더니 54세의 김 씨, 즉 강호순의 어머니가 나왔던 거예요. 그래서 김 씨를 만났더니 그 차는 자신의 아들인 강호순이 운전한다고 이야기했던 거죠. 경찰이 바로 강호순을 찾아갔어요, 사건 당일의 행적을 추궁했는데 강호순이 미처 대비하지 못했던 것 같아요.

김윤희 자기를 찾아낼 줄 몰랐던 거죠.

김복준 상상도 못했을 거예요. 횡설수설했던 것 같습니다. 그리고 담당 형사의 말이 CCTV에 찍힌 현금 인출할 때의 모습이 강호순과 아주 유사했다고 합니다. 담당형사가 CCTV를 보고 강호순을 만났는데 머리가 쭈뼛 서더래요. 느낌이 온 거예요. 얼굴을 정확하게 확인한 것은 아니지만, 전체적으로 CCTV에 나온 사람의 느낌과 강호순이 너무 똑같아서 머리가 쭈뼛 섰다는 거예요.

김윤희 사실 이런 부분은 '감'이라고 말할 수밖에 없는 거예요. 머리에는 곱슬곱슬한 가발을 썼고 마스크로 얼굴을 가렸기 때문에 얼굴을 정확하게 식별할 수는 없었을 거예요. 그럼에도 불구하고 얼굴의 형태라든지 분위기가 비슷했다는 것인데, 형사 분들은 흔히 '촉이 온다.'라는 표현을 사용하시더라고요

김복준 그랬던 것 같아요. 제가 담당형사들과 통화를 했는데 그분들도 그 이야기를 하는 거예요. 얼굴이나 외모가 닮았는지도 잘 모르겠고, 구분도 할 수 없었지만 전체적인 이미지를 떠올리면서 강호순과 이야기를 하는데 머리가 쭈뼛 섰다는 거예요.

포맷된 컴퓨터에는 어떤 것이 있었을까?

김복준 그래서 강호순의 차량을 수색하려고 압수수색영장을 신청한 거예요. 1월 23일에 압수수색영장을 신청했는데, 1월 24일에 영장을 가지고 압수수색을 나갔더니 1월 24일 새벽 05시 10분경에 강호순이 무쏘와 에쿠스에 불을 질러버린 거예요. 그 상황을 본 경찰들이 영장 발부 받은 것을 들고 집에 들어가서 수색을 하고 컴퓨터도 뒤졌던 거예요. 그런데 컴퓨터가 이미 포맷이 되어 있었다는 거죠. 이것은 분명히 뭔가가 있다고 해서 긴급체포 했던 겁니다. 여기까지가 강호순의 검거과정입니다.

김윤희 컴퓨터를 포맷했기 때문에 컴퓨터에서는 아무런 증거도 발견
할 수가 없었어요. 거기에 어떤 것들이 있었을까요?

김복준 그게 정말 아쉽죠. 지금처럼 디지털 포렌식 기술만 제대로 발
달되어 있었으면…….

김윤희 당시에는 복원을 못 했었어요. 아마 사진이나 동영상이 있었을
것이라고 추측만 하는 거죠.

김복준 강호순이 피해자들을 살해한 다음에 녹음이나 녹화, 또는 사진
촬영 등을 해뒀을 가능성이 있다고 생각하세요?

김윤희 컴퓨터를 포맷했다는 말을 듣고 남겨뒀을 것이라고 생각했어요.

김복준 컴퓨터를 포맷을 한 이유가 분명히 있을 거예요.

김윤희 당연하죠. 교수님도 그렇게 생각하시죠?

김복준 개를 도살하는 장면 같은 것을 많이 남겨놓지 않았을까요.

김윤희 네, 그럴 수도 있을 것 같아요. 저는 피해자의 음성이나 사진 같
은 것을 남겨놨을 가능성이 있다고 봐요.

김복준 살해하면서 살해당하는 피해자의 모습을 녹음, 녹화하는 범인
들이 있잖아요. 마치 '기념품'을 남기듯이 말이에요.

김윤희 녹음이나 사진, 또는 영상 등을 통해서 자신이 다시 그 순간으
로 돌아가는 것 같은 환상을 느끼고 경험하기 위해서 그것을
간직하는 범인들이 있기 때문에 저는 분명히 컴퓨터에 뭔가 기
록이 있었을 것 같아요.

김복준 이 사건과는 조금 다른데, 제가 현직에 있을 때 어떤 여성이 남
편과 함께 와서 강간을 당했다는 신고를 했어요. 여성은 남편
손에 억지로 끌려온 것 같은 느낌이 들었어요. 그런데 자신이

강간을 당했다는 모든 과정을 진술했어요. 자기는 남편이 출근하고 난 다음에 샤워하고 나와서 거실 창문을 열고 앉아서 커피 한 잔 마시는 것을 삶의 낙으로 생각하는데, 어느 날부터 계속 전화가 걸려왔다는 거예요. 어떤 남성이 만나자고 하는데, 남성의 말이 자기를 오랫동안 관찰했고, 샤워하는 장면이나 집에서 속옷 바람으로 있는 장면 등을 사진으로 찍어놨다는 거예요. 찜찜해서 그 남성을 만났는데 끌려가서 강간을 당했다는 것이 진술내용이었어요. 그래서 몇 번이나 당했냐고 물었더니 2~3년에 걸쳐서 꾸준히 당했다는 거예요. 남편에게 알려지는 것이 무서워서 어쩔 수 없이 성관계를 가졌다는 것이었어요. 일반적으로 강간에서 기인한 이후의 모든 행위는 강간의 연장이라고 보거든요. 사건 조사를 마치고 상대인 남성을 체포해 왔어요. 강간으로 구속영장을 만들고 조사도 끝났는데, 그 남성이 담당형사에게 면담 요청을 해요. 담당형사가 숙소에 가야겠다고 해서 '왜 그러냐?'고 했더니 하여튼 가보자고 해서 갔어요. 그 남성의 숙소에 갔더니, 침대 밑에 소형 녹음기가 있었어요. 그 녹음기와 함께 큰 라면 상자가 있었는데, 그 상자 안에 녹음테이프 수백 개가 있는 거예요. 알고 보니 이 남성은 성관계 하는 과정을 녹음하는 습관이 있었던 거예요. 자기의 숙소에서 여성들과 성관계를 했는데, 그것을 녹음했던 거예요. 그래서 자신이 강간했는지 아닌지를 들어보라는 거예요. 처음 만난 날부터 시작해서, 일자별로 녹음한 것이 있었는데 강간은 아니었어요.

김윤희 그것들을 모두 들으셨겠네요.

김복준 정말 고통스러웠어요. 우리 입장에서는 첫 번째 만남에서의 강간 여부가 가장 중요하거든요. 그 이후에는 화간처럼 느껴져도 어쩔 수 없이 성관계 하는 것이기 때문에 그것은 중요하지 않아요. 첫날의 대화 내용을 들어보니 화간이었어요. 이 남성과 여성이 처음 만난 곳은 나이트클럽이었어요. 외도를 하다가 남편한테 들통이 났고, 강간당한 것으로 뒤집어씌우려고 했는데 그 상대인 남성은 녹음이 취미였던 거예요. 결국 강간 혐의는 벗을 수 있었지만 다른 부분에서 처벌을 받았어요. 일단 통신비밀보호법에 걸렸고, 당시에는 간통죄가 있었어요. 그래서 그 남성은 다른 혐의로 구속됐는데, 강간으로 기소되는 것은 피했기 때문에 성공한 것일 수도 있어요. 그렇다고 녹음을 하는 것이 옳다는 것은 절대로 아닙니다. 그리고 큰일 납니다. 녹음은 동영상을 촬영하는 것과 형량이 비슷해요.

김윤희 그리고 과거와 달리 지금은 형량이 상당합니다.

김복준 제가 말씀 드리려고 했던 것은 이렇게 자신의 성 관계를 모두 녹음하는 남성도 있다는 겁니다. 아무튼 디지털 포렌식이 지금만큼만 발전했으면 강호순의 컴퓨터에서 많은 증거물을 찾을 수 있었을 것 같아요.

가족의 죽음까지도 범죄 스토리로 활용

김윤희 이때까지도 강호순은 '니들이 증거를 찾아서 갖고 와. 나는 안 했어.'라고 큰소리를 쳤다고 합니다. 그런데 조사 과정에서 결정적인 증거가 나옵니다. 강호순의 점퍼에서 피해자의 DNA가 나온 겁니다. 강호순의 차량에서 발견된 점퍼였죠? 두 번째 사건이었나요? 두 번째 사건 피해자의 DNA였습니다.

김복준 여기서 범행동기를 한 번 짚어볼까요. 당시에는 강호순이 분명히 경제적인 어려움이 있었습니다. IMF가 시작되면서 경제적인 어려움을 겪었어요. 이 부분은 김윤희 프로파일러께 꼭 물어보고 싶은데, 강호순이 지금까지도 네 번째 처와 장모를 죽이지 않았다고 끝까지 부인하고 있잖아요. 그리고 검거된 이후에는 두 사람의 죽음 때문에 범행을 시작했다고 주장하고 있는데요. 그 두 사람의 죽음이 범행에 영향을 미쳤다는 강호순의 주장에 대해서 어떻게 생각하세요?

김윤희 네, 저는 말도 안 되는 소리라고 생각합니다.

김복준 말도 안 된다고 생각하세요?

김윤희 그런 말을 들으면 저는 짜증이 밀려와요. 아니 강호순은 다른 피해자들에게도 그와 같은 태도를 보이면서 자기변명을 하고 있잖아요. 피해자들을 향해서 오히려 '니네가 내 차를 탔으니까 잘못한 것'이라고 이야기하면서 피해자를 비난해요. 그리고는 본인이 범죄를 저지른 부분에 대해서는 그때 너무 충격이 컸고, 그로 인한 PTSD(외상 후 스트레스 장애) 때문이라고 말하는 것이잖아요. 물론 PTSD와 같은 충격으로 인해서 범죄를 저지를 수도 있어요. 하지만, 연쇄살인으로 이어지지는 않아요. 한 번 정도는 어떤 충격적인 행위를 통해 '스트레스'가 해소될 수는 있지만, 그것 때문에 범죄를 이어간다는 것은 절대 이해할 수 없는 부분이에요. 저는 강호순의 변명이 사람들로부터 동정을 얻어내기 위한 방편이라고 생각하거든요. 이것도 하나의 연출인데, 강호순은 정말 쇼맨십이 대단한 사람인 것 같아요. 강호순의 말은 네 번째 처를 떠나보낸 상실감이 너무 컸다는 것인데, 바꿔 말하면 네 번째 처를 엄청나게 사랑했다는 의미인 것이잖아요. 결국 '나는 로맨티스트였는데 그 상실감 때문에 어쩔 수 없이 사람을 죽이게 됐어.'라고 말하는 거예요. 이게 말이 되나요?

김복준 일종의 변명이라는 것이네요.

김윤희 네, 변명인데 그 변명의 내용이 결국 모든 것이 사랑 때문이었다고 주장하면서 자기를 아름답게 포장하는 거예요. 저는 강호순의 '가족'의 죽음까지도 이용해서 하나의 범죄 스토리를 만드는 것이라는 생각이 들었어요. 그래서 저는 강호순의 그 이야기를 듣고 분석해야 한다는 것 자체가 너무 화가 나는 거예요.

김복준 항상 말씀드리는 것이지만, 정말 나쁜 놈들이에요. 강호순은 1993년 4월부터 2005년 10월 사이에 네 명의 여성과 결혼을 했어요. 네 번째 처와 교제를 하는 동안에 세 번째 처와는 혼인신고를 했고, 두 달만에 이혼을 해요. 어떤 여성과는 7개월을 같이 살았고, 또 다른 여성과는 겨우 두 달 동안만 같이 살았어요. 여성의 입장에 대한 고려나 배려 같은 것이 전혀 없는 인간인 거예요. 이후에도 다수의 여성들과 지속적으로 성관계를 했다고 합니다. 그런 인간이 '사랑'을 이야기하는 거예요.

김윤희 강호순은 검거될 때에도 두 명의 여자 친구가 있었다고 해요.

주변에 여성이 없었던 시기가 없는 거죠. 부인이 있든 부인이 없든, 언제나 여성과 함께 했던 거예요. 강호순이 연쇄살인범이 된 이유를 성적인 목적과 관련해서 생각하지 않는 이유가 여기에 있습니다. 단순하게 피해자들을 죽이고 통제하고 죽어가는 모습을 통해서 쾌감을 느끼는 쾌락살인이라고 보는 것도, 강호순을 권력 통제형으로 분류하는 것도 모두 이와 같은 강호순의 행적과 관련이 있습니다. 살인을 저지르기 전에 강간을 했지만, 강간이 주된 목적은 아니라는 겁니다.

김복준 여성에 대한 집착은 분명히 있었던 것 같아요. 그리고 '여자는 누구든지 내가 마음만 먹으면 접근할 수 있고 성행위도 가능하다.'고 말하면서 이성교제에 대해 지나칠 정도의 자신감을 갖고 있었던 것도 분명해요. 자신이 생각했던 것처럼 여성들이 자신의 꼬임에 넘어왔기 때문에 자신감이 넘쳤겠죠. 강호순 본인의 말에 따르면, 네 번째 처의 '죽음'으로 인한 심리적 고통 때문에 전국을 떠돌아다녔다는 거예요. 그 기간 동안에도 여성들을 만났고 성관계도 가졌지만, 불안감이 해소되지 않았다고 합니다.

김윤희 저는 강호순의 말이 도대체 앞뒤가 맞지 않다고 생각해요. 결혼을 네 번이나 했고, 그 과정에서 그렇게 많은 여자들을 만나고 사귀었잖아요. 그런데 처의 '죽음' 때문에 자신의 생활이 문란해졌다는 것은 말이 안 되지 않나요? 그리고 불안하고 초조했던 것은 진실이 드러나는 것을 두려워했기 때문이지 않을까요? 저는 강호순이 했던 말들을 살펴보면서, 오히려 강호순은 여성을 성적인 대상으로 바라보면서 자신의 쾌락만을 추구하고 즐겼던 사람이라는 생각이 들었어요.

김복준 여성에 대한 과도한 성적 욕망, 폭력적인 성향, 그리고 생명을 경시하는 성향이 있어요. 생명경시 성향은 아마도 개나 다른 동물들을 도축하는 과정에서 생성된 것 같아요.

김윤희 네, 그런 성향들이 강호순을 연쇄살인범으로 만들었던 것 같아요. 강호순은 자기가 의도한 대로 여성들이 꼬임에 넘어오고, 또 자신이 여성들을 컨트롤 또는 지배하는 것을 통해서 쾌감과 자극을 느끼면서 살았는데 똑같은 패턴이 반복되면서 어느 순간 재미가 없어진 거죠. 그 상태에서 살인, 즉 부인을 살해하고 보험금을 수령하는 과정에서 또 다른 쾌감을 느꼈던 것 같아요. 그리고 저는 강호순이 범행을 저지른 후에 사건을 조사했던 경찰들을 속이는 과정에서도 어떤 만족감을 느꼈을 것이라고 생각해요. 그 과정에서 범행에 대한 자신감도 갖게 됐고, 살인에도 눈을 뜨기 시작했을 것이라는 거죠. 강호순의 불안감은 살인에 대한 충동을 억제할 수 없기 때문에 생기는 것인데, 이 불안감은 근본적으로 자극에 대한 열망과 갈망이었다고 생각해요. 자신이 느끼는 무료함에서 벗어나기 위해 자극적인 것을 찾았는데 그것이 살인이었던 거예요.

김복준 일련의 과정을 통해서 계속 진화하는 것이네요. 강호순은 어린 시절에 아버지가 엄마를 구타하는 것을 보면서 자랐는데, 그것 때문인지 폭력에 대한 적개심을 가지고 있었다고 해요. 그런데 이것은 '학습된 성향'이잖아요. 아버지의 폭력을 보고 자라면서 학습된 성향을 뿌리치지 못한 강호순은 결혼 후에 아내를 향해서 폭력을 행사했다고 해요. 반드시 그렇다고 할 수는 없지만, 가정폭력의 대물림 문제가 심각하잖아요. 일반적으로 아버지가 엄마에게 폭력을 행사하는 모습을 보고 자란 남자 아이는 절대 아버지같이 여성을 향해 폭력을 휘두르는 비열한 인간이 되지 않겠다고 맹세했지만, 어느 순간 아내를 향해 폭력을 행사하는 자신을 발견하게 되는 것이죠. 그래서 가정폭력은 부정적인 경로로 세습된다고 하거든요. 물론 그렇지 않은 사람들도 있지만, 강호순은 좋지 않은 쪽으로 학습이 된 것 같아요.

자신만의 원칙에 발목잡힌 강호순

김윤희 강호순을 보면 강호순만의 패턴이 있어요. 피해자의 특징 가운데 하나는 키가 160cm를 넘지 않는다는 것이었어요.

김복준 키가 작고 아담한 사람들을 노렸다는 건가요?

김윤희 전부라고 할 수 있을지는 모르겠지만, 키가 작은 여성들을 범행대상으로 삼았던 것 같아요. 공교롭게도 호의동승을 했던 분들은 겨울이었음에도 치마를 입고 있었다고 합니다. 아마도 강호순은 범죄대상을 선정하는 자신만의 기준이 있었을 겁니다.

김복준 노래방 도우미 같은 경우에는 자신의 기호에 맞게 선정할 수도 있겠지만, 버스정류장에 혼자 있는 여성 같은 경우에는 자신의 기호를 반영할 수 없었을 것 같은데요.

김윤희 당시에도 프로파일링 과정에서 의견 대립이 이어졌던 기억이 납니다. 아무튼 아담한 여성들을 대상으로 했고, 피해 여성들이 부츠를 신고 있었어요.

김복준 맞아요. 부츠는 분명히 나왔어요.

김윤희 강호순이 피해자를 선정한 것이냐, 아니냐는 것과 관련된 이야기들이 있었지만, 명확하게 밝혀지지 않았어요.

김복준 버스정류장을 지나다가 자신의 기호나 성향에 맞는 여성이 아니면 그냥 지나쳤을 가능성도 있다는 것이잖아요.

김윤희 네, 그 부분도 이야기를 했어요. 냉각기라든가 피해자 선정에 대한 의문은 오직 강호순 자신만이 정확하게 답할 수 있는 것들이잖아요. 강호순은 그와 관련된 이야기가 나오면 항상 말을 돌렸다고 해요. 정남규나 유영철은 정확하게 '이래서 이렇게 했고, 저래서 저렇게 했어.'라고 분명하게 이야기했어요. 물론 자기를 과시하려는 의도를 가지고 질문에 답했을 수도 있어요. 하지만, 강호순은 그와 관련된 질문들에 대해서는 교묘하게 답변을 회피하면서 자신만이 알고 있는 진실을 말하지 않았다는 거예요. 핵심, 즉 알맹이는 하나도 말하지 않았다는 거죠.

김복준 강호순이 정말 나쁜 놈이기 때문에 그랬을 거예요. 담당형사들이 해준 이야기가 있어요. 2003년 11월부터 농장에서 가축들을 사육하면서 한편으로는 도축해서 내다 파는데 주로 가축의 목을 매달아서 도축을 했던 것 같아요. 그런데 강호순이 힘들이지 않고 도축하는 방법이 있다고 하면서 말해 준 것이 굶기는 것이었다고 해요. 추운 겨울에는 밥을 주지 않으면 며칠을 넘기지 못하고 죽어버리기 때문에 손도 대지 않고 간단하게 도축하는 방법이라고 하면서 가축들을 아사시키는 방법을 이야기하더라는 것입니다. 잔인하게 도축을 하면서 생명을 경시하는 성향이 생긴 것 같다고 보는 분들이 많더라고요.

김윤희 '생명이 죽어가는 것을 보면 슬프거나 끔찍하거나 분노를 일으켜야 하는데, 도대체 왜 저 사람들은 쾌락을 느끼는 걸까?'라고 생각하실 수 있어요. 그런데 범죄자들은 자기가 상대방의 생명을 통제할 수 있다고 생각했을 때, 그리고 여성들에 대해서는 성적인 부분을 컨트롤할 수 있는 권한을 가지고 있다고 생각했을 때, 거기서 엄청난 카타르시스를 느낀다고 하더라고요.

김복준 동일한 맥락인 것 같아요. 가축의 목을 매거나 굶겨서 죽이는 강호순의 성향은 여성들과의 직접적인 성행위를 통해서 얻는 성적 만족감보다는 피해자를 제압해서 복종시키고 살해하고 매장하는 행위를 통해 만족감을 느끼는 형태로 표출되는 거죠.

김윤희 저도 그렇게 생각합니다. 가축들이 죽어가는 것을 보면서 '너의 생명권은 내가 가지고 있어.'라고 생각하는 것이 피해자들을 향해서는 '네가 감히 나에게 반항을 해?'라는 생각으로, 그리고 성관계 후에는 '너는 이 정도밖에 안 돼. 너는 나에게 그냥 하찮은 존재일 뿐이야.'라는 생각으로 옮겨가는 거죠.

김복준 유희의 도구라고 생각하는 거예요.

김윤희 '유희'라는 표현이 정확한 것 같아요.

김복준 강호순에게는 피해자를 강간하는 것이 단지 성욕을 충족시키는 의미가 아닌 것이죠. 지배욕이라든지 가학적 성향을 충족시키는 수단이라고 보는 것이 훨씬 합리적일 것 같아요.

김윤희 만약 잡히지 않았으면, 가학성의 수위가 높아졌을 거예요.

김복준 강호순의 범행시기가 계절적으로 겨울이에요. 실제로 살인을 저지른 다음에는 심리적으로 불안하지 않았을까요? 사람이기 때문에 당연히 불안했겠죠. 불안한데 외로움도 느꼈을 거예요. 아무래도 시기가 연말연시 즈음이잖아요. 강호순이 이 기간 동안에 집중적으로 범행을 저질렀더라고요. 아마 시기적인 요소도 영향을 미쳤을 것 같아요. 그리고 날씨가 추웠기 때문에 여성들이 쉽게 차량에 동승을 했겠죠. 이것은 강호순의 노림수였을 거예요. 피해자들의 경계를 쉽게 완화하기 위해서 고급 승용차를 타고 다녔고, 차량 내부에는 현금봉투를 쉽게 눈에 띄는 곳에 뒀다고 하더라고요.

김윤희 자기가 어떤 모습으로 비춰지길 원한다는 것은 자기가 되고 싶은 모습이 반영된 것이잖아요. 강호순은 아마도 자신이 고급 승용차를 타고 다니면서 돈이 많고, 여성을 능수능란하게 컨트롤 할 수 있고, 또 군림할 수 있는 존재가 되고 싶었던 것 같아요. 그렇게 채워지지 않는 욕망들 때문에 계속해서 살인을 했던 것 같습니다.

김복준 고급 승용차, 화목한 가족사진과 개와 함께 찍은 사진, 친절한 언변에 준수한 얼굴을 가진 사람을 보면 피해 여성들뿐만 아니라 누구라도 경계가 느슨해질 수밖에 없어요. 강호순은 바로 그것을 노리고 치밀하게 계획한 것이잖아요.

김윤희 다른 여성들의 경우에는 예외 없이 현금을 빼낸 다음에는 소지품을 소각하거나 유기했는데, 마지막 피해 여성의 경우에는 카드로 현금을 인출했어요. 마지막 피해자가 학생이었던 것으로 기억하는데, 현금을 소지하지 않았을 것으로 생각이 됩니다. 범행을 반복하면서 스스로 긴장이 풀어진 부분도 있겠지만, 저는 강호순이 자신만의 범행패턴을 완성하고 싶었기 때문에 피해 여성에게서 현금이나 금품을 확보해야 한다는 욕망이 작동했다는 생각이 들어요. 결과적으로는 자신만의 패턴을 고집하고 싶은 욕망 때문에 검거된 것이죠.

김복준 그러니까 강호순은 피해자에게 현금이 없으면 카드를 이용해서라도 현금을 확보해야 한다고 생각했다는 거죠. 그래야 자신만의 범행패턴에 부합되기 때문이라는 거네요.

김윤희 네, 저는 그 부분이 훨씬 중요했을 것이라고 생각해요. 직접적으로 연결시킬 수는 없겠지만, 제가 알기로는 마지막 범행을 저지를 때에는 강호순이 그렇게 곤궁하지 않았거든요.

김복준 그때는 마사지 업소를 운영하고 있었어요. 그 부분은 김윤희 프로파일러의 말씀이 맞는 것 같아요. 현금 인출을 했던 행위는 그렇게 이해하는 것이 논리적인 것 같아요. 지금까지는 범행 후에 현금을 챙겼는데, 이 여학생은 현금이 없었다는 것이 잖아요. 이것은 지금까지 지켜왔던 자신의 패턴에서 어긋나는 일이 되기 때문에 카드로 현금을 인출해서라도 현금을 확보하는 것이 스스로 정해놓은 원칙에 맞는 거죠. 대학생이기 때문에 돈이 많지 않다는 것을 알면서도 현금인출을 시도했던 이유는 그렇게 설명할 수 있는 것 같아요.

김윤희 여덟 건의 살인사건을 살펴보면 강호순만의 원칙들이 있어요. 첫 번째는 차량 내부에서 강간을 시도하고 살해했다는 것입니다. 두 번째는 피해자의 소지품을 이용해서 살해했다는 것입니다. 세 번째는 모든 사건에서 동일하게 나타나는 것은 아니지만, 온전한 스타킹을 사용했던 것이 아니라 발목 부분을 잘라서 사용한 것입니다. 그리고 마지막으로는 피해자 분들이 나체로 발견됐는데, 장신구를 그대로 남겨뒀다는 것입니다. 자기만의 표식이라는 의미에서 '시그니처'라고 할 수 있는데, 강호순은 자기만의 시그니처를 곳곳에 남겨 놓았습니다.

김복준 피해자의 옷이나 소지품은 DNA가 묻어 있을 수도 있기 때문에 전부 벗겨서 소각해버렸고 현금은 챙겨 갔어요. 그런데 결국은 자신의 원칙을 지키려다가 잡힌 것이네요.

김윤희 강호순은 자신의 DNA가 남을 수 있는 부분까지 생각해서 피해자들의 옷을 모두 벗겨서 소각했는데 살해도구인 스타킹은 사건 현장에 남겨 뒀거든요. 스타킹에서 자신의 DNA가 발견될 가능성이 높은데도 말이죠. 저는 이것이 어느 순간에 어디에서 발견되더라도 '내 작품'이라는 것을 의미한다고 생각합니다. 이런 표현이 거슬리실 수도 있는데 죄송합니다.

김복준 그렇죠. 강호순의 입장에서는 그런 의미인 거죠.

김윤희 '이것은 내가 한 거야.'라는 자기만의 시그니처를 남겨두고 싶었던 욕망을 표현한 것이라고 생각해요. 범행을 진행해가면서 자기만의 것들을 고집하게 되고, 세심하게 주의를 기울인다고 생각하지만 일정한 패턴에서 벗어나지 못하기 때문에 자신을 노출하는 부분들이 생겨납니다. 무엇보다 반복하다 보면 나태해지는 부분이 생기기 마련이거든요.

김복준 자신만의 원칙을 지키려다 잡혔지만, 결국 강호순은 최초의 범행에 성공을 거둔 이후부터 자신감을 갖게 된 거예요. 그리고 반복적으로 범행을 저지르면서 수법들이 몸에 익은 거죠. 시간이 지나면서 성적인 욕구보다는 살인행위 자체에 강화 요소가 있었던 것 같아요. 물론 수법도 계속해서 진화하죠.

공백기로 남아있는 22개월

김윤희 수법에 대해서 자세하게 말씀을 드리기 힘들 것 같아요.

김복준 조금만 이야기하면, 강호순은 일단 자신의 차량에 태워서 강간을 한 다음에 스타킹을 이용해서 살해하잖아요. 그런데 피해자의 목 부분 앞쪽에 매듭을 지었대요. 아주 특이한 케이스에요. 목의 앞쪽에 매듭을 지어서 꼬는 형태로 잡아 당겨서 살해했는데, 교살의 방법으로 일반적이지 않은 강호순만의 범행수법이에요. 이런 교살 방법을 어디서 배웠겠습니까? 이것은 개를 도축할 때 사용하는 수법입니다. 너무나 잔인하기 때문에 더 이상 이야기하지 않겠습니다.

김윤희 저는 그 생각은 못했어요.

김복준 다음으로는 사체를 매장할 때, 피해자의 손톱에서 자신의 DNA가 검출될 수 있잖아요. 그래서 증거를 인멸하기 위해서 손가락을 절단합니다. 그리고 말씀드린 것처럼 옷과 소지품은 모두 소각함으로써 적극적인 증거 인멸을 시도합니다.

김윤희 강호순이 처음부터 손가락을 절단했던 것은 아닙니다. 2007년부터 2008년 겨울까지 22개월, 거의 2년이라는 냉각기를 거치고 난 다음부터 나타난 범행수법입니다. 그 부분은 정확한 조사가 이루어지지 않았기 때문에 분석을 할 수 없습니다. 일부에서는 22개월 동안의 공백기에 아무 범행을 저지르지 않았을 리가 없다고 말씀을 하시거든요

김복준 그래서 저는 그 컴퓨터가 두고두고 원망스러운 거예요.

김윤희 지금까지 신원이 파악된 사람들은 DNA가 발견되었거나 확실한 증거가 뒷받침되었기 때문에 강호순이 자백을 했던 사건의 피해자들입니다. 정확하게 밝혀진 사건들일 뿐입니다. 강호순은 경찰이 증거를 제시하기 전까지는 거의 자백을 하지 않았다고 하거든요. 증거들이 확실해서 피해갈 수 없는 사건들에 대해서만 자백을 했기 때문에 공백기에도 분명히 다른 범죄가 있었을 것이라고 추정하는 분들이 많습니다.

김복준 강호순이 손가락을 절단한 사람들도 있지만, 어떤 경우에는 손톱깎이로 손톱을 깎았어요. 정말 대단하다는 생각이 들어요. 그런데 '강호순은 사이코패스가 아니다. 사이코패스는 개를 키우지 않기 때문이다.'라는 이야기가 있는데 어떻게 생각하세요.

김윤희 사이코패스가 개를 키우지 않는다는 것은 정서적 교감을 나눌 수가 없기 때문이라고 할 수 있습니다.

김복준 공감능력이 없다는 거네요.

김윤희 네, 공감능력이 없어서 반려동물을 키우지 않는다는 의미입니다. 강호순도 개를 반려동물로 기른 것은 아니잖아요.

김복준 강호순에게 개는 도축의 대상, 즉 식용일 뿐이죠.

김윤희 자신의 목적 때문에 개를 사육하는 것이기 때문에, 그것과 상

관없이 저는 강호순이 100% 사이코패스라고 생각해요. 저희가 사이코패스를 크게 네 가지 부분으로 분류해서 살펴보거든요. 대인관계, 정서적인 특징, 반사회적인 특징과 행동, 그리고 생활방식이라는 네 가지로 분류해서 살펴보는데 세부 항목으로 20가지가 있어요. 강호순은 대인관계에 있어서도 사람들을 도구처럼 이용했고, 정서적인 부분에서도 사람들이 느끼는 감흥에 공감할 수 있는 부분도 전혀 없고, 아주 얕은 감정으로 사람을 대하거든요. 그리고 반사회적 행동도 너무 많이 보이는 부분이고, 생활 방식도 이혼이나 외도, 직업의 변동과 관련해서도 교묘하게 사람을 속이고 거짓말을 하는 요소들이 명확하기 때문에 사이코패스라는 개념에 부합하는 것 같아요. 사이코패스가 아니라 소시오패스라고 이야기 하시는 분들도 있어요.

김복준 어떤 차이가 있는 것인가요?

김윤희 사이코패스와 소시오패스의 개념에 대해서 흔히 사이코패스는 타고날 때부터 갖고 있는 기질이고 소시오패스는 환경적 요소에 의해 만들어진 것이라고 이야기합니다. 하지만, 사이코패스가 선천적인 기질이라는 것도 분명하게 증명되지는 않았어요. 아주 어렸을 때부터 어떤 아이를 사이코패스라고 생각해서 검사하거나, 그 아이에 대해서 추적 검사를 할 수는 없기 때문입니다. 그래서 사이코패스와 소시오패스를 구분하는 것은 무의미해요. 어떤 과정을 거쳐서 그렇게 됐는지를 확인할 수도 없어요. 학자들 역시 '저 사람은 사이코패스고 저 사람은 소시오패스다.'라고 구분하지는 않아요.

김복준 그렇군요. 사이코패스와 소시오패스의 구분을 통해 얻을 수 있는 실익이 없기 때문에 굳이 구분할 필요가 없다는 것이네요. 참고로 봤는데 강호순은 PCL-R 테스트에서 27점이 나왔다고 해요. 40점 만점에 27점입니다.

김윤희 검사했던 분들이 27점에서 28점 정도라고 하더라고요.

김복준 '어금니 아빠' 이영학이 25점, 조두순이 29점인데 강호순이 27점이에요. 생각보다 낮게 나왔어요.

김윤희 제가 봤을 때 초창기의 PCL-R, 즉 사이코패스 테스트는 대한민국식으로 변형되기 전의 상황이었을 거예요. 그 기준에 맞춰서 진행되었기 때문에 비교적 최근에 범죄를 저질렀던 이영학이나 조두순과 동일하게 비교하는 것은 무리가 있어 보입니다. 정남규는 아예 적용하지도 않았고, 강호순의 경우에는 대한민국형 버전으로 변형되기 전에 검사했기 때문에 점수가 낮게 나왔을 것 같아요.

김복준 동물 학대와 관련해서 '동물 학대의 사회학'이라는 것이 있잖아요. 이와 관련된 부분들이 많이 나오는데, 클리프턴 P. 플린이라는 사람이 있어요. 사육하는 것, 즉 반려견으로 함께 살아가는 형태가 아니고 동물들을 가둬놓고 기르는 것을 애니멀 호딩Animal Hoarding이라고 해요. 그 사람들을 애니멀 호더Animal Hoarder라고 하는데, 그런 사람들과 관련해서 인간의 폭력과 동물학대의 연관성을 연구하는 사회학이 있어요. 이들의 연구 결과에 따르면, 동물을 학대 하는 사람이 아동을 학대할 확률이 높고, 또 아동 학대하는 사람은 가정폭력을 휘두를 확률이 압도적으로 높다는 거예요. 그래서 아동을 학대하거나 가정폭력을 행사하는 사람들 대다수가 반려동물들을 난폭하게 다루고 가학적인 행위를 한다는 거예요.

김윤희 연쇄살인범들의 특징들 중의 하나가 아동학대잖아요. 그래서 생명에 대한 경시라든지, 약한 존재에 대한 최소한의 보살핌과 배려가 없는 것이 아동학대나 동물학대의 형태로 드러나는 것 같아요.

김복준 '어금니 아빠' 이영학 같은 경우에도 '딸이 말을 잘 안 들어서 개 여섯 마리를 망치로 내려치면서 겁을 줬더니 그때부터 딸이 말 잘 들었다.'는 어이없는 이야기를 태연하게 한 적이 있잖아요. 실제로 개 여섯 마리를 망치로 때려 죽였는지의 여부를 확인하지는 않았지만, 이영학도 그렇고 인천 초등생 살인사건의 여학생도 작은 동물들을 해부하고 죽였다고 하잖아요. 그리고 '갑질 폭행'으로 유명해진 양○○도 마찬가지예요. 양○○도 닭을 석궁으로 쏴 죽였다고 하잖아요. 강호순 역시 '개를 많이 잡다 보니까 사람 죽이는 것도 아무렇지도 않았다. 그렇게 느껴졌다.'라는 이야기를 했어요, 동물 학대와 사람에 대한 폭력이 비례한다는 주장은 일리가 있는 것 같습니다.

김윤희 이것이 도축을 직업으로 하시는 분들께 적용되는 것은 아닙니다. 도축을 할 때도 생명에 대해 최소한의 고려와 배려의 태도들이 있잖아요. 가장 빠르게 가장 고통 없이 보낸다는 것도 그 중의 하나겠죠. 그런데 강호순은 동물들을 고통스럽게 아사시키거나 목을 매달아서 죽이거든요. 목적, 그리고 수단과 방법의 차이라는 것을 말씀드리고 싶습니다.

'얼굴이 공개되면 내 자식들은 어떻게 살아가나?'

김복준 강호순과 관련해서 가장 화제가 됐던 것 중의 하나가 신상공개였어요. 강호순은 결국 공식적으로 얼굴을 공개하지는 못했어요. 법이 미비했기 때문이에요. 그리고 국가인권위원회의 권고가 있었어요. 강호순 본인도 '얼굴이 공개되면 내 자식들은 어떡하냐? 살인자의 아들이 되면 어떡하냐?'라며 강력하게 항의를 했어요. 그래서 얼굴을 공개했던 일부 신문에서도 이를 거둬들였거든요. 당시에 언론에서는 자제했지만, 국민들의 절대다수는 얼굴 공개에 찬성했어요. 그래서 관련 법률이 만들어진 것이 2010년 4월이에요. 피의자의 얼굴 공개와 관련해서 '특정강력범죄의 처벌 등에 관한 특례법'이 생긴 거예요. 이 법안을 두고 변호사들과 학계에서 엄청난 대립이 있었어요. 그 당시에 얼굴 공개를 반대했던 대표적인 분이 박주민 의원입니다. 당시에서 민변, 즉 민주사회를 위한 변호사 모임의 변호사였는데 인권을 중시해야 되기 때문에 얼굴 공개하는 것에 아주 적극적으로 반대를 했어요. 그리고 당시에 서울 변호사협회 회장이었던 하창호 변호사는 이미 범인을 잡기 위해서 몽타주를 만들어서 공개수배도 하고 해서 얼굴이 드러나 있는데, 얼굴 공개를 반대하는 것은 의미가 없다고 하면서 공개에 찬성했어요. 아무튼 2010년 4월에 법안이 통과되었습니다.

김윤희 지금도 얼굴 공개에 대한 기준이 애매하지 않나요? 얼굴 공개의 기준이 '흉악범죄'라고 하니까 너무 두리뭉실하고 포괄적으로 느껴지는 측면이 있습니다. 아무튼 얼굴을 공개하기 위해서는 10명의 위원들이 모여서 공개 여부에 대해서 토론을 합니다. 경찰뿐만 아니라 전문위원들도 회의에 참석을 해서 공개 여부를 결정하는데, 범죄성도 고려하지만, 피해자와 가해자의 가족들에 대한 부분까지도 고려해서 결정한다고 합니다.

김복준 이번에 문제가 됐던 사건이 고유정 사건이죠. 심의위원들이 고민했던 부분은 고유정의 얼굴이 드러나면 아이도 노출될 수 있다는 것이었어요. 그럼에도 불구하고 공개했어요. 지금은 소극적인 방법으로 보여주는데, 고유정처럼 본인이 가리면 방법이 없어요. 그렇기 때문에 아주 적극적인 공개는 아닙니다. 그런데 피의자 신상공개 심의위원회를 과거에는 경찰청에서 운영했는데, 지금은 해당 지방경찰청에서 운영합니다. 그 기준은 조금 전에 말씀하신 것처럼 '범행 수단이 잔인하다. 중대한 피해가 발생했다. 충분한 증거가 있다. 알권리와 재범 방지라는 공공의 이익에 부합되어야 한다.'라는 네 가지 요건에 맞아야 하고 청소년의 경우에는 신상공개를 할 수 없습니다. 19세 미만의 청소년은 어떤 경우라고 하더라도 공개하지 않습니다. 특별 강력범죄 처벌 등에 관한 특례법의 첫 번째 적용대상자는 2010년 6월에 서울 영등포구에 있는 초등학교에서 8세 여학생을 납치해서 성폭행 했던 45세의 김수철입니다.

김윤희 김수철은 기억이 납니다.

김복준 이 법률이 통과되자마자 김수철이 신상공개 적용대상자가 되었습니다. 이후에도 계속해서 이어집니다. 모두 다 아시는 오원춘, 그리고 시흥시 정왕동에서 아내를 살해하고 사체를 훼손해서 시화호에 유기했던 김하일, 인천 연수구에서 동거인 남자를 살해했던 조성오 등의 얼굴이 공개됐습니다. 최근에는 강서구 PC방 살인사건의 김성수, 과천 서울대공원에 사체를 유기했던 변경석이라는 사람이 있었어요. 현재까지 얼굴이 공개된 사람은 2019년 4월까지 모두 20명입니다.

김윤희 10년 동안 20명의 얼굴이 공개된 것인데요. 초창기에 비해 최근에는 신상공개가 증가하는 것 같습니다.

김복준 강호순의 재판은 2009년 3월 6일 수원지방법원 안산지청에서 열립니다. 강호순이 재판정에서 이름, 주민번호, 주소까지는 차분하게 대답을 했다고 해요. 그런데 재판이 시작되자 재판장을 쳐다보지 않고 딴짓을 했다고 합니다. 이런 사람에게 자신의 잘못에 대한 반성을 기대하는 것 자체가 무리가 있는 거죠.

김윤희 테드 번디 역시 재판정에서 능글능글한 태도를 보였잖아요.

김복준 그래서 엄청난 인기를 얻었잖아요.

김윤희 팬레터도 많이 받았다고 해요.

김복준 강호순은 일곱 명에 대한 납치와 살인은 인정했다고 하네요. 그런데 장모와 네 번째 아내에 대한 방화치사 혐의는 끝까지 인정하지 않았어요. 국선 변호인이 '검찰이 방화에 대한 경위조차 설명하지 못하면서 왜 기소하느냐?'는 이야기를 했다고 합니다. 그리고 '공소장에 사건과 직접적인 관련도 없는 여성 편력에 관한 내용을 넣은 이유가 뭐냐? 재판장께 영향을 주려는 목적이 있는 것 아니냐?'라는 이야기도 했다고 합니다.

김윤희 방화치사 사건에 대해서는 검찰과 경찰의 주장에 차이가 있고, 나중에는 서로 대립하게 됐잖아요. 처음에는 모기향에서 화재가 시작됐다고 해서 화재사라고 판단을 했어요. 그런데 경찰에서는 모기향이 아니고 밥상에서 발화가 시작됐다고 했는데, 언론에서는 모기향이라고 많이 보도가 됐어요.

김복준 모기향이 아니라 밥상에서 시작된 것인가요?

김윤희 네, 발화 지점이 밥상이었어요. 그런데 나중에 인화성 물질이 담긴 통이 사라졌다는 것을 검찰이 발견했어요. 그래서 '현장 보존을 어떻게 한 거냐!'라는 질책이 있었어요. 경찰에서는 '화재를 감식했을 때, 밥상에서 발화가 시작된 것이라고 생각했기 때문에 그 부분은 미처 파악하지 못한 부분이 있었다.'고 이야기했었거든요. 검찰에서는 현장에 인화성 물질이 있었는데 없어진 사실을 파악하지 못했다는 부분과 강호순이 방충망을 뚫고 나와서 도망쳤다고 진술에 문제를 제기했어요.

김복준 본인이 방충망을 뚫고 나와서 도망쳤다고 했어요.

김윤희 그런데 검찰서는 방충망의 나사를 훼손했다고 얘기했어요.

김복준 강호순이 탈출하기 위해서 드라이버로 나사를 미리 풀어놨다가 불을 지른 다음에 밀치고 나왔기 때문에 사전에 준비를 했다는 것이잖아요.

김윤희 강호순의 말만 믿고 그 부분을 미처 확인하지 못했던 거죠. 실제로 나사에는 훼손된 부분이 없었다는 말도 있었어요. 그리고 당시에 강호순은 경제적 상황이 좋지 않았는데 다수의 보험에 가입했다는 증거들이 있었어요. 무엇보다 강호순이 화재 당시에 연기를 마셨고 발견될 당시에는 쓰러져 있었다고 했는데 그 부분에 대해서도 경찰에서는 진술만 듣고 그 상황을 그대로 믿어버렸던 겁니다.

김복준 강호순이 범인이라고 생각하지 않았기 때문에 그랬을 거예요.

김윤희 그런데 화재 현장에서 연기와 가스를 마시고 쓰러진 사람이 다시 일어나서 탈출하는 경우는 불가능하다는 것이 전문가들의 견해였어요.

김복준 두 번 정도 연기를 마시면 실신해버립니다.

김윤희 강호순은 연기를 마시고 쓰러졌는데 갑자기 정신이 들어서 탈출했다고 진술했어요. 그런 부분을 경찰이 믿어버렸기 때문에 나중에는 검찰과 공방을 주고받았어요. 재판부에서는 검찰이 지적했던 초기 단계 수사에 미흡했던 부분이 있었다는 것과 함께 검찰의 주장을 받아들이면서 방화치사가 분명하다는 판단을 했던 거죠

김복준 2009년 2월 2일에 현장 검증을 했어요. 그때도 범행에 대한 사과나 반성은 전혀 없었고요. 침착하고 여유 있게 범행을 재현했다고 해요. 주민들이 '살인마를 빨리 죽여야 된다.'고 소리쳤다는 거고요. 특히 현장에 세 번째 피해자의 어린 딸이 와서 "아저씨, 우리 엄마 돌려주세요."라고 말하면서 울었다고 합니다. 세 번째 피해자는 장안구 노래방에서 일했던 노래방 도우미 박 씨였는데, 그분의 딸이 "아저씨, 우리 엄마 돌려주세요." 라고 우는 바람에 현장검증에 왔던 사람들이 울었다는 현장검

증 기록이 있더라고요. 그리고 강호순 사건 이후에 호신용품의 판매가 급증했다고 합니다.

김윤희 호의동승을 하지 말라는 말도 많이 들었어요. 특히 강호순 사건 이후부터는 태워주겠다는 말도 꺼내지 않게 되었어요. 독극물 사건이 발생하면 모르는 사람이 권하는 음식은 절대 먹지 말라는 이야기를 하잖아요. 범죄가 발생하면 사회가 각박해질 수밖에 없는 것 같아요

김복준 얼굴 공개와 함께 사형집행도 공론화 됩니다. 그때 확정 판결자에 대한 사형을 집행해야 한다는 주장이 우리 사회에서 하나의 담론으로 부상했어요. 당시에 우리나라는 실질적인 사형폐지국가였기 때문에 사회적인 합의를 변경해야 하는 문제가 발생했던 거죠. 사실은 사회적인 합의 때문에 집행을 하지 않았고, 그래서 실질적인 사형폐지국가가 되었거든요. 그런데 사형을 집행하기 위해서는 사회적 합의를 뒤집어야 되잖아요. 아마 법무부, 여당, 행정안전부, 경찰청 등에서 당정협의회도 하고 공론화도 했어요. 우리나라에는 58명의 사형수가 있었거든요. 당시에도 사형집행을 하지 않으려면 감형이나 가석방, 사면이 없는 절대적 종신형을 실시하자는 말도 있었지만 아무런 진전이 없었어요. 그 부분은 굉장히 아쉽죠. 강호순의 경우에는 법적으로 문제가 된 것들만 다뤘는데 강호순은 실제로 강간이나 성범죄를 여러 차례 저질렀어요. 몇 건의 범죄 경력은 있었는데 전과 기록이 없었습니다. 그 이유가 뭐겠습니까? 친고죄라는 것과 피해자와의 합의죠. 당시에는 강간이나 강제추행이 친

고죄였기 때문에 피해자의 고발이 없으면 수사를 할 수가 없었어요. 또 수사가 개시되어도 피해자와 합의하면 그 사건은 없었던 것으로 정리되는 거예요. 강호순은 강간을 비롯해서 여러 차례에 걸친 성범죄를 저질렀지만, 그때마다 피해자와 합의를 했기 때문에 전과 기록이 남지 않았던 거예요. 그래서 강호순이 경찰이나 수사기관의 집중적인 관리에서 벗어나 있었는데, 그 원인은 성범죄가 친고죄였기 때문이었어요.

김윤희 지금은 성범죄는 친고죄가 아닙니다.

김복준 이 시기에 범죄사적으로 아주 중요한 일이 있어요. 과학수사 파트에서 루미놀 시약의 국산화 성공합니다. 당시에는 루미놀 시약을 수입했기 때문에 가격이 비쌌어요. 당시에 1리터에 14만원이었거든요. 결정적인 증거였던 DNA를 검출할 수 있었던 것도 강호순의 회색 점퍼 소매에서 혈흔을 발견했기 때문인데, 혈흔을 발견하기 위해서 루미놀 시약이 필수적이거든요. 이 루미놀 시약을 현직 국과수 연구원과 현직 경찰관이 개발했고 국산화에 성공했어요. 그 두 분은 대통령상을 받았어요

김윤희 제가 알기로는 지문을 채취할 때 분말이 날리지 않도록 하는 것도 과학수사 요원이 개발했어요. 이번에 헝가리에서 불행한 사고가 났을 때에도 사망하신 분들의 신원을 확인하기 위해서 경찰청 감식반이 갔어요. 우리나라가 지문을 채취하는 기술이 가장 뛰어나기 때문이에요.

김복준 익사자의 지문을 채취하는 것은 굉장히 힘듭니다. 살점이 떨어져 나가기 때문에 고난도의 기술이 없이는 어렵습니다.

김윤희 동일본 쓰나미 때도 우리나라의 감식반이 성과를 올렸다고 해요. 사고가 나면 신원을 확인하는 것이 최우선인데 우리 CSI가 엄청난 기술을 가지고 있는 것입니다.

김복준 대한민국이 지문 관련해서는 전세계 최고입니다. 그리고 DNA 채취도 전세계에서 탑이라고 합니다. DNA나 지문 등의 과학수사 분야에서는 대한민국이 앞서가는 국가입니다. 서래마을에서 프랑스 여성이 아이의 사체를 냉동실에 넣어놨던 사건도 프랑스에 신병 인도를 요청했을 때 프랑스 경찰에서 대한민국의 과학수사를 믿을 수 없다고 했다는 겁니다. 그런데 나중에는 그 짧은 시간 동안에 DNA 도출해서 범죄 사실을 완벽하게 증명한 대한민국의 과학수사 수준에 깜짝 놀랐다는 것 아닙니까. 과학수사와 관련해서는 우리나라가 프랑스에 뒤지지 않다고 생각합니다. 외국의 경우에는 사건현장에서 사진을 찍는 사람은 사진만 찍고 감식하는 사람은 감식만 해요. 모두 한 분야에만 특화되어 있거든요. 하지만 우리나라에서는 과학수사 요원들이 현장에서 그 일을 모두 해야 하기 때문에, 엄청난 기술들을 짧은 시간에 모두 습득하지 않으면 현장에 나갈 수가 없어요. 모두 엄청난 능력을 소유한 사람들이라고 보시면 됩니다. 현장에서 사진 찍고 감식하고 DNA 채취까지 전부 해야 하고, 또 실제로 한 사람이 그 일을 전부 합니다. 아무튼 오늘은 연쇄살인범 강호순을 다루고 있는데 강호순의 2년에 가까운 냉각기, 또는 공백기를 어떻게 봐야 할까요?

김윤희 저도 그 기간 동안에 범죄가 있었을 것이라고 생각해요.

2007년 마지막 사건 이후에 언론보도가 상당히 많았어요. 경기도 서남부 연쇄살인사건이라는 이야기도 있었고, 서울이나 경기에서 엄청난 경찰 병력들이 투입되어서 수사를 진행했었어요. 분명히 압박을 느꼈겠지만, 그 기간 동안에도 범죄를 저질렀을 거예요. 만약 그렇지 않다면 도축과 같은 방법으로 유희를 즐겼을 것 같아요. 그럼에도 불구하고 2년이라는 공백기는 너무 길다는 생각이 들어요. 2007년의 강호순은 거의 냉각기가 없었기 때문이에요. 아주 짧은 냉각기를 가진 후에 살인을 저질렀는데 나중에는 하루 만에 범행에 나서기도 해요. 충동조절을 하지 못했다는 의미예요. 그런데 갑자기 22개월 동안 충동을 스스로 컨트롤할 수 있었다는 것은 말이 안 되는 거죠.

김복준 그렇죠. 강호순의 냉각기는 정말 의문이 많은 것 같습니다.

김윤희 무언가 분명히 있었을 것이라는 생각이 드는데요. 강호순은 범행과 관련된 내용, 핵심적이고 중요한 부분에 대해서는 정확하게 이야기하지 않았다고 해요. 강호순은 네 번째 처가 사망했기 때문에 그렇게 되었다고 말하지만, 자신이 말하고 있는 범죄 동기는 드러난 부분일 뿐이에요. 냉각기, 또는 자신이 충격을 느낀 부분들에 대해서는 이야기하지 않았거든요. 그래서 저는 언젠가는 전문가가 강호순을 다시 인터뷰해야 한다고 생각해요. 강호순은 유영철이나 정남규와는 완전히 다르기 때문이에요. 오직 자신의 쾌락을 위해서 범죄를 저질렀던 것으로 보이고, 그랬다면 어떤 시그널이라든지 자기 내부에 충동 요인들이 있었을 것 같아요. 그것들이 어떻게 증폭이 됐고, 피해자를 어떻게 선정하게 됐는지에 대해서 정확하게 이야기를 하지 않기 때문에 추정할 뿐이거든요. 그리고 강호순이 어떤 식으로 탐색을 하고 다녔으며, 어떤 식으로 피해자 선택해서 어떻게 범행을 실행했고, 또 피해자들의 사체를 유기한 장소는 어떻게 선정했는지에 대해서도 밝혀야 해요. 실제로 암매장한 곳이 대부분 비탈이에요. 비탈이었기 때문에 암매장이 용이했을 것 같은데 이런 장소를 물색하고 선택하는 방법은 아무나 익힐 수 있는 것이 아니에요

김복준 경험과 노하우가 있는 거죠. 농장을 하면서 저절로 몸에 익은 것이 아닐까 싶어요. 직업적 특성이라고 볼 수도 있을 것 같아요.

김윤희 그럴 수 있습니다. 그런데 모두 추정이잖아요. 저는 강호순의 입을 통해서 정확하게 들어야 한다는 거죠. 그래서 그 부분을 명확하게 규명하고, 어떤 환경 때문에 또는 자신의 어떤 부분 때문에 연쇄살인을 하게 됐는지, 그리고 무슨 이유 때문에 냉각기가 짧아졌는지에 대한 부분도 강호순 본인의 입을 통해 들어야 한다고 생각해요.

김복준 강호순에 대해서는 여전히 진행형이어서 결론 내리기도 그렇지만, 강호순이 조직적으로 행동하는 유형의 연쇄살인범인 것은 명백하고요. 강호순의 범행 동기나 수법은 거의 동일합니다. 그리고 자신과는 관계가 없는 낯선 여성들이나 사회적 약자들을 표적으로 했다는 것도 분명합니다.

김윤희 어떤 사람은 처음 봤을 때부터 무섭고 경계해야 된다는 생각이 드는 사람이 있잖아요. 강호순은 그런 사람이 아니었어요. 누